教育部2021年度高校思想政治理论课教师研究专项一般项目"脱贫攻坚精神融入高校思政课教学研究"（批准号：21JDSZK082）资助

思想政治教育研究文库

——

# 脱贫攻坚精神
# 融入高校思政课教学研究

刘金新 著

光明日报出版社

**图书在版编目（CIP）数据**

脱贫攻坚精神融入高校思政课教学研究 / 刘金新著．
北京：光明日报出版社，2025.3. -- ISBN 978 - 7 - 5194 -
8249 - 7

Ⅰ. G641

中国国家版本馆 CIP 数据核字第 202487TQ93 号

脱贫攻坚精神融入高校思政课教学研究

TUOPIN GONGJIAN JINGSHEN RONGRU GAOXIAO SIZHENGKE
JIAOXUE YANJIU

著　　者：刘金新

责任编辑：刘兴华　　　　　　　　　责任校对：宋　悦　李佳莹
封面设计：中联华文　　　　　　　　责任印制：曹　净

出版发行：光明日报出版社

地　　址：北京市西城区永安路 106 号，100050

电　　话：010-63169890（咨询），010-63131930（邮购）

传　　真：010-63131930

网　　址：http：// book. gmw. cn

E - mail：gmrbcbs@ gmw. cn

法律顾问：北京市兰台律师事务所龚柳方律师

印　　刷：三河市华东印刷有限公司

装　　订：三河市华东印刷有限公司

本书如有破损、缺页、装订错误，请与本社联系调换，电话：010-63131930

开　　本：170mm×240mm

字　　数：305 千字　　　　　　　　印　　张：17

版　　次：2025 年 3 月第 1 版　　　　印　　次：2025 年 3 月第 1 次印刷

书　　号：ISBN 978 - 7 - 5194 - 8249 - 7

定　　价：95.00 元

# 前　言

习近平总书记强调："人无精神则不立，国无精神则不强。"精神是一个民族赖以生存的灵魂，唯有精神上达到一定的高度，这个民族才能在历史的洪流中屹立不倒，奋勇向前。要讲好党的故事、革命的故事、根据地的故事、英雄和烈士的故事，使革命文化成为激励人民奋勇前进的精神力量；要讲好中华民族的故事、中国共产党的故事、中华人民共和国的故事、中国特色社会主义的故事、改革开放的故事，描绘好我们这个时代的精神图谱，为时代画像、为时代立传、为时代明德。脱贫攻坚伟大斗争锻造形成的"上下同心、尽锐出战、精准务实、开拓创新、攻坚克难、不负人民"的脱贫攻坚精神是中国共产党人精神谱系的新内容，是中国共产党性质宗旨、中国人民意志品质、中华民族精神的生动写照，是爱国主义、集体主义、社会主义思想的集中体现，是中国精神、中国价值、中国力量的充分彰显，是党和国家的宝贵精神财富。历史川流不息，精神代代相传。讲好脱贫攻坚故事，总结好脱贫攻坚的宝贵经验，结合新的时代条件发扬光大，让脱贫攻坚精神永放光芒，可以告慰逝者、激励来者，激扬中华民族的奋斗意志，汇聚更强大的力量，加快农业农村现代化步伐。

青年人有理想、敢担当、能吃苦、肯奋斗，中国青年有力量，党和国家事业发展就充满希望。思想政治理论课是落实立德树人根本任务的关键课程，要坚持把立德树人作为中心环节，充分发挥新时代伟大成就的教育激励作用，引导广大青年大学生用眼睛发现中国精神，用脚步丈量祖国大地，向英雄学习、向前辈学习、向榜样学习，在坚定理想信念、增长知识见识、加强品德修养、培养奋斗精神、增强综合素质上下足功夫，争做堪当民族复兴重任的时代新人。八年脱贫攻坚战为新时期加强大学生的理想信念教育提供了历史导向、目标引领和生动素材，以"入脑入心"为思想前提，把脱贫攻坚精神所蕴含的真理原则、初心目标、创新意识、务实品格在第一课堂中讲深讲透讲好；以"走深走实见行见效"为行动依据，探索实践教学的新内容和新形式，将脱贫攻坚精神有效融入大学生理想信念教育的第二课堂中，可以有效促进新时代大学生自觉投身到中国式现代化的伟大实践当中，自觉肩负起历史与时代赋予自身的神圣使命。

本书以深入阐释脱贫攻坚精神的丰富内涵与时代价值为基础，以脱贫攻坚精神有效融入高校思政课教学为目标，沿着脱贫攻坚精神"为何融""融什么""怎样融""融的效果"的思路开展研究。在写作脉络上，教研并进、理实交融，紧扣"脱贫攻坚精神融入高校思政课教学"这一主题，对脱贫攻坚精神进行了学理性研究，构建了脱贫攻坚精神融入高校思政课的教学体系，并以课例形式进行了教学实践和教学研究反思。在写作内容上，秉持"教学相长""教研相长"教育理念，坚持科学研究、教学研究和教学实践相统一。从科学研究视角，深入研究脱贫攻坚精神的生成机理，深刻诠释脱贫攻坚精神的内涵与特质，提炼总结脱贫攻坚精神融入高校思政课教学的价值意义。从教学研究视角，全面分析脱贫攻坚精神融入高校思政课的基本理路，多维构建脱贫攻坚精神融入高校思政课的立体化教学设计体系。从教学实践视角，以脱贫攻坚精神的有效融入为目标，以章为单位，分别对高校五门主干思政课程的关联内容进行了框架式结构化梳理，并以教学案例或专题教学形式进行了全方位呈现。

2024 年 5 月，习近平总书记对学校思政课建设做出重要指示，要坚持思政课建设与党的创新理论武装同步推进。党的创新理论是党和人民实践经验和集体智慧的结晶，是新时代党领导人民为实现中华民族伟大复兴而奋斗的行动指南。把党的创新理论成果有效融入思政课教学，以中国特色社会主义取得的举世瞩目成就为内容支撑讲好新时代故事，推动思政课建设内涵式发展，不断提高思政课的针对性和吸引力，既是一个重大的理论问题，又是一个重大的实践课题。本书以脱贫攻坚精神融入高校思政课教学为例，尝试构建了一个比较系统完整的研究范式和教学体系，希冀能为其他理论研究者和高校思政课老师提供些许借鉴和参考。同时由于水平有限，本书难免存在不少疏漏之处，敬请专家和同行斧正。

刘金新

2024 年 5 月 15 日

# 目 录
## CONTENTS

# 导　论

## 第一节　问题的提出

精神是人类历史发展长河中的特有现象，是人类实践活动的重要因素。一个人不能没有精神，没有精神那是行尸走肉，一个民族更不能没有精神，没有精神就成了任人抛撒的散沙。人类实践活动越深入发展，就越需要精神的力量支撑，也越需要对精神（如会议精神、重要讲话精神、民族精神、时代精神、科学精神、工匠精神、文化精神、城乡人民闲暇精神生活的内容与形式等）进行专门分析和专题研究，对特定精神进行时代化，以更好地传承和发扬传统精神，最大化地把精神力量转化为物质力量，发挥精神对人类实践活动的推动作用。

### 一、伟大事业孕育伟大精神，伟大精神引领伟大事业

党的十八大以来，以习近平同志为核心的党中央以建党百年时刻全面建成小康社会为目标，结合新发展阶段我国经济社会发展的阶段性特征，接续贫困治理、大力实施脱贫攻坚，针对贫困新形势、贫困人口发展新需求，创新扶贫理念、拓宽帮扶思路、实施精准帮扶措施，彻底消除了绝对贫困，彻底解决了区域性整体贫困，取得了脱贫攻坚战的全面胜利，创造了世界减贫史上的中国奇迹。2021年2月25日，习近平总书记在全国脱贫攻坚总结表彰大会上第一次对脱贫攻坚伟大事业孕育出的脱贫攻坚精神进行了高度概括和生动阐释，习近平指出："脱贫攻坚伟大斗争，锻造形成了'上下同心、尽锐出战、精准务实、开拓创新、攻坚克难、不负人民'的脱贫攻坚精神。"① 八年脱贫攻坚史是党

---

① 习近平. 在全国脱贫攻坚总结表彰大会上的讲话［N］. 人民日报，2021-02-26（2）.

史、新中国史、改革开放史、社会主义发展史的缩影，是中华民族发展史中的灿烂一页。脱贫攻坚精神赓续传承了伟大民族精神和时代精神，是奋进新时代的精神力量，为实现农业农村现代化提供源源不断的精神动力。

### 二、历史川流不息，精神代代相传

2021 年 7 月 1 日，在庆祝中国共产党成立 100 周年大会上的讲话中，习近平总书记指出，"一百年来，中国共产党弘扬伟大建党精神，在长期奋斗中构建起中国共产党人的精神谱系，锤炼出鲜明的政治品格"①。2021 年，正值中华人民共和国成立 72 周年，中央宣传部梳理、党中央批准的中国共产党人精神谱系中的第一批伟大精神得以正式发布，其中包括了脱贫攻坚精神。脱贫攻坚精神，是中国共产党人精神谱系的重要组成部分，集中彰显了一代又一代中国共产党人"为有牺牲多壮志，敢教日月换新天"的奋斗精神。脱贫攻坚精神，是"伟大创造精神""伟大奋斗精神""伟大团结精神"和"伟大梦想精神"的新时代表现，是中华民族和中国人民精神资源宝库中的新内容。高校思想政治理论课（以下简称"思政课"）有机融入脱贫攻坚精神，青年大学生弘扬脱贫攻坚精神，赓续红色血脉，不断增强"四个意识"、坚定"四个自信"、做到"两个维护"，可为实现中华民族伟大复兴凝聚起奋勇前进的强大精神力量。

### 三、青年兴则民族兴，青年强则国强

当今世界正在经历百年未有之大变局，中国正处于近代以来最好的发展时期，两者相互交织，相互激荡。变革过程往往充满着风险挑战，但变革也会催生新机遇。青年是整个社会力量中最积极、最有活力的力量，国家的希望在青年，民族的未来在青年。习近平总书记寄语青年："新时代的中国青年要以实现中华民族伟大复兴为己任，增强做中国人的志气、骨气、底气，不负时代，不负韶华，不负党和人民的殷切期望！"② 新时代中国青年处在中华民族发展的最好时期，既面临着难得的建功立业的人生际遇，也面临着"天将降大任于斯人"的时代使命。在全国脱贫攻坚总结表彰大会上，习近平总书记号召全党全国全社会都要大力弘扬脱贫攻坚精神。思政课是高校践行"立德树人"根本任务的关键课程和核心课程，思政课教师要全面贯彻党的教育方针，落实立德树人根本任务，以培养担当民族复兴大任的时代新人为着眼点，充分发挥学校思政课

---

① 习近平. 在庆祝中国共产党成立 100 周年大会上的讲话［J］. 求是，2021（14）：4-14.
② 习近平. 在庆祝中国共产党成立 100 周年大会上的讲话［J］. 求是，2021（14）：4-14.

的主渠道、主阵地作用，研究如何把脱贫攻坚精神"进课堂、进教材、进头脑"，对脱贫攻坚精神为什么要融入思政课教学，融入哪些内容，怎样融入思政课教学，融入的效果如何等开展系列研究，帮助、引导新时代大学生讲好脱贫攻坚故事，学习脱贫攻坚时代楷模事迹，弘扬脱贫攻坚精神，做"对党忠诚""不负人民"的坚定的青年马克思主义者，在实现第二个百年奋斗目标和中华民族伟大复兴的中国梦的生动实践中放飞青春梦想。

## 第二节　研究意义

2020 年 3 月 6 日，习近平在决战决胜脱贫攻坚座谈会上发表重要讲话："脱贫攻坚不仅要做得好，而且要讲得好。"① 实现中华民族伟大复兴的中国梦，需要一代又一代有志青年接续奋斗。将脱贫攻坚精神有效融入高校思政课教学，深入研究阐释脱贫攻坚精神的丰富内涵和时代价值，探索其弘扬路径，有利于引导大学生构建主流意识形态，提高思想道德素质，落地落实立德树人根本任务，促进新时代大学生以更加积极向上的精神状态投身中国特色社会主义建设事业。

### 一、理论意义

通过系统梳理中国扶贫开发理论，从学理上解读脱贫攻坚精神内涵，能够拓展中国化时代化马克思主义研究的深度、广度和宽度，有利于充分彰显中国化时代化马克思主义的世界意义；对脱贫攻坚精神蕴含的新时代中国精神的价值研究，以及对脱贫攻坚精神的谱系价值研究，能够进一步丰富中国精神和中国共产党人精神谱系的研究；对脱贫攻坚模范代表人物承载的、其先进事迹所体现的追求真理精神，全心全意为人民服务精神和艰苦奋斗精神进行系统研究，有助于缩短时代距离，促进中国革命道德的时代化发展；通过脱贫攻坚精神融入高校思政课教学研究，有助于丰富和发展高校道德教育理论，拓展高校思想政治教育的理论空间。

（一）拓展中国化时代化马克思主义的研究领域

中国化时代化马克思主义始终保持生机的重要原因就是坚持"两个结合"，即把马克思主义基本原理同中国具体实际相结合、同中华优秀传统文化相结合，

---

① 习近平. 在决战决胜脱贫攻坚座谈会上的讲话 [N]. 人民日报，2020-03-07（2）.

这是我们党百年来推进马克思主义中国化时代化的宝贵经验。中国特色的扶贫道路、扶贫理论、扶贫模式，继承了中华优秀传统文化"扶贫济弱"优良传统，借鉴了发达国家和一些发展中国家反贫困有益经验，始终坚持以人民为中心，矢志不渝地推动贫困治理实践向前发展，与时俱进地推进马克思主义扶贫治理理论创新，为世界反贫困提供了中国智慧和中国方案，充分彰显了中国化时代化马克思主义贫困治理理论的世界意义。对脱贫攻坚精神科学内涵、价值意蕴的研究有助于拓展中国化时代化马克思主义的相关理论研究领域。

（二）丰富中国精神和中国共产党人精神谱系的研究

中国精神是以爱国主义为核心的民族精神和以改革创新为核心的时代精神的统一，是兴国强国之魂。中国共产党人精神谱系形成于不同历史时期、中国共产党人践行使命的伟大实践中，具有不同的历史特征、体现不一样的实践品格，但其蕴含的爱国、爱民、奋斗、拼搏、奉献的精神元素却一脉相承，是中国共产党人理想信念坚定、为人民服务宗旨意识牢固、工作作风实事求是，精神风貌、革命传统与优良作风的集中概括。作为第一批中国共产党人精神谱系中的脱贫攻坚精神，不仅赓续了中华民族生生不息的民族情怀、家国情怀和时代情怀，更是在此精神指引下创造出了彪炳史册的人间奇迹。脱贫攻坚精神体现了中国精神的民族特征和时代特征，彰显出共产党人的精神作风和精神气派。对脱贫攻坚精神蕴含的新时代中国精神的价值研究，以及对脱贫攻坚精神的谱系价值研究，能够进一步丰富中国精神和中国共产党人精神谱系的研究。

（三）为社会主义核心价值观提供理论滋养

社会主义核心价值观是社会价值体系中最稳定的部分，能起到引导社会成员行为、规范社会秩序、凝心聚力形成奋斗合力的显著作用。受不同的历史进程、文化传统、自然环境影响，不同社会的核心价值观都有其鲜明特质。社会主义核心价值观是当代中国精神的集中体现，凝结了中国人民共同的价值追求，为中国特色社会主义事业提供精神动力，为中国式现代化保驾护航。脱贫攻坚精神是千千万万帮扶人员攻坚克难伟大奋斗精神的生动写照，是中华民族伟大团结精神和中国社会创新精神的生动体现，是中国共产党人甘于奉献、矢志不渝为人民、持之以恒推进中国特色社会主义建设理想信念的充分彰显。对其进行深入研究，将为社会主义核心价值观的培根铸魂提供理论滋养。

（四）拓宽中国革命道德传承路径

中国革命道德是马克思主义与中国革命、建设、改革的伟大实践相结合的产物，始终把革命利益放在首位，是中国革命道德的重要内容。不畏强敌、不惧风险、敢于斗争、勇于胜利、勇于自我革命是中国共产党人的风骨和鲜明道德品质。中国革命道德是中华民族极其宝贵的道德财富，传承发扬好中国革命道德，培育公民良好的道德观，是抵制腐朽思想侵蚀、营造良好社会道德环境的重要途径。脱贫攻坚取得了物质上的累累硕果，也取得了精神上的累累硕果。在脱贫攻坚工作中，脱贫攻坚时代楷模传承和发扬中国革命道德，数百万扶贫干部倾力奉献，贫困群众宁愿苦干不愿苦熬，"知难而进""爱人以德""笃信好学""脚踏实地"等文明新风深入人心，这些都是传承和发扬中国革命道德的生动表现。中国革命道德曾潜移默化地影响了中国扶贫路上千千万万的人，也是中国式现代化建设道路上战胜各种困难和风险的强大精神力量。脱贫攻坚精神与中国革命道德一脉相承，对脱贫攻坚精神内涵及其弘扬路径的研究也是对中国革命道德传承的研究，并对其传承和弘扬有促进作用。

（五）丰富高校思想政治教育研究

脱贫攻坚战略依靠全国上下勠力同心战贫困，饱含中国共产党人坚定的人民立场，蕴含丰富的马克思主义观点，具有系统科学的方法论支撑，处处能够体现中国特色社会主义的制度优势，集中体现了当代中国共产党人坚持根本宗旨、坚守初心使命、坚持实干奋斗的崇高党性品格，是高校思想政治教育生动鲜活的时代教材。脱贫攻坚精神是我国在脱贫攻坚实践中凝聚而成的精神伟力，构筑了当代中国人民艰苦奋斗、勇往直前、无私奉献的精神丰碑，丰富了中华民族精神资源宝库，蕴含着深刻的思想政治教育价值。通过脱贫攻坚精神融入高校思想政治教育的价值研究，有助于拓宽高校道德教育理论研究新视角，拓展高校思想政治教育研究的理论空间，有利于丰富新时代高校思想政治教育的研究内容。

## 二、实践意义

脱贫攻坚精神融入高校思政课教学不仅是一个理论问题，更是一个实践问题。通过教学研讨和设计，收集并讲好中国脱贫攻坚故事，能够丰富思政课教学内容，提升教师教学供给能力，提高思政课育人效果。形成的系列教学资源，也能为党的其他创新理论融入思政课教学提供借鉴和参考。

（一）可以丰富高校思政课的教学资源

2019 年 3 月 18 日，习近平总书记在学校思想政治理论课教师座谈会上发表重要讲话，指出："国内外形势、党和国家工作任务发展变化较快，思政课教学内容要跟上时代，只有不断备课、常讲常新才能取得较好教学效果。"① 脱贫攻坚精神具有丰富的内涵要义和重大的价值意蕴，体现鲜明的中国特色，内蕴先进的人物故事，为上好思政课提供了丰富理论资源和鲜活现实素材。将脱贫攻坚精神融入高校思政课，有助于拓展思政课的教育内容和教育方式，引导学生全面认识脱贫攻坚精神的伟大意义、人民性意蕴和实践性品格。李保国、张桂梅、黄大发、黄文秀、黄诗燕等脱贫攻坚时代楷模的故事可谓用之不竭。帮扶干部走村入户、分析资源、研究出路、组织劳务输出、引进先进适用技术、开展新型农民工培训、发展特色产业，县委书记亲自直播带货，对这些事迹，大学生也都耳熟能详。党的性质宗旨、中国人民意志品质和中华民族精神，通过一个个脱贫攻坚故事和鲜活的个人形象生动地体现出来，为高校思政课教学提供了有力支撑，是开展马克思主义人生观、价值观、道德观教育，开展理想信念、社会主义核心价值观、爱国主义、集体主义、社会主义思想教育的宝贵资源，思政课教学内容也因为贴近学生的实际生活而变得更受欢迎。

（二）有利于提升思政课教师教学供给能力

办好思政课，关键在教师。脱贫攻坚精神有机融入高校思政课教学的过程，就是思政课教师开展系统性理论研究和整体性教学设计，高度把握思政课课程体系、统筹教材体系、有机衔接教学内容、恰当安排教学重难点、创新教学策略的过程。建设系统完整的脱贫攻坚精神融入思政课教学体系，高校思政课教师需要结合习近平总书记脱贫攻坚重要论述，结合党中央会议精神、具体文件、相关政策，参加针对性研讨和集体备课，以深入挖掘脱贫攻坚精神思想内涵，悟透脱贫攻坚精神，探寻脱贫攻坚精神与高校思政课教学的契合点，利用脱贫攻坚实践中的丰富案例和感人事迹，开展情景式教学、对分课堂、沉浸式教学、现场教学、线上体悟等多元立体化教学，在提高思政课吸引力和感染力的同时，也提升了思政课教师的教学供给能力。同时，对多元文化背景、智能时代、中国式现代化背景下脱贫攻坚精神融入高校思政课路径的研究，也有助于促进教师全媒体意识的觉醒和教学手段的改革创新。

（三）为党的创新理论融入思政课教学提供启发和借鉴

党的创新理论是党和人民实践经验的总结，是集体智慧的结晶。将党的理论创新，尤其是将新时代党的创新理论及时融入思政课堂，阐释清楚其理论根基、内涵价值，让学生深刻理解党的创新理论背后的学理基础，是推动思政课改革创新、提高学生理论自信、推动学生能力培养和价值观塑造、落实立德树

---

① 习近平. 思政课是落实立德树人根本任务的关键课程 [J]. 求是，2020（17）：4-16.

人教育根本任务的内在要求，是高校思政课教师的重要职责。作为意识形态，党的创新理论有其产生的特殊背景和具体的形成过程，有其特定内涵和特殊教育价值。社会实践在变化，党的创新理论的时代价值和表现形式也会随之变化。习近平精准扶贫精准脱贫思想是新时代中国特色社会主义思想的重要内容，是马克思主义反贫困理论中国化时代化的最新成果，在高校思政课中全面精准地融入脱贫攻坚精神内容，推动党的扶贫治理创新理论进课堂、进头脑，是同步推进思政课建设与党的创新理论武装的现实需要。本书围绕"为何融""融什么""怎样融""融的效果"这一主线，对脱贫攻坚精神融入高校思政课进行了理论研究和教学实践，制订了脱贫攻坚精神融入高校思政课的实施方案，形成了课程整体教学设计，探索了脱贫攻坚精神融入思政课的教学方式方法等，可以为党的其他创新理论融入高校思政课教学提供启发和参考。

## 第三节　文献综述

### 一、国外研究综述

（一）对相关精神的论述

脱贫攻坚精神作为中国脱贫攻坚形成的特有精神风貌，目前还没有直接的国外学者研究成果。国外学者研究其他精神，特别是在管理学领域的研究成果较多。在此仅以公共精神和企业家精神为例来综述，以期能够起到管中窥豹的作用。其中，关于企业家精神国外论述最多。Knight 认为，企业家精神是在不可靠的情况下以最富有创造性的活动去开辟新道路的创造精神和勇于承担风险精神。① Schumpeter 认为，企业家精神本质是创新精神，即以全新的方式对生产要素进行组合。② Kirchner 认为，企业家精神是一种发现先前未被认识到机会的

---

① KNIGHT F H. Risk, Uncertainty and Profit ［J］. Social Science Electronic Publishing, 1921（4）：682-690.
② SCHUMPETER J A. The Theory of Economic Development：An Inquiry into Profits, Capital, Credit, Interest and the Business Cycle ［J］. Social Science Electronic Publishing, 1934, 25（1）：90-91.

敏感性能力。① Miller 认为，企业家精神的本质是创业精神。② 另外，一些学者把企业家精神从行为方面进行界定。Peter F. Drucker 认为，企业家精神是对现有资源创造性利用实现创新的革新行为，企业家精神的核心在于系统化创新，并体现出学习精神。③ Covin 和 Slevin 认为，企业家精神是企业创新、风险承担和行动领先的行为。④

关于公共精神，H. 乔治·弗雷德里克森（H. George Frederickson）在《公共行政的精神》一书中对公共精神首次进行了系统论述。弗雷德里克森认为，在动荡的变革环境下，必须在政治、价值与伦理方面对当代公共行政进行恰当的定位，构建公共行政官员所应遵循的价值规范与伦理准则，建立现代民主政府，确保政府治理有效。弗雷德里克森在该书中还提出，公共行政的精神是建立在对所有公民的乐善好施的道德基础之上，是与爱国主义、乐善好施与公民精神密切相关，而公民精神是一种超越了政府的公共精神。公共精神既外显也内隐，它与不断变化的行政环境与行政实践之间的互动有关，又反映着公共行政官员的行为及引导其行为的价值观、行为规范和信念。⑤ 罗伯特·帕特南（Robert D. Putnam）认为公共精神的内涵丰富包括公共利益和担负责任等。⑥

从国外关于企业家精神和公共精神的论述可以看出，作为人类特有的某种精神形态，主要包含了某些特定含义的能力、行为规范、价值观和信念，这对我们把握脱贫攻坚精神的特定内涵有一定的启发。

（二）对贫困问题的研究

贫困是人类社会共同的"顽疾"，围绕贫困定义、贫困类型、贫困人口分布、致贫原因、贫困差异、贫困治理手段、可行性扶贫模式和人类反贫困历史等，国内外学者或组织进行了多角度、多学科广泛而深入的研究。某种程度上

---

① KIRCHNER I M. Entrepreneurship, Entitlement, and Economic Justice [J]. Eastern Economic Journal, 1978, 4（1）：9-25.

② MILLER D. The Correlates of Entrepreneurship in Three Types of Firms [J]. Management Science, 1983（7）：770-791.

③ PETER F. Drucker. Innovation and Entrepreneurship：Practice and Principles [J]. Public Productivity Review, 1986, 10（1）：105-109.

④ COVIN J G, SLEVIN D P. A Conceptual Model of Entrepreneurship as Firm Behavior [J]. Social Science Electronic Publishing, 1991, 16（1）：7-25.

⑤ 弗雷德里克森. 公共行政的精神 [M]. 张成福, 刘霞, 张璋, 等, 译. 北京：中国人民大学出版社, 2013：157.

⑥ 帕特南. 使民主运转起来 [M]. 王列, 赖海榕, 译. 南昌：江西人民出版社, 2001：45.

而言，贫困具有共性原因，反贫困措施也具有较高的可借鉴性，国际贫困相关理论研究成果或贫困治理实践经验总结，属于人类文明中的共同精神财富。

1. 何为贫困

贫困是一种生活状态，有温饱不足的绝对贫困状态，也有比较而言的相对贫困状态，贫困概念的内涵和外延随社会变迁而不断丰富和扩大。"物质贫困说"的代表人物西博姆·朗特里（Seebohm Rowntree），在其著作《贫穷：对城市生活的研究》中提出，贫困是家庭或个人所拥有的物质不能满足日常生活基本需求的状态。"能力贫困说"的代表人物是阿玛蒂亚·森（Amartya Sen），在其所著的《贫困与饥荒：论权利与剥夺》一书中将贫困定义为"贫困人口创造收入能力和机会的贫困"①。森认为，造成贫困和贫困持续的主要原因是贫困人口不具备饱食穿暖的能力，因而摆脱贫困的根本方法是为穷人提供机会并提高穷人利用机会创造财富的能力，森的反贫困观点对于发展中国家的教育科技智力扶贫具有重要启发意义。基于文化角度对贫困下定义的代表性人物是奥斯卡·刘易斯（Oscar Lewis），他在《桑切斯的孩子们：一个墨西哥家庭的自传》一书中提出了"文化贫困"理论：在贫困文化中成长的人更容易贫困，因贫困文化具有延续性，贫困又往往呈现世代相传的代际传递特征，帮助穷人走出贫困的首要办法是消除滋生贫困的文化土壤，改变穷人的文化观念和生活方式。②此外，有部分心理学家认为，贫困是一种感觉，贫困的真正起因在于心理，贫困的感觉大多数是在与他人的比较中得出的。有一些社会学家认为，贫困人口的贫穷是社会权利、发展机会不足或缺乏的因和果。权利贫困古来就有，在弱势群体身上表现得更突出，尤其受教育权、社会参与权方面的权力不足或受损必然导致能力贫困。

2. 致贫原因

贫困的表现也往往是导致贫困的原因。学界公认较早进行贫困原因研究的学者，是英国经济和人口学家托马斯·罗伯特·马尔萨斯（Thomas Robert Malthus）。他在《人口法则》（又称《人口论》）中指出："贫困是实现人口增长与生产资料均衡的抑制性手段，贫困自身是贫困的原因。人口按几何级数增长而生

---

① 阿玛蒂亚·森. 贫困与饥荒：论权利与剥夺［M］. 王宇，王文玉，译. 北京：商务印书馆，2001：88.

② 奥斯卡·刘易斯. 桑切斯的孩子们：一个墨西哥家庭的自传［M］. 李雪顺，译. 上海：上海译文出版社，2014：14.

活资源只能按算术级数增长，所以不可避免地要导致饥馑、战争和疾病。"① 即"人口剩余致贫理论"。美国经济学家舒尔茨（T. W. Schultz, 1961）② 提出了人力资本理论，该理论认为造成贫困的原因，有物质层面短缺的原因也有知识技能匮乏的原因，而后者是根本的原因，因而解决国家落后和个人贫困的根本途径是对贫困人口进行人力资本投资，提高医疗健康保障水平，扩大教育培训覆盖面，提高他们的可行能力。此外，冈纳·缪尔达尔（Karl Gunnar Myrdal）③ 提出的贫困循环累积理论认为，贫困是诸多致贫因素累积的结果。此后，贫困的内涵和外延不断扩大，由早期单纯的物质贫困研究向能力贫困、权利贫困、文化贫困、生态贫困等多领域研究转向④，已广泛覆盖经济学、社会学、政治学、历史学、公共管理学、地理科学、生物科学、农业资源与环境等学科领域。

### 3. 反贫路径

总结反贫困实践经验、研究上升为扶贫治理理论，以新扶贫理论指导新扶贫实践，在深化贫困规律认识的基础上不断开拓创新优化反贫困路径，是国内外开展反贫困斗争的基本做法。

理论研究方面：阿玛蒂亚·森在《贫困与饥荒：论权利与剥夺》（1981）一书中提出，一个富有平等、责任感的社会氛围，有助于穷人获取和行使"能够帮助其摆脱贫困和饥荒"的权利。马尔萨斯认为，只有抑制住人口数量，才有可能改善人类自身的贫困状况，没有抚养能力的人不生育子女是一种道德行为，"道德节制"观点是新马尔萨斯主义"用避孕方法来限制人口增长"的理论源头。发展经济学家罗森斯坦·罗丹（P. N. Rosenstein-Rodan）在其提出的大推动理论中，主张通过持久性、大规模的投资，形成发展中国家经济高速增长的条件，依靠"外部经济效果"帮助贫困地区和贫困人口摆脱贫困。1867 年，马克思在其巨著《资本论》中指出，建立共产主义制度是实现人类共同富裕的道路。制度经济学家彼得·汤森（Peter Townsend）提出的"相对贫困"理论认为，应消除制度的不合理性，以此缓解贫困。1968 年，冈纳·缪尔达尔在《亚

① THOMAS MALTHUS. An Essay on the Principle of Population [M]. London: Paul's Church-Yard, 1798: 1-134.

② THEODORE W. SCHULTZ. Investment in Human Capital [J]. The American Economic Review, 1961, 51 (1): 1-17.

③ GUNNAR MYRDAL. The Challenge of World Poverty: A World Anti-Poverty Program in Outline [J]. Political Science Quarterly, 1971, 86 (3): 549-550.

④ SEN A. Poverty and Famines: An Essay On Entitlement and Deprivation [M]. Oxford: Oxford University Press, 1982: 1-250.

洲的戏剧》一书中提出，发展中国家进行制度变革以解决其自身问题才是解决贫困之道。不仅如此，缪尔达尔还从经济、文化等多个角度全面审视亚洲国家的贫困治理，提出了"综合扶贫开发"理论。该理论认为，多手段并用、进行综合治理，才能解决亚洲的贫困问题，尤其深度贫困问题。①

实践经验总结方面：一是研究"福利国家"（一般是发达国家）扶贫模式，福利性质的贫困救济有助于缓解贫困，但福利分配中的"选民迎合"又造成了福利分配的政治功利化，制造了新的不平等。二是研究发展中国家的扶贫模式，如印度、巴西、印度尼西亚、南非等的以工代赈模式、小额贷款扶贫模式（最不发达国家之一的孟加拉国，其乡村银行主导的小额信贷扶贫模式，也比较成功）。三是研究联合国开发计划署、联合国世界粮食计划署、国际农发基金、世界发展银行等国际组织，帮助最不发达国家摆脱贫困的减贫援助方案、减贫援助项目与实施效果。

这些反贫困理论是全球反贫困实践经验的凝结，是人类文明的重要组成部分，对于从反贫困角度讲解"人类命运共同体"相关内容有很大帮助。

## 二、国内研究综述

精神是一个民族生生不息的灵魂，一个民族只有精神上昂首挺立，才能在历史的波涛中坚定向前。脱贫攻坚精神是脱贫攻坚伟大斗争实践所取得的伟大历史成就的凝练与升华，是民族精神和时代精神的赓续传承。习近平总书记在全国脱贫攻坚总结表彰大会上对脱贫攻坚伟大事业孕育出的脱贫攻坚精神进行了高度凝练和全面阐释，并号召全党全国全社会都要大力弘扬脱贫攻坚精神。梳理文献发现，当前学界围绕脱贫攻坚精神融入高校思政课教学的研究主要体现在三大方面。

### （一）对脱贫攻坚精神的直接研究

全国脱贫攻坚表彰大会召开前，以"脱贫攻坚精神"为主题词在中国知网搜索，仅有 8 篇与"脱贫攻坚精神"完全吻合的理论研究文章，内容涉及脱贫攻坚精神的内涵、时代价值和践行路径三方面，相关研究对脱贫攻坚的内涵还没有形成统一的界定，主要是学者自己提炼的观点。譬如，时任国务院扶贫开发领导小组组长胡春华强调，要深入贯彻习近平总书记关于扶贫工作的重要论述，发挥扶贫脱贫先进典型示范带动作用，大力弘扬"不忘初心、勇于担当的

---

① 缪尔达尔. 亚洲的戏剧 [M]. 方福前，译. 北京：首都经济贸易大学出版社，2001：11.

攻坚精神，扶贫济困、守望相助的大爱精神，自力更生、开拓进取的奋斗精神，敢想敢干、勇于探索的首创精神"①。刘建武认为，新时代的脱贫攻坚精神突出表现为九大精神，即攻坚克难的担当精神与一诺千金的诚信精神，因地制宜的求实精神与自立自强的奋斗精神，众志成城的帮扶精神与锲而不舍的钉钉子精神，攻坚拔寨的冲刺精神，迎难而上的奉献精神与同舟共济的互助精神。② 何得桂和徐榕认为，新时代脱贫攻坚精神可以概括为"不忘初心、为民造福的担当精神，精准施策、尽锐出战的攻坚精神，群策群力、携手奋进的大爱精神，自力更生、开拓进取的奋斗精神，敢为人先、勇于探索的创新精神，求真务实、久久为功的实干精神"③。

2021 年 2 月 25 日，习近平总书记在全国脱贫攻坚表彰大会上首次正式提出"脱贫攻坚精神"这一重要命题并阐述了其科学内涵，并号召全党全国都要大力弘扬脱贫攻坚精神。如何从学理高度、历史厚度、实践宽度来认识和把握脱贫攻坚精神，成为学者们重点关注的问题。近年来，理论界对此展开了多方面多角度的理论研讨，回顾和梳理现有成果，有助于进一步推动脱贫攻坚精神的研究，进而为脱贫攻坚精神融入思政课教学提供理论支撑。从主题来看，学界对脱贫攻坚精神的研究主要涉及其形成背景、生成过程、科学内涵、价值意义、践行路径等多个方面，取得了较为丰硕的成果。

1. 关于脱贫攻坚精神基本内涵的研究

在基本内涵研究上，学者们主要从脱贫攻坚精神的六大内容即"上下同心、尽锐出战、精准务实、开拓创新、攻坚克难、不负人民"的内涵进行阐释，揭示其包含的民族精神和时代精神。燕连福、郭世平和樊志远认为，脱贫攻坚精神体现了伟大的团结精神（上下同心）、担当精神（尽锐出战）、科学精神（精准务实）、创新精神（开拓创新）、决胜精神（攻坚克难）和为民精神（不负人民）。④ 李心记认为，脱贫攻坚精神是"上下同心"的团结协作精神，"尽锐出战"的全力以赴精神，"精准务实"的科学实干精神，"开拓创新"的探索进取

① 习近平对脱贫攻坚工作作出重要指示强调：咬定目标加油干，如期打赢脱贫攻坚战 [N]. 人民日报，2018-10-18 (1).
② 刘建武. 新时代脱贫攻坚精神的深刻内涵 [J]. 人民论坛，2020 (20)：62-64.
③ 何得桂，徐榕. 新时代脱贫攻坚精神的基本内涵与时代价值 [J]. 广西大学学报（哲学社会科学版），2020，42 (6)：71-77.
④ 燕连福，郭世平，樊志远. 论脱贫攻坚精神的形成基础、核心内涵和弘扬路径 [J]. 思想教育研究，2021 (3)：3-6.

精神，"攻坚克难"的拼搏奋斗精神和"不负人民"的使命担当精神的有机融合。①

2. 关于脱贫攻坚精神形成背景的研究

任何一种精神的产生都离不开特定的条件，脱贫攻坚精神亦是如此，有学者从思想文化、社会本质、阶级属性、实践要素等方面对脱贫攻坚精神的形成条件进行了探究。譬如，燕连福、郭世平和樊志远认为，中华民族精神是其形成的文化基因，党的初心和使命是其形成的价值源泉，社会主义的本质论是其形成的理论基础，中国脱贫攻坚伟大实践是其形成的实践基础。② 迄今，关于脱贫攻坚精神形成背景的研究还比较单薄，成果偏少，需进一步拓宽研究视野。

3. 关于脱贫攻坚精神生成逻辑的研究

理论界主要从历史逻辑、理论逻辑和实践逻辑上考察脱贫攻坚精神的生成逻辑，虽表述有差别，但精神主旨相同。中华优秀传统文化中的"扶贫济困"思想是新时代脱贫攻坚精神的文化渊源，马克思主义反贫困理论是其形成的理论渊源，中国共产党扶贫开发事业和反贫困斗争是其形成的实践源泉。③ 此外，有学者从公共治理角度指出，中国脱贫攻坚精神有其独特的历史文化基因、明显的时代烙印，以及根源于反贫困斗争的实践源泉。脱贫攻坚是帮扶主体、扶贫对象与环境（政策、自然、历史、文化、经济等）互动的过程，是环境利用、结果反馈、措施改进不断循环的过程，每一个角色都需要不断地进行自我调整，在渐进适应中实现目标利益最大化。因此，从社会建构的学理角度来看，扶贫干部通过"角色建构、行动实现和自我超越"三个阶段生成了脱贫攻坚精神。④

4. 关于脱贫攻坚精神价值地位的研究

作为一种精神力量，学者们多角度阐述了脱贫攻坚精神的时代价值。脱贫攻坚精神是中华民族精神的时代注解，是新时代中国人民精神士气的坚实底蕴，为世界发展提供了宝贵的中国经验和中国智慧⑤，是中华民族精神的充分彰显，

---

① 李心记. 脱贫攻坚精神的生成逻辑、科学内涵及实践指向［J］. 中国高等教育，2021（8）：28-30.

② 燕连福，郭世平，樊志远. 论脱贫攻坚精神的形成基础、核心内涵和弘扬路径［J］. 思想教育研究，2021（3）：3-6.

③ 李心记. 脱贫攻坚精神的生成逻辑、科学内涵及实践指向［J］. 中国高等教育，2021（8）：28-30.

④ 谢治菊，罗浩奇. 脱贫攻坚精神的时代内涵、生成机理与治理价值：基于60个扶贫干部口述故事的文本分析［J］. 公共治理研究，2021，33（5）：62-72.

⑤ 李晓青，唐剑. 逻辑、内涵及价值：脱贫攻坚精神解析［J］. 理论视野，2020（11）：41-46.

是新时代中国共产党人执政为民的生动写照，是实现中华民族伟大复兴的驱动力，它丰富和发展了全球反贫困理论，是构建人类命运共同体的内在需要。① 新时代脱贫攻坚精神丰富并拓展了中国共产党的红色精神谱系，为党员干部学史增信、补钙壮骨提供了思想武器，为解决发展失衡、促进民族地区充分发展提供了行动指南，为新时代推进我国乡村振兴战略提供了精神食粮②，是激励中国人民追求美好生活的精神动力，也为世界各国人民提供了减贫治理的成功经验，对于实现中华民族伟大复兴、建设社会主义文化强国、构建人类命运共同体具有深远的意义。③ 脱贫攻坚精神有重要的时代功能、文化功能与教育功能，承载脱贫攻坚精神的载体是落实立德树人教育根本任务的宝贵资源，弘扬脱贫攻坚精神，可以助推巩固拓展脱贫攻坚成果与乡村振兴的有效衔接，促进基层干部在新时代更加担当有作为，助力乡村全面振兴。

5. 关于脱贫攻坚精神的弘扬路径研究

如何弘扬和传承脱贫攻坚精神不仅是一个理论问题，也是一个重大的实践课题，因而受到理论界的重点关注。燕连福、郭世平和樊志远提出，在百年党史学习教育中，用好脱贫攻坚案例、讲好脱贫攻坚故事、讲活脱贫攻坚精神，加深对共同富裕奋斗目标的理解和认同，鼓舞参与中国式现代化建设事业的干劲。④ 陈晨子提出，要从四个维度构建四个机制来弘扬脱贫攻坚精神：在理论维度，建立科学传播机制；在生活维度，构建日常生活全面嵌入脱贫攻坚精神的机制；在实践维度，构建基于群众路线的长效发展机制；在心理维度，构建社会文化心理认同机制。⑤

（二）针对脱贫攻坚理论与实践的研究

中国脱贫攻坚历时八年，关于这方面的研究最多，形成了丰富的理论与实践研究成果，主要存在理论研究、实践研究、理论与实践相结合三种研究范式。

---

① 何得桂，徐榕. 新时代脱贫攻坚精神的基本内涵与时代价值 [J]. 广西大学学报（哲学社会科学版），2020，42（6）：71-77.

② 李军刚，林秀艳. 论新时代脱贫攻坚精神及其时代价值 [J]. 中共成都市委党校学报，2021（5）：36-41.

③ 舒旭，牛俊伟. 脱贫攻坚精神的三重维度及时代价值 [J]. 理论建设，2021，37（6）：98-104.

④ 燕连福，郭世平，樊志远. 论脱贫攻坚精神的形成基础、核心内涵和弘扬路径 [J]. 思想教育研究，2021（3）：3-6.

⑤ 陈晨子. 建党百年背景下脱贫攻坚精神的价值意蕴与弘扬路径 [J]. 中学政治教学参考，2021（43）：17-19.

1. 理论研究

主要涉及两大方面：一是关于习近平精准扶贫思想的研究。主要内容包括习近平精准扶贫思想的内涵，形成发展的时代条件、理论逻辑、实践逻辑和价值意蕴，习近平精准扶贫思想的战略基础、战略方位、战略目标、战略重点和战略保障，习近平精准扶贫思想的时代价值及其对马克思、恩格斯贫困治理理论的创新等研究。二是以脱贫攻坚为研究视角开展相关理论研究。譬如，脱贫攻坚视域下的乡村振兴研究、乡村治理研究、农村党建研究、扶贫开发理论研究等。

2. 实践研究

这方面的研究主要有：一是特定地域脱贫攻坚的调查与实践经验总结。譬如，贵州脱贫攻坚经验总结、民族地区脱贫攻坚路径、西南山区巩固拓展脱贫攻坚成果与衔接推进乡村振兴对策。二是各个视角的脱贫攻坚实践及经验研究。譬如，教育扶贫、易地搬迁扶贫、道路水电基础设施扶贫、文旅融合产业扶贫、农村基层党组织党建援建扶贫、万企帮万村行动、东西部劳务协作、扶贫车间等。

3. 理论与实践相结合研究

理论与实践相结合研究主要包括：一是打赢脱贫攻坚战的难点和路径研究，对脱贫攻坚实践中的难题开展理论研究，并结合实际提出对策。二是发扬中国精神中的某一具体精神，助推脱贫攻坚伟大实践研究。譬如，弘扬长征精神、新时代贵州精神、劳模精神、红船精神、五四精神、延安精神、铁军精神，不怕吃苦、连续作战，如期全面打赢脱贫攻坚战。三是开展脱贫攻坚与乡村振兴有效衔接相关理论、衔接机制与路径的研究。

（三）脱贫攻坚精神融入高校思想政治教育或思政课教学研究

全国脱贫攻坚表彰大会召开前，在中国知网上搜不到关于脱贫攻坚精神融入高校思想政治教育或思政课教学的相关成果，但学界关于把某种中国精神、中国共产党人的某种精神或者主题文化融入思政课教学的成果非常多。譬如，抗美援朝精神、抗疫精神、长征精神、劳模精神等融入高校思政课教学研究，习近平新时代中国特色社会主义思想、社会主义核心价值观、民法典、"四史"教育融入思政课教学研究，中华优秀传统文化、红色文化、特色文化资源融入思政课教学研究等，这些成果为本书的研究开拓了思路，有一定的参考和借鉴价值。全国脱贫攻坚表彰大会召开后，脱贫攻坚精神融入高校思想政治教育或思政课教学研究成为高校教育工作者特别是思政课教学研究的热点，梳理文献可以看出，基本遵循"脱贫攻坚精神的内涵→融入的价值→融入的路径"这一研究范式。

1. 关于脱贫攻坚精神融入高校思想政治教育的价值研究

学界从民族复兴大任、培育家国情怀、大学生成长成才等多维度研究了脱贫攻坚精神融入高校思想政治教育的价值。有代表性的观点有：张娇阳认为，将脱贫攻坚精神融入高校思想政治教育中，符合新时代高校思想政治教育的价值诉求，对于涵养大学生的家国情怀、增强大学生的责任担当、培育大学生的奋斗精神、坚定大学生的四个自信具有长效教育功能。① 李佳威认为，脱贫攻坚战的鲜活实践，脱贫攻坚战取得全面胜利的伟大成就，具有引领青年大学生成为传承历史使命时代新人的思想政治教育价值。② 和谐恬和王冬冬认为，深刻体悟、全面把握脱贫攻坚精神的丰富内涵与价值意蕴，充分发挥脱贫攻坚精神的引领作用，能够强化当代大学生的团结互助精神，培育大学生时不我待、奋发有为的担当精神，树立求真务实、脚踏实地的务实精神，培养大学生开拓进取、勇于实践的创新精神，保持不畏艰难、敢于斗争的艰苦奋斗精神，坚定大学生以人民为中心的价值立场。③ 李尚宸和李心记认为，"上下同心、尽锐出战"的脱贫攻坚精神有助于激发大学生群策群力、迎难而上，"精准务实、开拓创新"的脱贫攻坚精神有助于激励大学生的实干精神和创新意识，"攻坚克难、不负人民"的脱贫攻坚精神有助于激发大学生的拼搏精神和人民情怀。④

2. 关于脱贫攻坚精神融入高校思想政治教育的路径研究

在研究脱贫攻坚精神融入高校思想政治教育时代价值的基础上，学者们也阐述了把脱贫攻坚精神融入高校思想政治教育的多维路径。张娇阳提出，高校应从课程育人、实践育人、文化育人三个维度将脱贫攻坚精神融入对学生的思想政治教育中。⑤ 汤敏和漆昌彬认为，应从增强弘扬脱贫攻坚精神心理认同、构建脱贫攻坚精神特色课程体系、建立弘扬脱贫攻坚精神人才保障机制、创新脱贫攻坚精神教学方式、推动脱贫攻坚精神融入社会实践五个方面来推动新发展

---

① 张娇阳. 脱贫攻坚精神融入高校思想政治教育的重要价值与路径选择 ［J］. 中北大学学报（社会科学版），2022，38（5）：95-100.

② 李佳威. 将伟大脱贫攻坚精神融入思想政治教育 ［J］. 中国高等教育，2022（1）：24-26.

③ 和谐恬，王冬冬. 脱贫攻坚精神对大学生思想政治教育的价值探析 ［J］. 沈阳农业大学学报（社会科学版），2021，23（3）：330-335.

④ 李尚宸，李心记. 脱贫攻坚精神之于大学生思想政治教育的价值 ［J］. 学校党建与思想教育，2022（4）：7-10.

⑤ 张娇阳. 脱贫攻坚精神融入高校思想政治教育的重要价值与路径选择 ［J］. 中北大学学报（社会科学版），2022，38（5）：95-100.

阶段高校思想政治教育更好地发挥育人功能。① 庞红丽、李庆亮和李秋林提出，要从课程体系优化、实践教学创新、校园文化建设和网络平台搭建四个维度着力来推进脱贫攻坚精神融入大学生思想政治教育。②

3. 关于脱贫攻坚精神融入高校思政课教学的意义或价值研究

脱贫攻坚精神融入高校思政课教学意义重大。滕翠华认为，将脱贫攻坚精神融入高校思政课教学，是弘扬中国共产党人精神谱系的重要渠道，是思政课教学守正创新的应然要求，是厚植爱党爱国爱人民情怀的重要阵地。③ 刘少宝、孙皖江和姜涛认为，脱贫攻坚精神的高校思政课融入，可以帮助大学生更加坚持和认同中国共产党的领导，增强对中国特色社会主义的"本质认同""道路认同""理论认同"和"制度认同"，提高对社会责任的自觉感知能力与主动承担意识。④ 赵冬云和王志民从传承理想信念、激发热情斗志、践行奉献价值观和增强社会责任感四个维度阐述了脱贫攻坚精神融入高校思政课对大学生的意义。⑤ 任宝龙和陈广亮以"毛泽东思想和中国特色社会主义理论体系概论"课程为例提出，接力弘扬脱贫攻坚精神是大学生赓续中国精神的内在要求，厚植脱贫攻坚精神是大学生涵养爱国情怀的生动支撑，理解脱贫攻坚精神是大学生投身奋进历程的现实驱动和价值意蕴。⑥

4. 关于脱贫攻坚精神融入高校思政课教学的路径研究

如何把脱贫攻坚精神融入高校思政课教学，学者们提出了许多建设性的意见和建议。滕翠华提出，需要从政治高度、历史厚度、理论深度、实践力度、情怀温度、世界维度"六个维度"出发，通过课程优化衔接、内容优化设置、创新方式方法、转变话语方式、注重实践赋能等途径发挥其铸魂、提能、致用、

① 汤敏，漆昌彬. 脱贫攻坚精神融入高校思想政治教育探究 [J]. 衡水学院学报，2022，24（1）：61-66.
② 庞红丽，李庆亮，李秋林. 脱贫攻坚精神融入高校思想政治教育路径的探索 [J]. 安徽农业科学，2022，50（2）：280-282.
③ 滕翠华. 脱贫攻坚精神融入高校思政课教学略探 [J]. 学校党建与思想教育，2022（16）：59-61，64.
④ 刘少宝，孙皖江，姜涛. 脱贫攻坚精神融入高校思政课教学的思考 [J]. 黑龙江工业学院学报（综合版），2021，21（11）：1-6.
⑤ 赵冬云，王志民. 将脱贫攻坚精神融入高校思政课的思考与探索 [J]. 河北青年管理干部学院学报，2021，33（4）：76-79.
⑥ 任宝龙，陈广亮. 高校思想政治理论课讲好脱贫攻坚精神的三个维度：以"毛泽东思想和中国特色社会主义理论体系概论"课程为例 [J]. 河南工业大学学报（社会科学版），2021，37（6）：98-104.

固本的功能。① 潘诗扬认为，新时代脱贫攻坚精神融入思政课教学应做到：落实立德树人教育根本任务，发挥脱贫攻坚精神融入思政课教学的育人功效；明确人民的主体性，增强脱贫攻坚精神融入思政课教学的实效性；优化思政课的教学设计，提升脱贫攻坚精神融入思政课教学的质量；立足实践教学，激发脱贫攻坚精神融入思政课教学的内外活力。② 白耀强认为，应坚持课堂教学与实践教学相结合，坚持讲理论与讲故事相结合，坚持教师主导性讲授与学生主体性分享相结合，在科学把握思政课教学规律的基础上实现多维融入。③ 王卫兵提出，将脱贫攻坚精神融入高校思政课教学，需要从目标、内容、方法和实践教学等维度实现深度融合，助推青年大学生成长成才。④ 师海娟和刘伟杰提出，高校应从准确把握教学目标、调整优化教学内容、精心布局教学设计、建构多元教学评价四方面着手探索脱贫攻坚精神融入思政课的实践逻辑，以提高融入实效。⑤

此外，赵继颖和李响认为，讲好脱贫攻坚故事与高校思政课之间存在互惠逻辑，小故事可以讲大道理，讲好脱贫攻坚故事可以增强高校思政课理论底气，摆脱思政课老师一本正经的填鸭式或说教式的传统印象，而高校思政课引用脱贫攻坚故事辅助教学，则可以深化故事内涵，提高故事的传播力、引导力、影响力和公信力。讲好脱贫攻坚故事原则上要坚持正确价值导向、辩证哲学思维、互动教学方式，实践上要明确受教主体需求、完善课程授课模式、打造专业化教师队伍。⑥ 马超群和易启洪对脱贫攻坚典型实例有效融入农林高校思政课进行了思考，认为在融入意义上，可强化农林大学生政治站位，细化农林高校德育素材，优化脱贫攻坚教学实例；在融入现状上，存在部分农林高校大学生对脱贫攻坚事业情感认知不足，脱贫攻坚典型实例与农林思政教学融合程度不深，以脱贫攻坚典型实例为主题开展的实践教学不够等问题；在融入实效上，要结合农林高校特点探索教学融合模式，突出情感认同，创新典型实例教学呈现方

---

① 滕翠华．脱贫攻坚精神融入高校思政课教学略探 [J]．学校党建与思想教育，2022 (16)：59-61，64.

② 潘诗扬．新时代脱贫攻坚精神融入思政课教学的思考 [J]．教育理论与实践，2022，42 (15)：27-30.

③ 白耀强．脱贫攻坚实践融入高校思政课教学的理论审思 [J]．韶关学院学报，2021，42 (5)：7-11.

④ 王卫兵．脱贫攻坚精神融入高校思想政治理论课教学研究 [J]．河南教育（高等教育），2021 (9)：3-5.

⑤ 师海娟，刘伟杰．脱贫攻坚精神赋能高校思政课的三重逻辑 [J]．河南科技学院学报，2021，41 (12)：48-53.

⑥ 赵继颖，李响．脱贫攻坚故事融入高校思政课的价值和路径 [J]．中学政治教学参考，2022 (40)：49-51.

式，建立实践调研、理论研究、教学融入相长的长效机制。①

**三、研究述评**

梳理文献可以看出，学者围绕脱贫攻坚、脱贫攻坚精神、脱贫攻坚精神融入高校思想政治教育与脱贫攻坚精神融入高校思政课进行了多维度研究，取得了一定成果。这为本书提供了比较丰富的文献资料，有助于拓展研究思路。尽管如此，脱贫攻坚精神高校思政课的融入，在基础和关联理论研究、融入内容选择、教学整体设计、课程思政建设方面，仍有较多不足，存在较大的改进空间。

（一）进一步深化理论研究

脱贫攻坚精神是一个具有中国特色的概念和话语，是中国共产党人精神谱系的重要内容。积极构筑新时代中国精神、大力弘扬脱贫攻坚精神，是独立自主构建话语体系、讲好党的故事、传播中国好声音、展现中国好形象，掌握话语权的重要体现。当前理论研究方面的不足主要表现在：一是对脱贫攻坚精神的内涵研究深度不够，学界多是就脱贫攻坚精神的具体内容去阐释脱贫攻坚精神的内涵，缺少从脱贫攻坚精神的特质上去挖掘。二是关于脱贫攻坚精神形成基础和生成逻辑的研究，普遍按照事物生成的历史逻辑、理论逻辑和现实逻辑展开，研究模式和内容比较固化。脱贫攻坚精神作为中国共产党人精神谱系的重要坐标，其生成与精神谱系总坐标有不可分割的必然联系，但学界还鲜有从此角度进行研究。三是在脱贫攻坚精神的价值特别是在思政课教学价值的研究方面，从思政课角度研究其融入功能的偏少，特别是对其作为精神动力的功能挖掘不够，还有很大研究空间。综上所述，未来理论研究，应加大对脱贫攻坚精神本质的研究，脱贫攻坚精神与中国共产党人精神谱系关系的研究，结合高校思政课特殊地位研究脱贫攻坚精神融入高校思政课的价值。

（二）提升实践研究成果

无论是脱贫攻坚精神助推乡村振兴研究，抑或脱贫攻坚精神融入思想政治教育或高校思政课教学研究，学者多是泛泛提供了一般性实践的思路和想法，没有具体性和可操作性强的案例，多数成果是发表在期刊中的论文，还没有形成系列化和系统化的教学实践成果，从公开出版或发表的成果中还查不到脱贫攻坚精神融入高校思政课比较成熟的教学学术成果，关于此主题的非学术性教

① 马超群，易启洪. 脱贫攻坚典型实例有效融入农林高校思政课的思考 [J]. 北京农业职业学院学报，2022，36（5）：12-17.

学成果也非常鲜见。未来研究中，要注重运用互联网、大数据等现代信息技术手段，深入课堂和基层一线，加强需求差异化分析、设计好切入点、做好侧重点取舍、选择适宜的宣讲方式，跟踪反馈脱贫攻坚精神在高校思政课堂、"三农课堂""乡村振兴大讲堂""乡村道德讲堂"和乡村文化广场的宣讲效果，及时总结经验、提炼规律，形成系列实践教学研究成果。

　　（三）进一步拓宽研究视角

　　研究视角单一，容易导致研究成果同质；研究范式固化，容易造成研究结果缺乏新意、缺乏可操作性甚至偏离目标。目前，关于脱贫攻坚精神生成背景、生成过程、科学内涵、价值意义、传承路径的研究成果颇丰，这为脱贫攻坚精神融入高校思政课教学奠定了坚实基础；关于某种精神，如长征精神、航天精神、抗疫精神融入思政课教学的研究成果也比较多，这为脱贫攻坚精神融入高校思政课教学提供了很好的方法论启示。存在的主要问题或不足之处，一是跨学科研究不足，多学科综合研究成果不多，鲜见体系化的教学研究成果。二是纯理论研究成果较多，基于教学一线实践、较好实现理论与实践紧密结合的成果偏少。三是基于历史和发展视角的研究成果偏少，需要强化比较法的运用。因此，需要进一步拓展研究视角，坚持大历史观，更广泛地总结党的百年扶贫史、中华民族的贫困斗争史、社会主义国家与其他国家的贫困治理历程和经验，在多学科融合中推动脱贫攻坚精神科学内涵与价值意义的研究更加"走深走实"。同时，紧密结合意识形态安全、乡村文化振兴、文化强国战略需要，以入脑入心、善思善用、见行见效为目的，开展脱贫攻坚精神有机融入高校思想政治教育、思政课堂的机制和路径研究。

# 第四节　研究思路、研究方法和主要内容

## 一、研究思路

　　本书沿着"为何融""融什么""怎样融""融的效果"的思路，采用历史与逻辑相统一、实地参观调研与网上资料征集并举、关联理论提炼与实际经验总结相结合的方法，去粗取精、由表及里、由具体到抽象再到具体，开展脱贫攻坚精神融入高校思政课教学的研究。首先，研读习近平总书记关于脱贫攻坚及其精神的系列重要论述，收集学者已有的研究成果，整理脱贫攻坚生动案例，

弄通弄懂脱贫攻坚精神的科学内涵和时代价值。其次，开展调研论证，梳理高校思政课教材体系的内在逻辑，明辨与脱贫攻坚精神有机衔接的教学章节和知识点，对脱贫攻坚精神融入思政课教学制订整体实施方案。再次，站在讲好党史、新中国史、改革开放史、社会主义发展史和中华民族发展史的高度，围绕融入内容、方式和方法做好分课程教学设计，实施分课程教学实践，进行经验总结和效果评价。最后，整理成有实际应用价值的教学研究成果，进行更大范围的同行评价和校际推广。

## 二、研究方法

### （一）文献研究法

全面收集国际上有代表性的反贫困理论，研究包括发达国家、典型发展中国家在内的反贫困实践，广泛查阅中国扶贫历史史料，系统梳理习近平总书记关于脱贫攻坚和脱贫攻坚精神的重要论述，归纳学界关于脱贫攻坚精神形成过程、内涵要义、价值功能等的研究成果，在认真研读的基础上，对相关观点和方法加以比较分析和系统整合，以开阔研究视野、拓展研究思路，为脱贫攻坚精神融入高校思政课教学奠定理论基础。

### （二）理论研究与教学实践相结合

在文献梳理的基础上，进一步研究脱贫攻坚精神的生成逻辑、内涵本质和融入思政课的多维价值，明确思政课教材体系的内在逻辑，定期或不定期地召开论证会，分析各门思政课程中与脱贫攻坚精神相关的章节，以及能够实现有机融入的知识点，制订脱贫攻坚精神融入思政课教学的总体实施方案和五门主干思政课的具体实施方案，先试点再全面推进，分课程按计划地开展教学活动，形成系列理论研究与实践教学成果。

### （三）系统研究法与分层研究法相结合

脱贫攻坚精神融入思政课教学是一个系统工程，需要进行全方位规划和整体部署。本书采用系统分析法，研究脱贫攻坚精神融入高校五门主干思政课的总体教学设计思路，以此统领脱贫攻坚精神融入各门思政课的具体教学设计。在宏观层面，着重分析中国扶贫尤其脱贫攻坚的历程，中国特色反贫困理论的形成发展和主要内容，以及高校思政课的性质、功能和作用。在微观层面，重点深化研究脱贫攻坚精神的本质，提出高校思政课开展脱贫攻坚精神教学融入的目标、原则、内容、方法路径以及效果评价主体和方式。

### （四）演绎分析法和归纳比较法相结合

思政课是落实立德树人根本任务的关键课程。当前高校思政课必修课程有

"思想道德与法治""马克思主义基本原理""中国近现代史纲要""毛泽东思想和中国特色社会主义理论体系概论""习近平新时代中国特色社会主义思想概论""形势与政策"六门课程。虽然各门课程的性质相同，都承担着增强大学生使命担当，引导学生矢志不渝听党话跟党走，争做社会主义合格建设者和可靠接班人的任务，但每门课程又有其自身的逻辑体系和特定的教学内容，相应地，脱贫攻坚精神融入各门课程的侧重点、方式方法也自然不同。本书从马克思主义理论基本原理和教育教学一般规律出发，紧扣脱贫攻坚精神融入高校思政课这个主题，既从总体上把握脱贫攻坚精神融入高校思政课的必要性和重要性，又对每一门课程（除"形势与政策"外）进行具体分析，根据教学内容、学情特点等，研究恰当的切入点，遵循从特殊到一般、又由一般到特殊的认识发展规律，把教材体系有效转化为教学体系。

### 三、主要内容

本书从党史、新中国史、改革开放史、社会主义发展史和中华民族发展史的高度，把握习近平总书记关于脱贫攻坚及其精神的重要论述，诠释脱贫攻坚精神的科学内涵和生成机理，探讨脱贫攻坚精神的重大价值。以脱贫攻坚精神在大学生思政课中"为何融""融什么""怎样融""融的效果"为主线，全面探讨脱贫攻坚精神融入高校思政课的基本理路，多维构建脱贫攻坚精神融入高校思政课立体化教学设计体系。

导论部分：依次介绍了本书的选题背景、研究意义，研究综述，研究的思路、方法和主要内容，创新和不足之处。首先，介绍选题背景和研究的意义。伟大事业孕育伟大精神，伟大精神引领伟大事业。脱贫攻坚伟大斗争锻造形成的伟大脱贫攻坚精神，是党的创新理论成果，是中国共产党人精神谱系的重要内容。历史川流不息，精神代代相传，高校思政课有机融入脱贫攻坚精神，青年大学生弘扬脱贫攻坚精神，赓续红色血脉，不断增强"四个意识"、坚定"四个自信"、做到"两个维护"，可为实现中华民族伟大复兴凝聚起奋勇前进的强大精神力量。其次，对国内外与脱贫攻坚精神的相关研究进行了综述和评价。再次，确立了本书的研究思路、研究方法和主要内容。最后，指出了研究中的创新和不足之处。

第一章：脱贫攻坚精神的生成机理。将脱贫攻坚精神有机融入思政课教学，首先要探寻脱贫攻坚精神本身从哪里来，是什么、怎么样的基本问题，从总体上把握脱贫攻坚精神的整体样态。本章主要探讨脱贫攻坚精神"从哪里来"的问题，梳理分析脱贫攻坚精神形成发展的历史脉络。本章认为，脱贫攻坚精神形成于中国特色社会主义新时代，党的初心使命是其生发的力量源泉，中国革命精神是其生成的精神源泉，社会主义制度集中力量办大事的政治优势是其孕育、形成、发展、成熟的政治条件，脱贫攻坚战是其形成的实践源泉。本章从历史逻辑、理论逻辑和实践逻辑三个角度分析了脱贫攻坚精神的生成逻辑。脱贫攻坚事业凝练而成的脱贫攻坚精神厚植于伟大中国精神的肥沃土壤，形成于中国共产党领导人民进行的扶贫开发事业，是对中华优秀传统文化的创造性转化，是对马克思主义反贫困理论的中国化时代化新发展，是历史逻辑、理论逻辑、实践逻辑的有机统一。本章还从脱贫攻坚精神的形成时空、形成载体和形成过程三个维度探讨了其生成过程。

第二章：脱贫攻坚精神的内涵、特质与价值。本章承接第一章的内容，重点研究脱贫攻坚精神"是什么、怎么样"的问题。首先，深刻诠释脱贫攻坚精神的丰富内涵。"上下同心、尽锐出战、精准务实、开拓创新、攻坚克难、不负人民"24字是脱贫攻坚精神的高度凝练和准确表达。本书把脱贫攻坚精神的内容总结为三个层面，对具体内容中的六大词汇进行逐个解读，并从哲学视角把握其中的辩证关系。其次，凝练出脱贫攻坚精神的特质，认为脱贫攻坚精神具有独特的时代性特征、突出的实践性特征、持续的先进性特征和鲜明的人民性特征。最后，深刻把握脱贫攻坚精神的时代价值。本书着重从脱贫攻坚精神对中国精神的谱系价值、对中国共产党人精神的谱系价值和对乡村振兴的动力价值三个方面进行了探讨。

第三章：脱贫攻坚精神融入高校思政课教学的价值意蕴。本章在第一章、第二章理论探讨的基础上，进一步研究脱贫攻坚精神的思想政治教育价值和融入高校思政课教学的重要意义。在逻辑体系上，首先，从引领主流意识形态、凝聚社会共识、弘扬社会主义核心价值观和培养良好社会风尚方面阐述了脱贫攻坚精神对社会层面的思想政治教育价值；其次，从筑牢爱国爱党的政治立场、坚定中国特色社会主义理想信念、培养实干精神、锻造攻坚克难的意志品质四个方面分析了脱贫攻坚精神对个体层面的思想政治教育价值；最后，在"大思政课"的视域下，论述脱贫攻坚精神融入高校思政课教学对落实立德树人教育根本任务、培养大学生弘扬"四个伟大"精神积极性主动性的深远意义。

第四章：脱贫攻坚精神融入高校思政课教学的基本理路。脱贫攻坚精神融入高校思政课教学意义重大，但融什么、如何融，需要进行全方位构建。从本章开始，本书研究重点开始转向教学研究方面。本章提出，习近平总书记对思政课教学的"八个相统一"是脱贫攻坚精神融入高校思政课教学的根本遵循，在教学实践中要特别坚持整体性与针对性相结合，理论与实际相结合，问题导向与解决问题相结合，教师主导与学生主体相结合，遵循思想政治工作规律，遵循教书育人规律，遵循学生成长规律，把握合目性、适度性和客观性原则。本章对高校思政课教学目标的内涵、属性和确立依据进行了深入探讨，从层级目标和目标维度对高校思政课教学目标体系进行了纵向和横向的深入探析，构建了脱贫攻坚精神融入高校思政课教学的目标体系，并在目标体系的基础上，从总体上探索构建了脱贫攻坚精神融入高校思政课教学的实施方案，提出了脱贫攻坚精神融入新时代高校思政课教学的基本要求。

第五章：脱贫攻坚精神融入高校思政课整体教学设计。本章在第四章的基础上，分节对脱贫攻坚融入高校思政课五门主干必修课进行了整体教学设计。具体内容包括分析脱贫攻坚精神融入各门具体课程的教学设计基础、融入原则、梳理具体课程分章融入的切入点、融入方式方法和考评方式等，构架了脱贫攻坚精神融入高校思政课整体教学体系。

第六章：脱贫攻坚精神融入高校思政课教学的教学实践。本章是在第四章、第五章教学研究的基础上，进行典型教学实践经验的凝练。教学有法，教无定法。在写作思路上把教学研究和教学实践结合起来，依次在"思想道德与法治""马克思主义基本原理""中国近现代史纲要""毛泽东思想和中国特色社会主义理论体系概论""习近平新时代中国特色社会主义思想概论"课中探讨展示了议题研学式教学法、问题链教学法、专题式教学、情景剧教学法和实践教学的内涵、价值、操作步骤、考核评价等，对脱贫攻坚精神融入各门思政课以教学案例或者课例形式进行展现。

第七章：脱贫攻坚精神融入高校思政课教学研究反思。本章在对脱贫攻坚精神融入高校思政课教学理论研究和教学实践的基础上，对前期教学研究开展反思，是本书研究的落脚点。首先，对高校思政课教学研究反思从内涵、价值等进行了理论方面的探讨；其次，对脱贫攻坚精神融入高校思政课教学研究中取得的成绩和不足进行了客观总结；最后，本章提出了增强脱贫攻坚精神融入高校思政课教学实效性的着力点。

## 第五节　创新与不足

### 一、创新之处

党的创新理论成果融入高校思政课教学是一个理论热点，也是一个实践难点，本书把科学研究、教学研究和教学实践紧密结合起来，探索新的研究范式，力图构建党的创新理论成果融入高校思政课教学的比较系统完整的教学体系。具体来说：

第一，从科学研究视角，全面挖掘脱贫攻坚精神的生成机理，深刻诠释脱贫攻坚精神的内涵、特质与价值，在"大思政课"视域下提炼了脱贫攻坚精神融入高校思政课教学的重大意义。

第二，从教学研究视角，全面探讨了脱贫攻坚精神融入高校思政课的基本理路，系统构建了脱贫攻坚精神融入高校思政课整体教学体系。

第三，从教学实践视角，对高校思政课五门主干必修课，围绕脱贫攻坚精神"融什么""如何融""融的效果"，以章为单位进行教学内容结构化框架式探索，并以教学案例、课例或专题教学形式进行了呈现。

## 二、不足之处

尽管本书在研究和写作过程中得到了学校、学院相关部门的协助和配合，参与研究的班级同学响应积极，但仍然存在一些不足之处。

一是理论研究方面。对脱贫攻坚精神的生成逻辑尤其是中国传统文化意蕴的研究不够深入，对脱贫攻坚精神的科学内涵与理论价值、脱贫攻坚精神的育人功能、脱贫攻坚精神融入新时代大学生思政教育的耦合路径，以及脱贫攻坚精神融入高校思政课的学理必然、内在机制与现实路径方面的研究还存在理念更新不足、研究视野偏狭窄的问题。

二是教学实践过程中，由于思政课的五门主干课教材内容存在重复现象，加之 2023 版教材是刚出版的最新教材，各教研室之间沟通联系不够，对教材内容整合不够，导致脱贫攻坚精神融入教学过程中也存在简单重复融入问题，包括相同教学内容的重复，脱贫攻坚同一典型案例的反复使用等，导致有的同学在一定程度上失去了主动学习的兴趣，影响了脱贫攻坚精神融入教学的效果。另外，尽管对脱贫攻坚精神融入思政课教学效果采用了师生互评、学生自评、同行评价相结合的多元评价机制，但没有构建起可量化的指标测评体系，评价还比较感性。

第一章

# 脱贫攻坚精神的生成机理

脱贫攻坚精神是党领导人民在实现中华民族伟大复兴的百年实践中形成的宝贵精神财富，是中国共产党人精神谱系的鲜明坐标。将脱贫攻坚精神有机融入思政课教学，首先要探索和搞清楚脱贫攻坚精神从哪里来、是什么、怎么样的基本问题，从总体上把握脱贫攻坚精神。

## 第一节　脱贫攻坚精神的生成条件

作为思想观念、价值理念和理想信念的高度提炼和升华，脱贫攻坚精神的生成不是偶然的，而是中国共产党伟大建党精神的传承发展，是新时代中国共产党领导全国人民打赢脱贫攻坚战的实践产物，是中国共产党人精神谱系的新内容。八年脱贫攻坚战的全面胜利，为全面建成小康社会目标任务的实现做出了关键性贡献，也为脱贫攻坚精神的生成提供了丰厚土壤。同时，马克思主义反贫困理论为脱贫攻坚精神生成注入了理论灵魂，中华优秀传统文化为生发脱贫攻坚精神提供了深厚的历史底蕴，这一切的"历史合力"推动了伟大脱贫攻坚精神的生成。

### 一、新时代是脱贫攻坚精神形成的时代条件

时代是思想之母，实践是理论之源。伟大时代需要伟大精神，伟大时代孕育伟大精神。脱贫攻坚精神是在中国特色社会主义进入新时代的历史方位条件下，在落实联合国 2030 年消除贫困目标的国际背景下，中国共产党人矢志不渝地坚持全心全意为人民服务的宗旨，践行以人民为中心的发展思想，坚守初心和使命，不断增进人民福祉、实现人民幸福，在脱贫攻坚战中生成和发展起来的。

改革开放以来特别是党的十八大以来，党领导人民着力破解经济社会发展

中的深层次矛盾，实现了历史性变革，创造了经济快速发展和社会长期稳定两大奇迹，取得了社会主义现代化建设全方位、开创性的历史性成就。党的十九大庄严宣告，中国特色社会主义进入了新时代。新时代是我国发展新的历史方位，也是脱贫攻坚精神生成的时代条件。

新时代，我国社会的主要矛盾已转化为人民日益增长的美好生活需要和不平衡不充分的发展之间的矛盾。美好生活内涵丰富，虽然物质需要的满足仍然是第一需要，但在整体需要中的比重下降，发展性消费在总消费中的比重持续上升，拥有高质量民主、法治、公平、正义、安全的社会环境成为人民群众的迫切需求。全面小康社会的建成会拉近与美好生活之间的距离，消除绝对贫困是追求美好生活的底线任务，是加强干部能力锻炼、进一步密切党群关系、切实提高贫困地区和贫困人口内生发展动力，增强"四个自信"，鼓舞干劲实现农业农村现代化，夯实国家治理体系和治理能力现代化基础的现实需要。八年脱贫攻坚，承前启后、继往开来，目标任务重点指向"全面建成小康社会"，为走好第一个十五年的现代化道路"起好步"。

党的第一个百年奋斗目标清晰、承诺庄严，同时，任务也异常艰巨。依据贫困监测报告，2015 年，我国 14 个连片特困地区有农村贫困人口 2875 万人，其中滇黔桂石漠化区农村贫困人口占 13.8%，武陵山区占 13.2%，乌蒙山区占 13.0%，秦巴山区占 12.0%，大别山区占 11.9%，六盘山区占 9.7%，滇西边境山区占 6.7%，燕山—太行山区占 4.2%，罗霄山区占 3.5%，四省藏区占 3.1%，南疆三地州占 3.1%，大兴安岭南麓山区占 2.1%，吕梁山区占 2.0%，西藏自治区占 1.7%。贫困发生率 13.9%，是贫中之贫、困中之困。① 这些地区的贫困成因极其复杂，是历史、地理、自然、经济、文化多因素综合作用的结果，贫困历史的长期性、贫困人口规模的庞大性产生了贫困的巨大惯性和对政府救济的较大依赖。党中央科学研判新阶段贫困问题的新变化，认真审视中国农村贫困治理在新阶段的新矛盾，提出要想在 2020 年同步建成小康社会，必须传承扶贫治理人民战争的优良传统，依据贫困新情况、新特点研究新规律、探索新办法，只有采用非常规帮扶手段攻坚克难才能保障顺利完成党的第一个百年奋斗目标任务。自此，中国农村贫困治理进入了精准拔穷根的攻坚期。脱贫攻坚时期提出的"以人民为中心""精准扶贫""治贫先治愚""扶贫先扶志""扶贫必扶智""让每个人都有人生出彩的机会"等系列新思想、新理念和新方略，赋予了

---

① 国家统计局住户调查办公室 . 2016 中国农村贫困监测报告［M］. 北京：中国统计出版社，2016：42.

中国农村贫困治理崭新的时代内涵,为中国共产党人精神谱系增添了新的内容,为中国人民的负重前行增添了新的精神力量。

**二、党的初心使命是脱贫攻坚精神生发的价值源泉**

中国共产党是中国工人阶级的先锋队,同时是中国人民和中华民族的先锋队。中国共产党的根基在人民,人民是中国共产党执政的最大底气,也是中国共产党的力量源泉。党的性质决定中国共产党不仅要为中国人民谋幸福,而且要为中华民族谋复兴。人民立场是中国共产党的根本政治立场,是马克思主义政党区别于其他政党的显著标志。脱贫攻坚精神是党的性质宗旨的集中体现,是党的政治品格的集中体现。党的全心全意为人民服务的根本宗旨,为中国人民谋幸福,为中华民族谋复兴的初心使命,是脱贫攻坚精神生成的价值旨归。

在百年波澜壮阔的历史进程中,中国共产党坚持为民宗旨,站稳人民立场,通过"打土豪、分田地""减租减息、发展生产""开展农业合作化运动""恢复和发展人民教育""加强农田水利工作""领导开展爱国卫生运动""提供小规模救济"等,帮助穷苦人翻身做主人、较大改善了人民尤其是绝对贫困人口的生活水平。改革开放以来,党团结带领人民改革农村经济体制、实施大规模开发式扶贫、开展整村推进式扶贫,到2012年年底,我国农村贫困人口由1978年的2.5亿人减少至9899万人,取得了前所未有的扶贫成就。

针对剩余贫困人口,党中央明确指出,显著改善贫困地区长期贫困面貌、明显提高贫困群众生活水平、推动贫困地区贫困人口同步实现全面小康、到2020年全面建成小康社会,是实现党的第一个百年奋斗目标的底线任务,是践行党的宗旨、体现社会主义制度优越性、扎实迈向共同富裕目标的关键工作,必须时不我待抓好脱贫攻坚工作、全心全意保障民生、为中国式现代化开好头。党领导全国人民进行脱贫攻坚伟大斗争锻造形成的伟大脱贫攻坚精神,是党的为民服务宗旨和初心使命的价值表达。

**三、中国革命精神是其生发的精神源泉**

历史从哪里开始,精神就从哪里产生。广义的革命精神,是指党在百年长期奋斗历程中,即党在新民主主义革命、社会主义革命和建设、改革开放和社会主义现代化建设、中国特色社会主义新时代各个历史时期形成的革命精神。狭义的革命精神,是指党在革命战争年代也就是党在新民主主义革命历史时期形成的革命精神。从目前学术界关于党的革命精神的研究成果看,大部分采用广义概念上的革命精神。① 本书采用的是广义概念上的革命精神,中国革命精神绵延流长,为脱贫攻坚精神的生成提供了精神源泉。

中国革命精神是一个体系,是由一系列生动、鲜活、特色突出的具体革命精神凝聚而成的精神谱系。处于革命精神谱系坐标点的每一种精神都有其典型特质,体现了不同阶段的社会特点,反映了不同阶段的重点任务和精神风貌,涌现了一大批贡献该精神的模范代表人物。如古田会议精神、抗美援朝精神、红旗渠精神、特区精神、抗洪精神、载人航天精神、抗震救灾精神、北京奥运精神、塞罕坝精神、抗疫精神、脱贫攻坚精神等。诞生了李大钊、毛泽民、杨靖宇、王若飞、邓恩铭、白求恩、刘志丹、张思德、黄继光、王进喜、焦裕禄、申纪兰、孔繁森、袁隆平、聂海胜、钟南山、张桂梅、毛相林、黄大发、黄文秀等模范代表人物。

贯穿于中国革命精神谱系中的主线索,就是支撑中国革命取得胜利、社会主义建设取得伟大成就、中国改革道路能够行稳致远的密码。不同精神形态的本质内容和精神实质是相通一致的。坚守理想、坚定信仰、自力更生、艰苦奋斗、解放思想、实事求是、人民至上、顾全大局、和衷共济、无私奉献、开拓进取等关键词、核心语,是各种精神的内核和基本要素。② 中国特色社会主义伟大实践不断向前发展,党的革命精神谱系仍会不断丰富和续写。中国革命精神为脱贫攻坚提供了精神源泉,脱贫攻坚精神也进一步丰富了中国革命精神谱系的内容,是对中国革命精神谱系的继承和发展。

**四、社会主义制度集中力量办大事的政治优势是孕育脱贫攻坚精神的政治条件**

邻里互助、和衷共济、扶贫济困是中华民族的优良传统。社会主义制度集中力量办大事的政治优势又把中华民族"邻里守望相扶持,温暖互助度时艰"的优良传统推进到了一个新的高度,发挥出了更大的作用,创造和实现了更多的价值。脱贫攻坚期间,中央和国家机关各部门、民主党派、人民团体、国有企业和人民军队等都积极行动,各行各业发挥专业优势,开展产业扶贫、科技扶贫、教育扶贫、文化扶贫、健康扶贫、消费扶贫,民营企业、社会组织和公民个人热情参与,"万企帮万村"行动蓬勃开展,构建起了专项扶贫、行业扶

---

① 刘荣刚.论中国共产党的革命精神的基本特质 [J].毛泽东邓小平理论研究,2021 (5):51-58,107-108.

② 曲青山.弘扬伟大建党精神(庆祝中国共产党成立100周年专论) [N].人民日报,2021-07-08 (9).

贫、社会扶贫互为补充的大扶贫格局，形成了跨地区、跨部门、跨单位、全社会共同参与的社会扶贫体系。

其间，中央统筹各单位定点扶贫资金、东西部扶贫协作资金投入使用，整合财政涉农资金，强化扶贫资金监管，确保各项要素投入精准、有效益，使许多乡亲告别了溜索桥，告别了苦咸水，告别了四面漏风的泥草屋，联通了信息新世界，使千百万贫困家庭的孩子享受到更公平的教育机会，阻断了贫困代际传递，为更进一步的稳定脱贫致富和乡村全面振兴提供了坚实的物质基础、坚强的思想保证、强大的精神动力和持续的智力支持。党团结带领人民心往一处想、劲往一处使，全党动员、举国行动、合力攻坚，汇聚形成了磅礴力量，体现和发挥了社会主义的制度优势。

### 五、脱贫攻坚战是脱贫攻坚精神形成的实践源泉

认识来源于实践是基本原理。实践与认识的关系往往比较复杂，同样的实践过程，主体不同，经验认识也往往不同。同一个实践主体在不同时期参与同样的实践过程，感觉和经验也会有较大差异。但作为意识形态，人们的认识、思想和精神归根结底源于社会实践。脱贫攻坚精神不是概念的臆造，而是直接源于八年的脱贫攻坚实践，是中国共产党发挥无比坚强的领导力、组织力、执行力，凭借社会主义制度优势，团结带领全国各族人民矢志不渝、凝心聚力、艰苦奋斗换来的真理性认识。这种真理性认识是巩固拓展脱贫攻坚成果、衔接推进乡村振兴、实施乡村全面振兴、"四化同步"推动中国式现代化，实现中华民族伟大复兴的精神支撑。

数以百万的扶贫干部呕心沥血、苦干实干孕育了脱贫攻坚精神。2013年，习近平总书记提出"精准扶贫"理念，要求创新扶贫工作机制。2014年，国家完成贫困户建档立卡工作。2015年，中央扶贫开发工作会议做出"决不能落下一个贫困地区、一个贫困群众"的承诺，提出了实现脱贫攻坚目标的总体要求，发出了打赢脱贫攻坚战的总攻令。2016年，全面拉开了新时代脱贫攻坚的序幕。2021年2月25日，全国脱贫攻坚总结表彰大会在北京隆重举行，习近平总书记庄严宣告我国脱贫攻坚战取得了全面胜利。

脱贫攻坚彪炳史册人间奇迹的创造，是全体党员，东中西部真诚协作、省市对口帮扶、单位和个人对口帮扶，全社会无私奉献、上下同心攻坚克难的结果。全国22个省区市向党中央立下"军令状"，贫困村全覆盖，一个不漏地派出驻村工作队和驻村干部，做到户户有责任人，村村有帮扶队。深入扶贫一线的人员视帮扶为政治使命，把使命化为沉甸甸的责任，与贫困户同吃同住，寻

找稳定脱贫致富出路，常年加班加点，苦干实干，有的几个月不回家，有的甚至付出了生命代价。35 年如一日坚守太行山的"新愚公"李保国，用实干兑现"水过不去、拿命来铺"誓言的黄大发，回乡奉献、谱写新时代青春之歌的黄文秀，扎根脱贫一线、鞠躬尽瘁的黄诗燕，"轮椅上的最美扶贫人"杨淑亭，"黄土地上最倔强的残疾女杰"付凡平，利用"小木耳大产业"帮扶 3.5 万余贫困户彻底脱贫、年产值达 350 多亿元的吉林农业大学教授李玉，43 年不改初心、铸就"下庄精神"、荣膺"全国脱贫攻坚奖"的农村党支部书记毛相林，17 年蜗居大山深处、"手执教鞭能上课、掂起勺子能做饭、握起剪刀能裁缝、打开药箱能治病"的"全能教师"张玉滚，带动 2.6 万名妇女参与蒙古族刺绣产业而脱贫致富的少数民族干部白晶莹，等等。扶贫人以忠魂铸初心、以生命赴使命、用挚爱护苍生、以青春之我成就了贫困地区和贫困人口的小康梦想，涌现出许多感人肺腑的先进事迹，再创人类减贫史上的奇迹，为其他发展中国家贡献了贫困治理的中国道路、中国智慧和中国经验。

## 第二节　脱贫攻坚精神生成的三重逻辑

任何社会意识，包括思想、理论、精神等都不是凭空产生的，都有其生成的逻辑。脱贫攻坚战取得了全面胜利，这是中国人民的伟大光荣，是中国共产党的伟大光荣，是中华民族的伟大光荣。伟大精神来自伟大事业，脱贫攻坚事业锻造凝练而成的脱贫攻坚精神赓续传承了伟大民族精神和时代精神，孕育于中华优秀传统文化的丰厚土壤，贯穿中国共产党领导人民进行的扶贫开发事业全过程，集中形成于八年脱贫攻坚时期，反映了中国化时代化马克思主义反贫困理论的最新成果，是历史逻辑、理论逻辑、实践逻辑的有机统一。

### 一、脱贫攻坚精神生成的历史逻辑

不论中国精神，抑或世界上哪一个国家、哪一个民族或区域的精神文化，都不是无根之木、无源之水，都根植于其历史文化土壤，是对其优秀传统文化继承又不断创新的产物。马克思指出："人们自己创造自己的历史，但是他们并不是随心所欲地创造，并不是在他们自己选定的条件下创造，而是在直接碰到的、既定的、从过去继承下来的条件下创造。"① 脱贫攻坚精神产生于当代中国,是党领导全国各族人民在脱贫攻坚实践过程中,在吸收前人优秀文化精粹基础上推陈出新、创新性发展的产物。中华优秀传统文化、民族精神和以伟大建党精神为源头的中国共产党人精神谱系为脱贫攻坚精神的形成提供了深厚滋养。

(一) 中华优秀传统文化精髓的赓续传承

习近平总书记在 2018 年的全国宣传思想工作会议上强调,"中华优秀传统文化是中华民族的文化根脉,其蕴含的思想观念、人文精神、道德规范,不仅是我们中国人思想和精神的内核,对解决人类问题也有重要价值。要把优秀传统文化的精神标识提炼出来、展示出来,把优秀传统文化中具有当代价值、世界意义的文化精髓提炼出来、展示出来。"② 中国古代对贫困的定义,对贫困程度和贫困成因的描述,提出的对贫困人口分类,实施分类救治的思想,蕴含了精准扶贫分类救治的智慧。如"善因天道""畏天命、尽人事""开其资财之道""富之""教之"相辅相成,以及"鱼渔双授"的济困脱困办法,蕴含了志智双扶的思想;对未来"大同""小康"社会的憧憬和描述,蕴含了朴素的共同富裕理想,体现了中国人民的伟大团结精神。中华优秀传统文化的传承、发扬,为打赢脱贫攻坚战、全面建成小康社会提供了强劲动力,脱贫攻坚精神为中华优秀传统文化宝库增添了新内容。

1. 关于贫困人口和贫困程度

《孟子》将《礼运·大同篇》提到的"矜寡孤独废疾者"称为"穷民"。东汉班固在《汉书·食货志第四上》中,用"庶人之富者累巨万,而贫者食糟糠"描写穷人的贫困生活,反映社会贫富差距过大的社会问题。《汉书·食货志》有记载:"富者田连阡陌,贫者亡立锥之地。"吃糟糠、吃不饱、无片瓦安身之处,都是贫者的普遍特征。明代林希元在《荒政丛言》中把民户进一步细分为六等,其中富民分为极富、次富、稍富三等,贫民分为极贫、次贫、稍贫三等。"将次贫、极贫各口数大小若干,贴其门首壁上。一面令每保开一土纸手本,送主赈官,不许指称造册,科敛贫民。待乡党日久论定,委官乘便覆查。"还有的发动百姓监督检举,"令各州县正官遍历乡村,唤集里长保约,公同查审。胥棍作奸,许诸人举首,得实者重赏,冒破者抵罪。"③ 贫困识别和等级认

① 中共中央马克思恩格斯列宁斯大林著作编译局. 马克思恩格斯选集:第 1 卷 [M]. 北京:人民出版社,2013:669.

② 习近平. 习近平谈治国理政:第三卷 [M]. 北京:外文出版社,2020:314.

③ 丛书集成新编:第 33 册 [M]. 台湾:新文丰出版公司,1986:3-7.

定有专人负责，并承担责任，类似于精准识别和扶贫责任制。清代汪志伊在《荒政辑要》中将"产微力薄，家无担石，或户倾业废，孤寡老弱，鹄面鸠形，朝不谋夕者"定为极贫，将"田虽被灾，盖藏未尽，或有微业可营，尚非急不及待者"定为次贫。① 观点基本相承。

2. 关于扶贫济困办法

早在先秦时期，诸子百家就对扶贫济困有过精辟阐述。先秦《周礼·地官·大司徒》中提出了"荒政十二策"②。《荒政汇编》《荒政考》《荒政要览》《荒政辑要》等也都有相关论述。孟子主张农户按井编组，说"死徙无出乡，乡田同井。出入相友，守望相助，疾病相扶持，则百姓亲睦"③。荀况提出，"强本而节用，则天不能贫"④，"节其流，开其源"⑤"节用裕民"⑥ 是达到"上下俱富"⑦ 的办法。"富与贵，是人之所欲也，不以其道得之，不处也；贫与贱，是人之所恶也，不以其道得之，不去也。"⑧ 孔子提出，无论求富求利还是摆脱贫困，都要严格遵守一定的道德规范。北魏孝文帝曾下诏"可敕司州洛阳之民，年七十以上无子孙，六十以上无期亲，贫不能自存者，给以衣食；及不满六十而有废痼之疾，无大功之亲，穷困无以自疗者，皆于别坊遣医救护，给医师四人，豫请药物以疗之。"⑨ 汉律规定国家需向"贫不能自存者"提供救助。

宋朝注重采用经济手段，调动民间力量参与扶贫救助，如采用招商赈济、以工代赈等方式。每逢冬春时节，政府一般会向贫民赐钱、赐衣及赈粜，助其过冬和春耕。对于无力抚养子女的贫民，政府向其发放生育补贴。对于缺乏劳动力的家庭，政府也会免除其部分劳役。⑩ 宋英宗时，政府在京城汴梁的东西南北各设置一所四福院，专门收留"老疾孤穷乞丐""日廪三百人，岁出内藏钱五百万给其费"。宋神宗下诏，要求地方"凡鳏、寡、孤、独、癃老、疾废、贫乏不能自存应居养者，以户绝屋居之；无，则居以官屋，以户绝财产充其费，不

---

① 刘亚中．汪志伊《荒政辑要》所见之荒政思想［J］．中国农史，2006（4）：63-69．
② 《地官·大司徒》：以荒政十有二聚万民。一曰散利；二曰薄征；三曰缓刑；四曰弛力；五曰舍禁；六曰去几；七曰眚礼；八曰杀哀；九曰蕃乐；十曰多婚；十有一曰索鬼神；十有二曰除盗贼。
③ 孟子，等．中华经典普及文库：四书五经［M］．北京：中华书局，2009：80．
④ 荀况．荀子［M］．（唐）杨倞，注．耿芸，标校．上海：上海古籍出版社，2014：198．
⑤ 荀况．荀子［M］．（唐）杨倞，注．耿芸，标校．上海：上海古籍出版社，2014：120．
⑥ 荀况．荀子［M］．（唐）杨倞，注．耿芸，标校．上海：上海古籍出版社，2014：108．
⑦ 荀况．荀子［M］．（唐）杨倞，注．耿芸，标校．上海：上海古籍出版社，2014：120．
⑧ 孟子，等．中华经典普及文库：四书五经［M］．北京：中华书局，2009：11．
⑨ 魏收．魏书：卷一-卷六五［M］．长春：吉林人民出版社，1995：123．
⑩ 孙竞，张文．中国古代扶贫实践及其当代价值［N］．人民日报，2016-02-25（7）．

限月。依乞丐法给米豆；不足，则给以常平息钱"①。王安石提倡保甲法的初衷之一就是"为赈饥而设，是以养之之道编之也"，一般将民户分为不贫、次贫、极贫三等，在税收等方面差别对待，并作为扶助的依据。明代林希元在《荒政丛言》中提出：贫户接受赈济，富民要拿出一部分财产帮助贫民，称为劝分，稍富、稍贫之户既不劝分也不接受赈济，极富之家要扶助极贫之家，次富之家扶助次贫之家；赤贫者提供大米，第二贫困的人给钱，稍穷的人会转贷。明末清初王夫之提出："谷者，民生死之大司也。""地之有稼也，天地所以给斯人之养者也。""轻之于租，民乃知耕之为利。"② 意思是"谷""稼"为民生之基、国富之本，减租有利于鼓励农民从事农耕，促进农业发展，缓解农民贫困。

除了官助，乡村自治和乡绅在救助和救济中也发挥了很大作用。这种防贫治理建立在村庄的血缘地缘基础上。③ 传统村庄属于典型人情社会，人人都是蛛网状社会关系中的一个节点，村规民俗普遍倡导"有力者疾以助人，有财者勉以分人，有道者劝以教人"④，村民视邻里守望相助为善举、美德，互助互济往往都是自发的，家族族长、宗族长老也会协调族内力量给予穷人临时救济或短期救助。村庄社区之间的扶贫讲究互惠和对等，主要依靠乡绅阶层实施，相互提供物质帮扶、劳动帮扶，助学帮扶，合力抵御严重自然灾害与外界压迫，以共渡难关。

以往的宗族组织和乡绅阶层通过发展私塾、设立义仓等方式建立社区范围内的救助体制。⑤ 此外，历朝历代官家都十分重视设常平仓，如陕西大荔县的"丰图义仓"，全县50多个村每村在这里都有一间粮仓，丰年时余粮放到粮仓，灾年时开仓救灾。常平仓丰年收储、灾年放粮的政策，有益于平抑市场粮价，实现农民生活、农村社会秩序的基本稳定，是民间自救、民间自治制度中的优秀传统。如何把这种优秀传统更好地传承和发扬下去，如何把中国古人的智慧故事讲好传远，是乡村文化振兴的重要内容。

3. 关于理想社会

中国古代长期处于农业社会阶段，创造了悠久的农耕文明，但由于交通、教育、生产工具限制，中国古代农村长期处于牛马骡甚至刀耕火种时代，农户

---

① 梁太济，包伟民. 宋史食货志补正 [M]. 杭州：杭州大学出版社，1994：432.

② 王夫之. 船山全书：第10册 [M]. 长沙：岳麓书社，2011：745.

③ 陆学艺. 家庭赡养与社会保障的功能互补 [J]. 中国社会工作，1998（3）：32-33.

④ 墨子 [M]. 毕沅，校注；吴旭民，校点. 上海：上海古籍出版社，2014：40.

⑤ 郝红暖. 清代桐城望族的义田：以桂林方氏家族为中心的探讨 [J]. 安徽史学，2018（6）：118-128.

尤其租地农户生产剩余本来就不多，又遭受剥削阶级的盘剥，导致寅吃卯粮，甚至食不果腹、衣不蔽体常态化，频繁出现"朱门酒肉臭，路有冻死骨""富者田连阡陌，穷者无立锥之地"的现象。推翻剥削阶级统治，过上能吃饱、有衣穿、有房住的生活是古代农民对未来美好生活的朴素构想。人民普遍向往着一种没有剥削、人人平等的"大同""小康"社会。"小康"在《诗经》中用于描写人们所期盼的生活，主要是能吃饱、有衣穿、有房住，层次较低。"大同社会"是儒家畅想构建的最高理想社会模式，强调财产公有、人人平等，追求百姓生活富足、人民安居乐业、无人不饱暖、社会和谐稳定，向往"甘其食，美其服，安其居，乐其俗。邻国相望，鸡犬之声相闻。""民不逃粟（实物农业税），野无荒草。""老有所终，壮有所用，幼有所长，矜寡孤独废疾者，皆有所养。"① 晚清太平天国运动在其革命纲领《天朝田亩制度》中提出，要建立一个"有田同耕，有饭同食，有衣同穿，有钱同使，无处不均匀，无人不饱暖"的理想社会。中国古代对理想社会的憧憬和描述实际上是一种朴素的共同富裕观。

"甚贫不知耻"②，"法令之不行，万民之不治，贫富之不齐也"③。"致理之要，惟在于安民，安民之道，在察其疾苦而已。"④，用轻重之术"散积聚，散积聚，钧羡不足"，"富而能夺，贫而能予"，就能做到"贫富有度"⑤。"民生在勤，勤则不匮"⑥，"人惰而侈则贫，力且俭则富"⑦，"侈而堕者贫，而力而俭者富"⑧，"力能胜贫，谨能避祸"⑨，"民亦劳止，汔可小康"⑩。中国古代认为，农业为本、务本节用、农商齐备，政策合"国家和百姓之利"，减轻徭役、提高农民生产积极性等，是实现地大国富、人众兵强、社会稳定的重要措施。自强

① 孟子，等.中华经典普及文库：四书五经［M］.北京：中华书局，2009：344.
② 黎翔凤.管子校注：卷12·侈靡第三十五［M］.黎翔凤，撰.梁运华，整理.北京：中华书局，2004：637.
③ 管仲.管子［M］.长春：时代文艺出版社，2008：383.
④ 周国林，由迅.张居正《书经直解》思想探析［J］.河南师范大学学报（哲学社会科学版），2017，44（3）：25-30.
⑤ 蒋自强，张旭昆，袁亚春，等.经济思想通史：第1卷［M］.杭州：浙江大学出版社，2003：122.
⑥ 孟子，等.中华经典普及文库：四书五经［M］.北京：中华书局，2009：688.
⑦ 蒋自强，张旭昆，袁亚春，等.经济思想通史：第1卷［M］.杭州：浙江大学出版社，2003：96.
⑧ 陈奇猷，校.韩非子集释［M］.上海：上海人民出版社，1974：1098.
⑨ 贾思勰.齐民要术校释［M］.缪启愉，校.北京：农业出版社，1998：1.
⑩ 孟子，等.中华经典普及文库：四书五经［M］.北京：中华书局，2009：193.

不息的精神品格、厚德载物的价值追求，支撑着中华民族生生不息、薪火相传。① 扶贫帮困、改善民生既是社会主义的本质要求，也是中国传统文化的内在追求。②

传统文化中的重农养民思想，"相地而衰征"政策，先"足食"后"教之""富""教"相成的富民政策，向"贫不能自存者"提供专项救助等规定，从不同侧面体现了中华民族以民为本、宽仁慈爱的传统美德，共同构筑了脱贫攻坚精神深厚的文化根基。也正是因为继承了中华优秀传统文化基因，很好传承了以民为本、善于梦想、敢于创造、团结奋斗的民族精神，脱贫攻坚才具备了上下同心、不断开拓、攻坚克难的决心与勇气。《中共中央 国务院关于实施乡村振兴战略的意见》要求切实保护好优秀农耕文化遗产，推动优秀农耕文化遗产合理适度利用，深入挖掘农耕文化蕴含的优秀思想观念、人文精神、道德规范，充分发挥其在凝聚人心、教化群众、淳化民风中的重要作用。在保护传承的基础上对农耕文化进行创造性转化、创新性发展，是巩固拓展脱贫攻坚成果、推动乡村文化振兴的内在要求和有效途径。

**（二）伟大民族精神的传承弘扬**

民族精神作为一种精神样态，历经长期发展过程，沉淀于民族文化，从民族习俗、民族信仰、民族性格中表现出来。民族精神关系一个民族的生命力、创造力和凝聚力，是支撑一个民族赖以生存的灵魂，是支撑一个民族实现共同发展的核心价值观。习近平总书记指出："中国人民在长期奋斗中培育、继承、发展起来的伟大民族精神，为中国发展和人类文明进步提供了强大精神动力。"③ 民族文化是根、民族精神是魂。脱胎于中华优秀传统文化的中华民族精神，是维系中华各族人民生存和发展的精神纽带。脱贫攻坚精神是中华民族精神的时代化发展，是中华民族精神"薪火相传"的结果。正是传承了"团结统一"的民族精神，才凝聚起举国"上下同心""尽锐出战"攻坚的合力；正是传承弘扬了"勤劳勇敢""自强不息"的民族精神，才汇聚起了"攻坚克难"的磅礴力量；正是因为身怀对祖国的深厚感情，才能在艰苦的脱贫攻坚战中把对贫困人口的关爱、对人民的热爱、对社会主义事业的热忱与对祖国的挚爱紧密联系在一起，形成强大的精神力量，为脱贫攻坚精神的形成绘就了精神底色。

---

① 叶晓楠.在文化自觉中传承文脉［N］.人民日报（海外版），2016-08-06（1）.

② 孙竞，张文.中国古代扶贫实践及其当代价值［J］.共产党员（河北），2016（11）：41.

③ 习近平.在第十三届全国人民代表大会第一次会议上的讲话［J］.红旗文摘，2018（4）：5-8.

### （三）伟大建党精神的时代诠释

伟大建党精神是党的坚定信念、根本宗旨、优良作风的凝练表达，集中展现了中国共产党人艰苦奋斗、牺牲奉献、开拓进取的伟大品格，是激励中国共产党人不断开拓前行的宝贵精神财富。伟大建党精神是包括脱贫攻坚精神在内的中国共产党人精神谱系的源头，蕴含着"我们从哪里来、要到哪里去"的精神密码，已深深融入党和国家、民族与人民的血脉之中，为我们立党立国、兴党强国提供了丰厚滋养。"上下同心、尽锐出战、精准务实、开拓创新、攻坚克难、不负人民"的脱贫攻坚精神赋予了"坚持真理、坚守理想，践行初心、担当使命，不怕牺牲、英勇斗争，对党忠诚、不负人民"伟大建党精神新的时代内涵，体现了新发展阶段国家治理贫困的阶段性特点，赓续了为初心和使命接力奋斗的优良传统，展现了新时代共产党人"为有牺牲多壮志"的精神风貌，集中表达了中国共产党人的理想信念和价值追求。脱贫攻坚的续章是巩固拓展脱贫攻坚成果、衔接推进乡村全面振兴，逐步实现农业农村农民的现代化。以伟大建党精神为源头，持续讲好脱贫攻坚故事、传承好脱贫攻坚精神，是面向未来，对党忠诚、不负人民，精准务实、开拓创新，全社会参与、全民努力，全力促进农业高质高效，打造宜居宜业乡村，实现人民对富裕富足美好生活向往目标的现实需要。

## 二、脱贫攻坚精神生成的理论逻辑

"逻辑"是各事物、各对象、各要素、各环节之间在因果上的本质联系及其呈现出来的规律性发展进程与结果。理论逻辑符合逻辑一般特点，主要用于判断事物内部及其相互之间的关系，或推断某种结果的过程，主要依据或工具手段是概念演绎，而非直接观察，是比较抽象的思维活动。理论逻辑发自历史逻辑，历史逻辑可以演绎理论逻辑、检验理论逻辑的科学性、合理性，并推动理论逻辑发展。理论逻辑能够反映历史逻辑，是对历史逻辑的理解。理论逻辑是在历史进程中形成、发挥作用，并不断得到发展的。理论逻辑是从历史中来的，又在历史逻辑中不断发展自身，从而表现为对历史逻辑的反映和理解。[①] 符合理论逻辑，通常的意思就是，理论上推断"应该是这样的"，若具备了假设条件，事物会向着预期的方向和目标演变。全面准确地把握脱贫攻坚精神的内涵要义，不但要知其言更要知其义，既要知其然更要知其所以然，既要知其语更要知其

---

① 张雷声. 关于理论逻辑、历史逻辑、实践逻辑相统一的思考：兼论马克思主义整体性研究 [J]. 马克思主义研究, 2019 (9)：48–56, 159.

道，即背后的道理、学理和哲理。这是讲好脱贫攻坚故事，增强脱贫攻坚精神感染力和说服力的关键。

### （一）马克思主义经典作家的反贫困理论

贫困是人类社会顽疾，一直与人类相生相伴，古今中外概莫能外。反贫困目标承载着人类对美好生活的向往，反贫困手段与经济发展水平、阶级关系紧密相关，人类对贫困问题的思考也是对经济社会发展等问题的深刻思考。贫困是绝对的也是相对的，贫困是一种生活状态也代表着一种发展潜力，贫困标准有历史性特点，贫困治理的手段更具有时代性特点。

马克思主义经典作家认为，贫困治理手段的时代性特点主要通过生产力发展水平尤其生产工具的先进性程度来体现，如原始社会的贫困与刀耕火种、石质生产工具的生产方式直接相关，随着金属材料生产工具的发现和使用，人类社会的生产力水平得以提高，农业产出出现了局部剩余，人均寿命开始缓慢提高。机器大工业时期，生产效率与产品商品化程度得到了极大提高，人类贫困有较大程度的改善，但由于剥削阶级总是凭借他们占有的生产资料和掌握的国家权力，对被剥削阶级进行残酷的剥削和压迫，使被剥削阶级处于贫困的境地："在一极是财富的积累，同时在另一极，即在把自己的产品作为资本来生产的阶级方面，是贫困、劳动折磨、受奴役、无知、粗野和道德堕落的积累。"① 而且随着资本主义发展和市场的扩大，更会导致工人的贫困和受压迫的程度更加迅速地增加，出现"人民大众的贫困化"的现象。在广大劳动者一贫如洗而一小撮富人过着寄生生活的社会中，不可能有实际的和真正的自由。②

马克思恩格斯认为，资本主义剥削制度是导致工人阶级贫困且日益贫困的制度根源，离开了制度分析和阶级分析，既不能找到造成无产阶级贫困的根本原因，也不能找到工人阶级摆脱贫困的根本办法。只有"结束牺牲一些人的利益来满足另一些人的需要的状况；彻底消灭阶级和阶级对立"③；"立即唤醒一切被压迫民族起来要求独立和自己管理自己事务的权利。"④ "通过有计划地经营全部生产，使社会生产力及其成果不断增长，足以保证每个人的一切合理的

① 中共中央马克思恩格斯列宁斯大林著作编译局．马克思恩格斯文集：第5卷［M］．北京：人民出版社，2009：743-744.
② 中共中央马克思恩格斯列宁斯大林著作编译局．列宁专题文集［M］．北京：人民出版社，2009：169.
③ 中共中央马克思恩格斯列宁斯大林著作编译局．马克思恩格斯文集：第1卷［M］．北京：人民出版社，2009：689.
④ 中共中央马克思恩格斯列宁斯大林著作编译局．马克思恩格斯选集：第1卷［M］．北京：人民出版社，2012：607.

需要在越来越大的程度上得到满足。"① 无产阶级才能有条件摆脱"各种各样的贫困"。

整体而言，马克思主义经典作家认为，人类最终摆脱贫困需要生产力高度发展的前提，需要建立一个能代表最大多数人民利益的先进制度，二者互为条件、相互促进，生产资料私有制下的生产力发展，无法解决全部贫困问题，只会造成贫困扩大。无产阶级利用自己的政治统治，把一切生产工具集中在国家即组织成为统治阶级的无产阶级手里，并且尽可能快地增加生产力的总量②，为彻底解决贫困问题奠定物质基础，同时，要发展教育科技文化事业，通过教育或训练使劳动力"获得一定劳动部门的技能和技巧，成为发达的和专门的劳动力"③"使年轻人能够很快熟悉整个生产系统"④，促进人的全面发展，以阻断全部陈腐污浊的东西和贫困死灰复燃。马克思主义经典作家提出的发展生产力，发展教育科技文化事业，建立先进制度并发挥先进制度优越性的反贫困理论，为中国人民的反贫困斗争和中国特色社会主义扶贫理论的建立与发展提供了重要指引。

（二）中国化时代化的马克思主义反贫困理论

依据马克思、恩格斯的贫困治理理论，资本主义私有制必然导致无产阶级贫困，无产阶级摆脱日益恶化生活状况的根本出路是铲除私有制、消灭剥削、建立财产公有、人人平等的社会，即社会主义社会。毛泽东、邓小平、江泽民、胡锦涛、习近平作为党和国家领导人始终坚持把马克思、恩格斯的贫困治理学说与中国的贫困治理实践相结合，丰富和发展了马克思主义关于贫困治理的理论体系，在中国化时代化进程中把马克思主义贫困理论推进到了中国特色反贫困理论新阶段。毛泽东的制度性反贫困理论，致力于以公有制为核心变革私有的生产关系，通过生产关系变革来最快地改变中国社会的普遍贫困状况，如废除封建土地私有制，实行农民土地所有制，调动农民生产积极性，解放农村生产力；通过生产资料私有制的社会主义改造，把生产资料个人所有制变为集体

---

① 中共中央马克思恩格斯列宁斯大林著作编译局．马克思恩格斯文集：第3卷［M］．北京：人民出版社，2009：460.
② 中共中央马克思恩格斯列宁斯大林著作编译局．马克思恩格斯文集：第2卷［M］．北京：人民出版社，2009：52.
③ 中共中央马克思恩格斯列宁斯大林著作编译局．马克思恩格斯选集：第2卷［M］．北京：人民出版社，2012：166.
④ 中共中央马克思恩格斯列宁斯大林著作编译局．马克思恩格斯选集：第1卷［M］．北京：人民出版社，2012：308.

所有制，以合作社的形式，提高农民依靠集体战胜贫困的力量；通过生产关系大变革促进生产力大发展，消除中国社会普遍存在的贫困问题。邓小平指出，贫穷不是社会主义，社会主义和贫穷不相容，只有坚持社会主义，坚持改革开放，把发展作为硬道理，才能为消除贫困提供强大的物质基础，进而不断改善人民生活，实现人民富裕，体现社会主义制度的优越性，提高社会主义制度的说服力。江泽民指出，扶贫治理首先要保障人民最基本的生存需要，把发展作为党执政兴国的第一要务，消除贫困，促进人的全面发展和社会全面进步。胡锦涛在继承党关于通过发展生产力来消除贫困的思想基础上，提出了科学发展观理论，指出发展的一切是为了实现人民的利益和满足人民的需要，发展的成果要由全体人民共享。

党的十八大以来，中国的反贫困治理面临经济结构调整、经济增长速度下滑和全面建成小康社会的多重压力。党中央精确提出，要紧紧扭住发展这个促使贫困地区脱贫致富的第一要务，将减贫作为发展经济的一项重要内容，以发展经济促进减贫，发挥扶贫开发与经济社会发展相互促进作用。脱贫攻坚战以来，中国"立足我国国情，把握减贫规律，出台一系列超常规政策举措，构建了一整套行之有效的政策体系、工作体系、制度体系"①，优先推进与扶贫开发密切相关的行政审批制度、投融资体制、土地流转和合作制度、户籍制度、生态体制、社会保障制度等方面的改革，以国家治理体系和治理能力现代化为目标加强农村基层党组织建设，鼓励基层创新，提高部门扶贫合作效率，完善区域发展和精准扶贫协同机制，以扶贫考核和奖惩机制为重点，改革人才培养机制，在扶贫开发中发现和培养优秀党员干部，走出了一条中国特色减贫道路，形成了中国特色反贫困理论。

在全国脱贫攻坚总结表彰大会上，习近平总书记用"七个坚持"概括中国特色反贫困理论体系的完整内容：坚持党的领导，为脱贫攻坚提供坚强政治和组织保证；坚持以人民为中心的发展思想，坚定不移走共同富裕道路；坚持发挥我国社会主义制度能够集中力量办大事的政治优势，形成脱贫攻坚的共同意志、共同行动；坚持精准扶贫方略，用发展的办法消除贫困根源；坚持调动广大贫困群众积极性、主动性、创造性，激发脱贫内生动力；坚持弘扬和衷共济、团结互助美德，营造全社会扶危济困的浓厚氛围；坚持求真务实、较真碰硬，做到真扶贫、扶真贫、脱真贫。② 中国特色反贫困理论，是中国共产党领导人

---

① 习近平．在全国脱贫攻坚总结表彰大会上的讲话［N］．人民日报，2021-02-26（2）．
② 习近平．在全国脱贫攻坚总结表彰大会上的讲话［N］．人民日报，2021-02-26（2）．

民，立足国情新变化、贫困新形势、总结扶贫治理好经验、借鉴扶贫治理好做法、不断研究运用扶贫治理规律，在持续与贫困作斗争的实践中形成的。

推进马克思主义中国化时代化，是马克思主义理论本身发展的内在要求，是解决中国实际问题的客观需要。2021 年，党的十九届六中全会通过的《中共中央关于党的百年奋斗重大成就和历史经验的决议》总结了百年来中国共产党推进马克思主义中国化时代化的重大成就，阐释了马克思主义中国化时代化的重大历史意义。2022 年，党的二十大明确把"不断谱写马克思主义中国化时代化新篇章"作为当代中国共产党人的庄严历史责任，并提出了继续推进马克思主义中国化时代化的新要求。习近平总书记关于精准扶贫脱贫攻坚工作的重要论述，是我国脱贫攻坚的理论结晶，是马克思主义反贫困理论中国化时代化最新成果，是习近平新时代中国特色社会主义思想的重要内容，是脱贫攻坚精神的思想理论基础，是巩固拓展脱贫攻坚成果、全面推进乡村振兴的指导思想。

### 三、脱贫攻坚精神生成的实践逻辑

马克思曾经指出："思想、观念、意识的生产最初是直接与人们的物质活动，与人们的物质交往，与现实生活的语言交织在一起的。"[1] 即实践是认识的来源，是人们能动地探索和改造客观世界的社会性活动。同时，实践的社会属性决定了这种探索和改造不是随意的，而是建立在客观物质条件基础上的，客观物质条件规定了人们实践活动的路径。实践逻辑是对某种实践活动的规律性问题的研究，是为了满足人类的某种需要并针对这种需要所开展的生产、交往、消费等社会活动的行动逻辑，是行动的规律性、社会性、整体性、现实性的统一，实践主体在实践中可能并未意识到这种逻辑的存在，却又总是按照这样的逻辑进行实践。[2] 实践逻辑是事物的发展变化来自人们实践活动的内在依据和走向。[3] 实践逻辑有时可以呈现为显性知识，有时却隐含在行动之中，以默会知识的形式在多种关系的作用下或多变的情境中表现出来，使事物的发展呈现特定方向和多变路径。

---

① 中共中央马克思恩格斯列宁斯大林著作编译局．马克思恩格斯文集：第 1 卷［M］．北京：人民出版社，2009：524.

② 杨晓帆，王习胜．思想政治教育实践逻辑的概念提出和意涵阐释［J］．思想教育研究，2019（1）：36-40.

③ 周平，徐勇，肖滨，等．中国何以现代？（笔谈）［J］．云南大学学报（社会科学版），2022，21（4）：80-100.

### （一）贫困治理实践的必然结论

恩格斯指出："一切社会变迁和政治变革的终极原因，不应当到人们的头脑中，到人们对永恒的真理和正义的日益增进的认识中去寻找，而应当到生产方式和交换方式的变更中去寻找。"① 实践逻辑包含在历史逻辑中，实践逻辑又是理论逻辑赖以建立的基础。历史前提不一样、国情不一样、同样的理论指导下的实践道路不会唯一更不能统一。中国贫困人口基数大，经济社会发展历史欠账多，区域城乡发展极不平衡，不可能短时间内实现全民全面高水平的小康，但共同富裕的目标又决定了我们国家的扶贫治理必须系统谋划、统筹兼顾、协调实施、渐次推进。新民主主义革命时期，我们党以土地革命的方式消灭土地私有制，满足农民对土地的利益要求，解决人民群众的吃饭问题。新中国成立后，党中央带领人民群众着力恢复和发展生产力，坚持在综合平衡中协调发展，独立自主探索中国工业化道路，兴修水利、改造农田、开展扫盲运动、培养乡村医生，极大改善了人民的绝对贫困状况。在改革开放和社会主义现代化建设新时期，经济的快速发展为中国的扶贫治理提供了坚实物质基础，"八七扶贫计划"和21世纪连续实施的两个十年的扶贫开发纲要，极大减少了贫困人口数量，扭转了区域城乡之间和城乡内部贫富差距持续扩大的趋势。

党的十八大以来，党带领人民向最后的贫困发起攻坚战，始终脚踏中国大地，以实践之行回答时代之问，坚持以我为主、为我所用，汲取科学的贫困治理理论，借鉴其他国家有益的贫困治理经验，在实践中探索、在实践中创新、在实践中完善，出台了五级书记负责制，制定了发展生产脱贫一批、易地搬迁脱贫一批、生态补偿脱贫一批、发展教育脱贫一批、社会保障兜底一批的"五个一批"工程，先后实施了精准贫困人口识别、精准贫困人口帮扶、贫困户精准退出、后续帮扶措施不断档等有效措施。适当条件前提的小额贷款，体现责任共担、利益共享的产业开发，教育科技医疗卫生全方位的智力扶贫，更是具有鲜明的时代性和中国特色。这也使中国特色反贫困理论和道路在自我完善和发展中始终保持了比较优势，不断彰显中国特色社会主义制度的独特魅力。

中国共产党历史上的贫困治理理论都是党领导人民统筹兼顾、系统谋划，历经千辛万苦，付出了巨大代价换来的。百年党史的革命与建设实践，40多年的改革开放实践，世界范围内的减贫实践证明党的贫困治理理论是科学的正确的。中国特色反贫困理论，没有简单套用马克思主义经典作家设想的模板，不

---

① 中共中央马克思恩格斯列宁斯大林著作编译局. 马克思恩格斯文集：第3卷［M］. 北京：人民出版社，2009：547.

是国内以往扶贫治理实践的简单翻版，也不是其他国家社会主义实践的再版，更不是西方资本主义国家扶贫治理的模式，而是随着时代和实践的发展而不断发展起来的中国化时代化马克思主义贫困治理理论和扶贫治理道路。

（二）中国现代化实践的内在需要

中国近现代史是中国人民和中华民族不断追求和实现现代化的历史。在党的七届二中全会上，毛泽东提出"使中国稳步地由农业国转变为工业国，把中国建设成一个伟大的社会主义国家"①。新中国成立初期，中国选择了苏联的现代化发展模式。随着现代化建设实践的深入，毛泽东提出，中国的现代化道路必须适应中国国情，要"以苏为鉴""走自己的路"，在发展方式上要由传统农业向现代工业转变，在发展目标上要由少数人的富裕向多数人共同富裕转变。1964 年 12 月，周恩来在第三届全国人民代表大会第一次会议上正式提出"四个现代化"的伟大任务，1975 年 1 月 13 日的四届全国人大一次会议上，周恩来重申了"四个现代化"的战略步骤。②

党的十一届三中全会开启了中国特色社会主义的伟大实践，中国的现代化建设也进入快车道，党相继提出了现代化建设"三步走"战略、"三位一体""四位一体""五位一体"总体布局以及"四个全面"的战略布局。党的十九大对新时代中国特色社会主义发展做出的战略安排，也被称为新时代的"三步走"战略，其中的第一步战略目标是实现第一个百年奋斗目标，即全面建成小康社会，第二步战略目标是以全面建成小康社会为基础奋斗十五年基本实现社会主义现代化，第三步战略目标是到建国百年建成社会主义现代化强国。经过几代人的苦干实干、接续奋斗，中国正确处理了改革发展稳定的关系，创造了经济快速发展与社会长期稳定两大奇迹，并为创造人类减贫史上的另一个奇迹提供了坚实物质基础、社会条件和制度保障。以 2022 年为例，按平均汇率计算，中国经济总量达到 18 万亿美元③，分别是日本、德国、印度、英国、法国的 4.19、4.35、5.18、5.7、6.33 倍，稳居世界第二位，对世界经济增长平均贡献率超过30%。群众安全感指数 98.62%（2021 年），国际社会普遍认为中国是世界上最安全的国家之一。中国现代化建设的实践与经验，为发展中国家的现代化提供了全新的道路选择，为人类的现代化事业贡献了中国智慧和中国方案。

中国式现代化，有各国现代化的共同特征，更有中国的特色，主要特色体

---

① 毛泽东选集：第四卷 [M]. 北京：人民出版社，1991：1437.
② 程美东. 周恩来与中国现代化道路 [N]. 中国青年报，2023-05-16 (10).
③ 陆娅楠，张丹峰. 我国经济总量超 120 万亿元（新数据、新看点）：发展基础更牢、质量更优、动力更充沛 [N]. 人民日报，2023-01-18 (1).

现在：中国共产党领导是根本保证；人口规模巨大的现代化；全体人民共同富裕的现代化；物质文明与精神文明相协调的现代化；人与自然和谐共生的现代化；走和平发展道路的现代化。① 中国式现代化理论，来自党领导全国各族人民的长期探索和实践，是党的二十大的一个重大理论创新成果。推进中国式现代化是一个系统工程，必须立足基本国情、选择适宜的道路；推进中国式现代化是一项伟大而艰巨的事业，需要全体人民历经千辛万苦、付出巨大代价才能实现。要坚持人民至上的发展理念，有效破除地区之间、城乡之间的收入分配差距，让现代化建设成果更多更公平地惠及全体人民，在高质量发展中保障和改善民生，推动人的全面发展。

当前国际保护主义上升，逆全球化趋势明显，国内经济转型进入关键时期，利益诉求多样化、思想多元化趋势也在加快，可能会引发各种社会矛盾，不确定难预料因素大大增加，需要应对的风险挑战比以往更加严峻复杂。惟其艰巨，所以伟大；惟其艰巨，更显荣光。② 如何清除现代化道路上的"拦路虎""绊脚石"？恩格斯曾指出："为了进行斗争，我们必须把我们的一切力量捏在一起，并使这些力量集中在同一个攻击点上。"③ 这就要求全党全国人民继承弘扬好伟大建党精神，讲好中国扶贫治理历史，发扬好新时期"上下同心、尽锐出战、精准务实、开拓创新、攻坚克难、不负人民"的脱贫攻坚精神，把思想和行动统一到党中央推进中国式现代化的决策部署上来，心往一处想、劲往一处使，群策群力、开拓创新、攻坚克难，把党的二十大确定的各项任务落到实处。

## 第三节 脱贫攻坚精神的生成过程

伟大脱贫攻坚精神是在八年的精准扶贫脱贫攻坚过程中形成的，是全体党员，"党政军民学、东西南北中"上下一心，探索全面小康社会建设之道，把马克思主义反贫困基本原理与中国贫困治理实践相结合，在奋斗实现党的第一个百年奋斗目标过程中迸发出来"精气神"。脱贫攻坚精神是千千万万扶贫工作者

---

① 习近平. 高举中国特色社会主义伟大旗帜，为全面建设社会主义现代化国家而团结奋斗 [N]. 人民日报，2022-10-26（1）.

② 习近平. 在二十届中央政治局常委同中外记者见面时的讲话（2022 年 10 月 23 日）[J]. 求是，2022（22）：4-7.

③ 中共中央马克思恩格斯列宁斯大林著作编译局. 马克思恩格斯选集：第 4 卷 [M]. 北京：人民出版社，2012：500.

精气神的抽象，但不是概念演绎。脱贫攻坚精神的形成符合理论逻辑，但不是理论演绎。它是伟大建党精神在中国特色社会主义新时代特定发展阶段，为解决特殊贫困群体，为顺利实现第一个百年奋斗目标，上下同心、群策群力、无私奉献、奋勇前进、波澜壮阔历史的生动写照。

**一、脱贫攻坚精神的形成时空**

从中华民族发展史的角度看，脱贫攻坚精神跨越中华民族5000多年时空。脱贫攻坚精神来源于中华民族扶贫济困文化传统，是千百年来中华民族为摆脱贫困、实现丰衣足食梦想，持续与贫困作斗争，坚强意志、顽强毅力、始终不渝奋斗精神的体现。从建党伊始到党的十八大，我国扶贫工作经历了革命扶贫、救济式扶贫、体制式扶贫、开发式扶贫、攻坚式扶贫五个阶段。[①] 脱贫攻坚是中国共产党成立以来，一代一代党团结带领人民接续奋斗治贫的延续。只有把对脱贫攻坚精神的解读置于党史、新中国史、改革开放史、社会主义发展史和中华民族发展史的宏大时空背景下，才能在波澜壮阔的历史中感受到它特殊的时代价值。从狭义上来说，脱贫攻坚精神直接来源于八年的脱贫攻坚实践，时间从2012年党的十八大延续至2020年年底。2021年开始，国家进入第十四个五年规划建设时期，同时进入了分两步走（两个"十五年"）全面建成社会主义现代化强国的时期。贫困地区则进入了巩固拓展脱贫成果同乡村振兴有效衔接，有条件地区率先推进乡村全面振兴，争取在2035年与全国同步基本实现社会主义现代化的新时期。

精神伟力跨越时空。脱贫攻坚精神是中国共产党初心使命、攻坚克难意志品质的生动写照，是党和人民爱国热情、求实作风、奉献精神的集中体现。它来源于中华民族扶贫济困传统美德几千年的历史积淀，是中国共产党百年扶贫治理实践、八年脱贫攻坚经验的结晶，构成了中国共产党人精神谱系和中华民族伟大精神的重要组成部分，为赓续红色血脉，增强中国特色社会主义文化自信做出了贡献。中国人深知，一切发展与成就都来自艰苦的劳动，没有奋斗就没有希望，奉献是人生的崇高境界，中国的发展离不开具有家国情怀的仁人志士的无私奉献。人生的价值在于创造，中国的未来也在于创造。生命有限，很多英雄模范人物崇高精神的形成过程也是有限的，但形成了一种宝贵精神财富，

---

① 刘晓玲. 习近平关于贫困治理重要论述的内涵与价值 [J]. 马克思主义研究，2020
（12）：62-71.

是一个永恒的定格。① 脱贫攻坚精神是个人勇毅前行追梦、中华民族勠力同心逐梦民族复兴伟业的精神力量之魂，过去是、现在是、将来依然是我们党的宝贵精神财富，永远不会过时。伟大事业孕育伟大精神，伟大精神引领伟大事业。要持续运用好脱贫攻坚经验，结合新的时代条件发扬光大，不断从脱贫攻坚精神中汲取力量，同心同德、和衷共济、勇敢战胜前进道路上的一切困难和风险，以实际行动投身到中国式现代化和中华民族伟大复兴伟业中。

### 二、脱贫攻坚精神的形成载体

载体，泛指一切能够承载其他事物的事物。马克思主义哲学认为，意识只是高度发展的物质的一种外在表象，物质是运动的载体和承担者。马克思主义政治经济学认为，使用价值是价值的物质基础（物质承担者）。文化的物质载体主要是各种节日风俗、语言、书籍、历史建筑、古代碑文等，家训族谱也是文化的物质载体。另外，报纸是信息的物质载体，校园雕塑、纪念性建筑是校园精神的载体等，红色文化资源是中国共产党精神的载体，都江堰工程是中华民族伟大创造精神的载体，嫦娥奔月故事是中华民族具有伟大梦想精神的载体等。依据马克思主义基本原理，无论何种载体都是物质的，区别在于有形或者无形，有形物质载体和无形物质载体各有其作用范围和特殊功能。精神的承载和传播，既需要有形载体发挥作用，也需要无形载体发挥作用，更多时候是二者兼具兼用。

脱贫攻坚精神的载体形式多样。有脱贫攻坚示范村，如湖南省湘西土家族苗族自治州花垣县十八洞村，安徽省砀山县良梨村，贵州省遵义花茂村、贵州省安顺大坝村等。绝壁开路、带头"拔穷根"的毛相林，刺绣脱贫、开拓一条新路的白晶莹，身患重疾也要让百姓喝上"安全水"的刘虎，每年 280 多天奔波、用科技助力脱贫的李玉，扎根边疆、用教育为女孩们筑梦的张桂梅，引领山地发展、用生命探索脱贫道路的姜仕坤等脱贫攻坚楷模，还有长期行走在扶贫一线等的全国脱贫攻坚先进个人以及全国脱贫攻坚先进集体，他们为决胜全面小康、决战脱贫攻坚做出了重大贡献，是尽锐出战、攻坚克难，守望相助、鼎力协作，社会各界协同发力、合力攻坚，吃苦耐劳、自强不息之脱贫攻坚精神的杰出代表。精准扶贫脱贫攻坚期间兴修的水利、改造的农田、新通的公路、新建的校舍、新修的小区、新建的厂房，特色化的经济作物、家门口的加工厂，

---

① 习近平. 做焦裕禄式的县委书记 ［M］. 北京：中央文献出版社，2015：38.

村文化广场上健身跳舞的群众，口口相传的帮扶善举、好人好事都是脱贫攻坚精神的物质载体。物质能变精神，精神也能变物质，利用好脱贫攻坚期间形成的物质载体传承弘扬好脱贫攻坚精神，有助于最大化地发挥物质载体价值，延伸和强化脱贫攻坚精神的物质力量，形成攻坚克难再出发的精神气。

### 三、脱贫攻坚精神的形成过程

2021 年 2 月 25 日，习近平总书记在全国脱贫攻坚总结表彰大会上发表重要讲话，把脱贫攻坚精神的内涵概括为"上下同心、尽锐出战、精准务实、开拓创新、攻坚克难、不负人民"。这 24 个字是脱贫攻坚精神最完整最精准的表述，也是脱贫攻坚精神正式形成的最显著标志，但脱贫攻坚精神绝不是轻而易举、一朝一夕形成的，它是在延续几千年的扶贫济困传统基础上，伴随着中国扶贫减贫实践的开展和推进而不断丰富完善的。它是千千万万扶贫工作者智慧与力量、汗水与心血的凝结，是党领导全体人民历经千辛万苦换来的真理性认识。

半殖民地半封建旧中国曾经一度沦落成为世界上最贫穷、最落后的国家之一，农民赤贫、手工业者赤贫、工人赤贫、商人也普遍赤贫。据联合国统计资料，1949 年，人均国民收入，中国是 27 美元，而整个亚洲是 44 美元，中国还不足整个亚洲人均的 2/3，大多数中国人处于极端贫困状态。[①] 新中国成立后，为快速扭转落后贫困的局面，解决人民最基本的吃饭问题，党领导完成"三大改造"，兴修水利、平整农田、建设农林畜牧农业科技推广站，发展农业生产合作社、村村通广播、培养医生、发展免费教育，初步建立起了"五保户"、特困户和其他生活困难群体救济为主的农村社会保障体系，人民的贫困状态有了较大程度的缓解。但截至 1978 年，全国农村住户平均纯收入只有 133.57 元，贫困人口总数为 2.5 亿人，贫困发生率为 30.7%。全国（缺西藏统计数据）农民人均分配收入低于 50 元的穷队数 139 万个，占全国总队数的 29.5%。[②] 全国人均粮食占有量只相当于 1957 年水平。[③] 中国当时仍然是世界上农业还很落后、贫困人口数量最多的国家，必须集中精力迅速发展农业生产，尽快改善农民非常贫困的局面。基于当时农村贫困状况，从 1979 年到 1984 年，党在全国农村进行了具有历史意义的农村土地制度、市场制度和就业制度改革。

---

① 张占斌. 中国减贫的历史性成就及其世界影响 [J]. 马克思主义研究，2020（12）：5-14，163.

② 农业部人民公社管理局. 1977~1979 年全国穷县情况 [J]. 农业经济丛刊，1981（1）：48-52.

③ 中共中央关于加快农业发展若干问题的决定 [N]. 人民日报，1979-10-06（1）.

1984 年，中央综合分析判断认为，温饱问题尚未完全解决的几千万群众，主要分布在山区，有的还是少数民族聚居地区、革命老根据地、边远地区。因扶贫政策未能完全从实际出发，部分扶持资金被挪用、被分散使用，加上扶贫主要以单纯的粮棉油物质救济为主，贫困人口的内生动力和贫困地区的整体贫困面貌没有得到很好的改善，扶贫效果甚微。对此，同年 9 月，中共中央、国务院发出《关于帮助贫困地区尽快改变面貌的通知》（中发〔1984〕19 号）强调，改变贫困地区面貌的根本途径是依靠当地人民，要按照本地特点、发挥自己的力量、充分利用当地资源，因地制宜、扬长避短发展商品生产，增强本地区经济的内部活力。① 1986 年，国务院成立扶贫工作专门机构，即国务院贫困地区经济开发领导小组（1993 改为国务院扶贫开发领导小组），我国开始实施大规模、有计划、有组织的扶贫开发。1994 年，国家颁布实施《国家八七扶贫攻坚计划》，力争用 7 年时间，到 2000 年，解决 8000 万剩余贫困人口的温饱问题。

21 世纪头 10 年，贫困人口增收困难问题凸显，城乡收入差距扩大，重点贫困地区返贫问题严重。根据贫困人口分散到村一级的情况，《中国农村扶贫开发纲要（2001—2010 年）》启动了以整村推进为主的扶贫方式，扶贫战略亦由开发式扶贫向参与式扶贫转变，注重提高贫困农户自我积累、自我发展能力，注意充分发挥贫困地区广大干部群众的积极性、创造性，自强不息，不等不靠，苦于实干，主要依靠自身的力量改变贫穷落后的面貌。与此同时，2004 年中央一号文件提出降低或取消农业税，2005 年中央一号文件提出对种粮农民直接补贴，2006 中央一号文件提出全面取消农业税，尽可能地减轻人民群众的负担，减少贫困发生率和返贫率。

在十八届中央政治局常委同中外记者见面时，习近平总书记代表党中央庄严承诺"人民对美好生活的向往，就是我们的奋斗目标"。② 要对标全面建成小康社会目标，践行党的初心和使命，不落下一个贫困人口、一个贫困地区，逐步实现共同富裕。但要使近 1 亿的贫困人口和 832 个贫困县如期顺利脱贫，任务非常艰巨，考验前所未有，若采用常规思路和办法、按部就班推进难以完成任务。对此，2013 年 11 月，习近平总书记在湖南省花垣县十八洞村考察座谈时提出，要把"精准扶贫"理念贯穿于新时期扶贫工作中。为营造全社会勠力同

---

① 中共中央、国务院关于帮助贫困地区尽快改变面貌的通知 [J]. 中华人民共和国国务院公报，1984（25）：866-869.

② 习近平. 习近平谈治国理政：第一卷 [M]. 北京：外文出版社，2014：4.

心战贫穷、奔小康的良好氛围，2014 年起，国务院决定将每年 10 月 17 日设立为国家扶贫日。

2015 年，党中央提出"六个精准""五个一批"的具体内容，发出了向"贫中之贫、困中之困"发起攻坚战的号召。2017 年，党的十九大把精准脱贫作为三大攻坚战之一进行全面部署。2018 年，相继发布《关于打赢脱贫攻坚战三年行动的指导意见》和《关于开展扶贫扶志行动的意见》。其间，习近平总书记踏遍 14 个集中连片贫困地区，多次强调，"必须以更大的决心、更明确的思路、更精准的举措、超常规的力度，众志成城实现脱贫攻坚目标"①。随着脱贫攻坚进程的推进，脱贫攻坚模范代表人物的大量涌现，扶贫先进个人和先进集体事迹的广泛传播，贫困户收入和满意度的提高，贫困地区可持续发展能力的稳定提升，以及国际对中国扶贫治理模式的高度赞扬，脱贫攻坚精神也一步步清晰化，一步步走向成熟。

梳理百年来党领导反贫困斗争的历史进程，本书认为，中国共产党成立至党的十八大之前的扶贫治理理论、实践和经验，是脱贫攻坚精神的萌芽和酝酿时期，八年的脱贫攻坚期是脱贫攻坚精神的形成和成熟时期。2021 年以后是脱贫攻坚精神的继续发展和不断深化时期。一方面，脱贫是静态的，而稳固脱贫则是一个动态的过程。② 胜利来之不易，巩固胜利更艰难。一些脱贫地区尤其深度贫困地区生态环境恶劣，产业基础薄弱，劳动力素质整体偏低、基层党组织战斗力较弱等问题短时间难以获得根本性解决。习近平总书记强调，"贫困帽子摘了，攻坚精神不能放松"③。要大力弘扬脱贫攻坚精神，不断健全防止返贫动态监测和帮扶机制，加快缩小基础设施、农业技术、人才等方面的短板。另一方面，脱贫攻坚战胜利后，绝对贫困已经被消灭，但相对贫困问题日益凸显。合理的贫富差距有利于经济发展，但过度的贫富差距会严重影响社会稳定，是共同富裕目标的实现障碍，中国反贫困斗争不会停止，脱贫攻坚的精神内涵也必将随新阶段的反贫困事业而继续发展、不断深化。

---

① 中共中央党史和文献研究院. 习近平扶贫论述摘编［M］. 北京：中央文献出版社，2018：16.
② 蒋和胜，田永，李小瑜."绝对贫困终结"后防止返贫的长效机制［J］. 社会科学战线，2020（9）：185-193，282.
③ 习近平在河南考察时强调：坚定信心埋头苦干奋勇争先，谱写新时代中原更加出彩的绚丽篇章［J］. 时事报告，2019（10）：8-11.

第二章

# 脱贫攻坚精神的内涵、特质与价值

"上下同心、尽锐出战、精准务实、开拓创新、攻坚克难、不负人民" 24 字是脱贫攻坚精神的高度抽象和准确表达。脱贫攻坚精神的每一个词汇，都有着深刻的时代内涵，每一个词汇是对无数具体案例的集中概括和高度凝练。为什么说脱贫攻坚精神是中国共产党性质宗旨、中国人民意志品质、中华民族精神的生动写照？为什么说脱贫攻坚精神是爱国主义、集体主义、社会主义思想的集中体现？脱贫攻坚精神从哪些方面充分彰显了中国精神、中国价值、中国力量？如何赓续传承伟大民族精神和时代精神？脱贫攻坚精神又如何丰富和发展了中国共产党的精神谱系？全面准确把握脱贫攻坚精神的科学内涵，在文本和实践的对话中厘清上述问题，是实施脱贫攻坚精神融入高校思政课教学的前提和基础。

## 第一节　脱贫攻坚精神的内涵

脱贫攻坚是全国人民在党的坚强领导下，向着全面建成小康社会这一明确目标，在 2020 年年底这一限定时间内，创新作战思路，向"贫中之贫、困中之困"发起的精准式攻坚作战。波澜壮阔的八年攻坚的付出，深刻凝练在脱贫攻坚精神的内涵之中。脱贫攻坚精神三个方面的内容，内涵丰富、联系紧密、构成了一个严整的逻辑体系。继承和弘扬伟大脱贫攻坚精神，必须弄清搞懂每一个方面的科学内涵，把握好价值理性与工具理性，内在价值、工具价值与系统价值，价值主体和价值客体的辩证关系。就研究范式而言，可以沿着历史到现实的纵向维度进行解释，可以围绕某一个时间节点的重大事件进行国内外横向的比较和分析，也可以横纵向结合进行全方位宽领域的解读。

### 一、力量上：上下同心、尽锐出战

内因是推动事物发展的动力，是事物发展的根本性因素。外因是事物发展的条件，能延缓或加速事物发展的进程，在一定程度上甚至能影响事物发展的方向。内因与外因相结合，无数互相交错的力量，无数个力的平行四边形，形成推动事物发展的合力。脱贫攻坚的政策、措施、物质之所以能够发挥最大效力，离不开党员、群众、干部、全社会发自内心的、同心协力的积极劳动和无私奉献。

（一）上下同心

春秋时期，孙武在《孙子兵法·谋攻篇》曰："上下同欲者胜。"在《孙子兵法·始计篇》中又曰："道者，令民于上同意也，故可以与之死，可以与之生，而不畏危也。"长篇历史小说《李自成》第一卷第十七章中也有一句话："上下同心，亲密无间，又善于整饬军纪，救民之急，所以只要他喘息一下，重整旗鼓不难。"意思是，符合民众利益的政策，因获得广大民众的支持，会出现民众不惧怕任何危险、自愿同生共死的"同心同德"局面，能在危难中挽救败局，在顺境中保持继续前行的力量。脱贫攻坚的对象是"贫中之贫""困中之困""难中之难"，非全员动员、共同参与、齐心协力难以完成每年减贫 1000 万贫困人口的艰巨任务。对此，党中央制定省市县乡村五级书记一起抓扶贫制度，号召精锐尽出迎决战，严格执行脱贫攻坚一把手负责制，保持贫困县党政正职不脱贫不调整、不摘帽不调离，发挥好各级党委总揽全局、协调各方的作用。2018 年 6 月 15 日印发的《关于打赢脱贫攻坚战三年行动的指导意见》进一步明确：省（自治区、直辖市）党委书记，要遍访贫困县；市（地、州、盟）党委书记，要遍访脱贫攻坚任务重的乡镇；县（市、区、旗）党委书记，要遍访贫困村；乡镇党委书记和村党组织书记，要遍访贫困户。

"雁飞千里靠头雁。"党的十八大以来，习近平总书记亲自挂帅、亲自出征、亲自督战，50 多次考察调研扶贫工作，走遍了 14 个集中连片特困地区，在脱贫攻坚的每个阶段、每个节点，都作出战略谋划、领航定向。中央统筹、省负总责、市县抓落实，各省、市、县、乡四级均设有"扶贫办"机构，国务院扶贫开发领导小组办公室（今国家乡村振兴局）统筹精准扶贫脱贫攻坚，层层压实责任。中西部 22 个省区市党政主要负责同志向中央签署了脱贫攻坚责任书，贫困县的党政正职至少挂钩联系 1 个深度贫困乡和 1 个深度贫困村，其他县（市）的党政正职至少挂钩联系 1 个贫困乡和 1 个贫困村，各县（市）党政正职每年各调研所有贫困村1遍，让领导干部"听最真实的声音""解最实际的问题"成为常态。"五级书记一起抓"工作机制有力地推动了责任、政策、工作的落实，逐渐得到脱贫攻坚实践检验并取得良好成效，党政军民学劲往一处使、东西南北中拧成一股绳，生动展现了中国共产党上下齐心、无坚不摧的强大合力，彰显了中国共产党同心同德、团结一致的政治优势。对此，习近平总书记将"五级书记一起抓"表述为在脱贫攻坚伟大实践中积累的第一条宝贵经验的重要内容。

（二）尽锐出战

成语"尽锐出战"一词来自《晋书·苻生载记》，原话是"黄眉从之，遣羌率骑三千军于垒门。襄怒，尽锐出战。"比喻派出了主力，用上了撒手锏。依据《现代汉语词典》解释，"锐"的内涵是锐兵、锐器、锐气，锐不可当之势，如"将军身披坚执锐，伐无道，诛暴秦，复立楚国之社稷，功宜为王"[1]。汉武帝即位后，"上方征讨四夷，锐志武功，不暇留意礼文之事"[2]；"侯元领了千余人，直突其阵，锐不可当"[3]。从以上语义来看，尽锐出战是态势，出战效果则受身体之锐、精神之锐、工具之锐多种因素影响。脱贫攻坚期间，全社会动员，选派精兵强将深入扶贫一线，大力实施科技扶贫、教育扶贫，构建精准扶贫政策群，打出了脱贫攻坚组合拳，以超常规的速度、经得起历史检验的质量，打赢了脱贫攻坚战，创造了人类减贫史上的奇迹。

习近平总书记多次强调，脱贫攻坚是一个复杂而巨大的系统工程，零敲碎打、单兵突进都不行，要对标"两不愁三保障"基本要求、瞄准突出问题、紧盯薄弱环节，一鼓作气、尽锐出战，有效地推动了贫困群众稳定脱贫、逐步致富，才能确保脱贫目标如期实现、脱贫效果经得起历史考验。尽锐出战，展现的是当代中国共产党人全力以赴、决战决胜的使命担当和奉献责任，体现了发挥制度优势、集中精锐力量办大事的实践智慧和精神状态。精准扶贫脱贫攻坚时期，东部9个省、14个市结对帮扶中西部14个省区市，共向扶贫协作地区投入财政援助和社会帮扶资金1005亿多元；东部342个经济较发达县，结对帮扶570个西部贫困县，东部地区企业赴扶贫协作地区累计投资1万多亿元；307家中央单位，定点帮扶592个贫困县；12.3万家民营企业参与"万企帮万村"精

① 司马迁．史记［M］．裴骃，集解．司马贞，索隐．张守节，正义．北京：中华书局，2013：2354-2355.

② 班固．汉书［M］．北京：中华书局，1962：1032.

③ 凌濛初．初刻拍案惊奇［M］．刘淑兰，点注．北京：华夏出版社，2017：372.

准扶贫行动，帮扶 7.28 万个贫困村。① "天津老师""北京医生""广东专家"
"浙江工程师"……一支支来自东部地区的帮扶精锐，始终奔忙在中西部脱贫一
线，涌现出一大批践行脱贫攻坚精神的时代楷模。如张桂梅献身教育扶贫，点
燃了大山女孩希望；吉林农业大学教授、中国工程院院士李玉，坚持 43 年，把
小木耳做成了大产业，帮扶 3.5 万余贫困户彻底脱贫；贵州晴隆县委书记姜仕
坤，在晴隆县脱贫攻坚战场连续奋战 6 年，最终积劳成疾，为扶贫燃尽了生命
之光。2016 年至 2020 年，全国有 505 个先进个人和单位获得"全国脱贫攻坚
奖"。2021 年，又有 20 个先进个人的单位获得"全国脱贫攻坚楷模"称号，
1981 名同志被授予"全国脱贫攻坚先进个人"称号，1501 个集体被授予"全国
脱贫攻坚先进集体"称号。

### 二、方法上：精准务实、开拓创新

方法是为达到某种目的而采取的途径、步骤和手段。古人云"法者，妙事
之迹也""行事之条理也""事必有法，然后可成""为学精苦、守官治事、皆
有方法"，即方法是有效办事应遵循的条理或轨迹，办事有一定方法才会成功。
《墨子·天志中》曰："中吾矩者，谓之方，不中吾矩者，谓之不方，是以方与
不方，皆可得而知之。此其故何？则方法明也。"科学家爱因斯坦曾讲过，成功
=艰苦的劳动+正确的方法+少谈空话。毛泽东十分强调工作方法在办事中的重
要性，他说："我们不但要提出任务，而且要解决完成任务的方法问题。……不
解决方法问题，任务也只是瞎说一顿。"② 早在 2004 年，习近平总书记提出在方
法论上要学会统筹兼顾，在具体工作中要学会"十指弹琴"。2006 年，在《掌
握正确的工作方法》一文中，习近平总书记指出：我们既要大处着眼，学习曹
冲称象，善于把本地区、本部门的工作这头"象"，置于构建和谐社会全局这条
"大船"上来定位和谋划，提出前瞻性的工作思路；同时，又要小处着手，学习
庖丁解牛，善于从具体的现象中把握客观规律，以有效抓手之"无厚"，入关键
环节之"有间"，拿出具体的工作措施，抓好落实，取得实效。③ 因此，好的工
作方法可以帮助人们抓住事物的关键，快速解决问题，提高工作效率，确保工
作方向与工作目标的一致性。精准扶贫脱贫攻坚之所以能够创造全球扶贫减贫

---

① 孙林. 脱贫攻坚精神："人民至上"执政理念下的中国奇迹 [EB/OL]. 央视网，2021-
08-06.

② 毛泽东选集：第一卷 [M]. 北京：人民出版社，1991：139.

③ 习近平. 之江新语 [M]. 杭州：浙江人民出版社，2007：243.

史上的奇迹，除了制度优势和满腔热情以外，还因为具备了科学有效的方法，才真正解决了"帮扶谁""谁来帮""怎么帮""怎么退"以及帮扶效果评价等问题，兑现了一个贫困群众也没有落下的庄严承诺。

（一）精准务实

2013年年底，习近平总书记在湘西花垣县十八洞村首次提出精准扶贫理念。同年12月，中央办公厅、国务院办公厅印发《关于创新机制扎实推进农村扶贫开发工作的意见》，要求精细化管理扶贫对象、精确化配置扶贫资源，真正达到精准识贫、精准扶贫、精准治贫和精准脱贫。2015年6月18日，习近平总书记到贵州考察。在发表的重要讲话中，习近平总书记系统阐述了精准扶贫的内涵，强调扶贫开发贵在精准、重在精准、成败之举在于精准。

精准扶贫是打赢脱贫攻坚战的制胜法宝。一是精准到人，明确"帮扶谁"。2014年，全国扶贫系统组织80万人进村入户，识别贫困人口8962万；2015年8月至2016年6月，组织200多万人开展建档立卡"回头看"，筛除识别不准的贫困人口，新识别补录807万人、筛除929万人；2017年，推动各地完善动态管理，及时纳入遗漏贫困人口和返贫人口，确保"应扶尽扶""扶真贫"。二是精准组织，明确"谁来帮"。通过结对帮扶、定点帮扶、层级对应，做到了横到边、竖到底，村村有帮扶队、户户有责任人。三是因地制宜、因人施策，根据不同致贫原因实施"五个一批"工程的精准帮扶措施。四是确定贫困户退出的"两不愁三保障"标准，构建最严格的考核评估体系，引入第三方监督，较真碰硬真脱贫，确保脱贫成果经得起历史检验。

务虚侧重研究讨论有关某项工作的政策、理论等问题，务实侧重研究讨论具体问题，强调从事实际工作。2007年，在《既重务实，又善务虚》一文中，习近平总书记说："务实是务虚的出发点和归宿，务虚的目的就是为了更好地务实；而务虚是务实的前提和基础，没有做好务虚，务实就如同无头苍蝇，只能盲目瞎转。""把务实与务虚有机结合起来，就实论虚，以虚率实，才能做好各项工作。"① 精准扶贫脱贫攻坚期间，党中央突出实的导向、严的规矩，在精准施策上出实招、在精准推进上下实功、在精准落地上见实效，为深度贫困县量身定制"一县一策"，实施政策、资金、项目、人才倾斜支持。精准务实，体现了实事求是、科学施策、真抓实干的实践品格，正是因为精准扶贫方略坚持以"实"字当头，各项政策红利才能落到扶贫对象身上，一切工作才能落实到为贫困群众解决实际问题上，从而保证了脱贫攻坚战略的顺利实施。

---

① 习近平. 之江新语［M］. 杭州：浙江人民出版社，2007：269-270.

（二）开拓创新

开拓创新是一种精神状态，是一种品格，也是一种责任担当的表现。按照儒家经典《礼记·大学》的记载，商汤时代的一件器皿上即刻有"苟日新，日日新，又日新"的铭文。清代文学家纪昀（字晓岚）在《阅微草堂笔记·滦阳消夏录三》中说："国弈不废旧谱，而不执旧谱；国医不泥古方，而不离古方。"意思是一味地想利用现有的经验、过往的经验去解决新问题一定是不够的，需要把经验与创新结合起来。1912年，奥地利学派经济学家熊彼特在《经济发展理论》中提出了经济意义上的创新概念，创新是生产要素和生产条件的新组合（new combination），生产体系中生产要素的不同组合，会形成新的经济能力。①惟创新者进，惟创新者强，惟创新者胜。习近平总书记指出："创新是一个民族进步的灵魂，是一个国家兴旺发达的不竭动力，也是中华民族最深沉的民族禀赋。"②

越是伟大的事业，越充满艰难险阻，越需要艰苦奋斗，越需要开拓创新。脱贫攻坚中，党带领中国人民，基于国情农情村情民情，把握减贫规律，分析贫困新特点，转变传统扶贫开发思想，注重"精准滴灌"和"造血扶贫"，强调"口袋"与"脑袋"共同脱贫，注重激发贫困人口内生发展动力，统筹推进农户精准扶贫和区域整体脱贫，构建政府、社会、市场协同推进的大扶贫格局，建立健全帮扶政策、结对关系、投入保障、社会动员、考核评估、监督检查等脱贫攻坚制度体系，坚持和发展了中国特色反贫困理论，创新了人类反贫困理论，为人类反贫困事业贡献了中国智慧和中国方案。

在扶贫一线工作中，扶贫干部打破思维定式，敢想敢干、创新扶贫思路和举措，发展了多种扶贫方式，因地制宜、因人而异地探索了电商扶贫、产业扶贫、健康扶贫、科技扶贫、教育扶贫、金融扶贫、旅游扶贫、生态补偿、劳务协作就业扶贫的各种"新组合"；创新"五有"机制（贫困村有产业、有带动企业、有合作社，贫困户有项目、有技能），大力实施龙头企业带动、致富带头人创业培训工程，"挪穷窝、拔穷根、换新业""六环联动"（精准识别对象、新区安置配套、产业就业保障、社区治理跟进、旧村拆除复垦、生态修复整治）闭环推进整村搬迁。扶贫干部突破条条框框和既有模式，坚持扶贫先扶志，坚持因村因户因人施策，因贫困原因施策，因贫困类型施策，体现了敢为人先、

① 熊彼得. 经济发展理论［M］. 杜贞旭，郑丽萍，刘星岗，译. 北京：中国商业出版社，2009：50-53.

② 习近平. 习近平谈治国理政：第一卷［M］. 北京：外文出版社，2014：59.

勇闯新路、开拓新局的创新精神。

### 三、方向上：攻坚克难、不负人民

地理学中的方向是指东、西、南、北四个方位。在生活中，方向代表了人生的理想、追求的目标。脱贫攻坚是"坚中之坚""硬仗中的硬仗"，攻坚对象瞄向"贫中之贫、困中之困"，目标是脱贫路上"一个贫困群众不掉队""一个民族也不落下"，到2020年全面建成小康社会，实现中华民族几千年来摆脱绝对贫困的愿望。在哲学意义上，攻坚克难是价值工具，不负人民是价值目标，脱贫攻坚是价值手段和价值目标的统一。在方向上，脱贫攻坚瞄准贫困地区和贫困人口。在价值追求上，是践行党的初心和使命，满足贫困地区和贫困人口摆脱贫困奔小康的愿望。

（一）攻坚克难

2014年，我国开展精准扶贫建档立卡工作，2015年回头看，最终测算确定我国有832个国家扶贫开发工作重点县，12.8万个建档立卡贫困村，2948万贫困户、8962万贫困人口，且贫困人口主要分布于14个集中连片特困地区，贫困面广、贫困程度深、致贫原因复杂、历史贫困时间最长。据全国农村贫困监测调查，2015年，连片特困地区农村贫困人口2875万人，接近全国贫困人口的1/3，贫困发生率13.9%。其中，农村贫困人口规模在300万以上的连片特困地区就有5个：滇黔桂石漠化区398万人，贫困发生率15.1%；武陵山区379万人，贫困发生率12.9%；乌蒙山区373万人，贫困发生率18.15%；秦巴山区346万人，贫困发生率12.3%。连片特困地区农村居民收入水平相当于全国农村平均水平的65.9%。①

冰冻三尺非一日之寒，冰化三尺也非一日之暖。同样地，贫困之冰，也非一日之寒，破冰之功，也非一春之暖。脱贫攻坚，啃的是深度贫困的硬骨头，打的是拔掉穷根的攻坚战。长期积累下来的贫困问题想要迅速解决，其难度之大不可想象。"这就像六盘山是当年红军长征要翻越的最后一座高山一样，让全国现有五千多万贫困人口全部脱贫，是我们打赢脱贫攻坚战必须翻越的最后一座高山。"② 需要发扬钉钉子精神，拿出踏石留印、抓铁有痕的劲头，以超凡的

---

① 国家统计局住户调查办公室. 中国农村贫困监测报告（2016）［M］. 北京：中国统计出版社，2016：42.

② 汪晓东，宋静思，崔璨. 历史性的跨越，新奋斗的起点：习近平总书记关于打赢脱贫攻坚战重要论述综述［N］. 人民日报，2021-02-24（1）.

毅力，锲而不舍、驰而不息抓下去，努力攻坚克难。① 脱贫攻坚中，党中央统筹部署，习近平总书记亲自抓扶贫，广大扶贫干部吃干粮睡地铺，向深度贫困发起了总攻，他们走最险峻的山路，到最偏远的村寨，挨家挨户分析致贫原因，发现可利用的集体资产和家庭资产，帮助村集体利用乡村特色资源组建新型农业合作社，引导农户参与专业合作社，大力实施科技教育扶贫，推动乡村移风易俗，既寻找现行的、可行的脱贫办法，又谋划长远的、稳定的致富道路。

（二）不负人民

习近平总书记多次强调，人民性是马克思主义最鲜明的品格，人民立场是党的根本立场，为人民谋幸福是党的根本使命，全心全意为人民服务是党的根本宗旨。群众路线是党的工作路线，只有尊重群众、善于做群众的学生，我们党才能不断汲取前行智慧。只有依靠群众、不断实现好维护好发展好群众利益，人民群众才能像"石榴籽"一样凝聚在党的周围，形成众志成城的磅礴力量。

脱贫攻坚精神中的"不负人民"，包括脱贫攻坚事业为了人民，以及打赢脱贫攻坚战必须依靠人民的双重含义。脱贫攻坚中，党中央强调发挥人民群众主体性和主动性，明确农民在脱贫攻坚中的主体地位，鼓励农民成立专业合作组织抱团发展，支持农民资产入股农村集体合作社实现收入来源多样化，倡导移风易俗，重视培养农民的法治思维，加快可持续生计能力培育，提升由"脱贫"到"致富"的内生动力。注重发现提炼推广人民群众劳动实践中创造的成功经验，对脱贫攻坚中涌现的特色种植、特色养殖、特色手工、特色休闲旅游等新型经营主体和新业态，党中央都及时持续性地总结来自基层的典型经验，全面推广基层人民有益的创新做法，积极宣传群众的智慧，把实践经验提炼上升为理论，形成全党全社会的理论自觉和实践自觉。脱贫攻坚除了在经济上充分关心农民的物质利益，还在政治上切实保障农民的民主权利，自治德治法治"三治融合"推动乡村治理现代化，全方位满足人民群众对美好生活的需求。脱贫攻坚中，各级共产党员、帮扶干部、驻村工作队以及村"两委"成员，以"实现好""维护好""发展好"农民对美好生活的向往为奋斗目标，尽职尽责、艰苦奋斗，用他们的鲜血和汗水践行"为民谋福祉"使命，用他们的时间和生命彰显了共产党人"执政为民"的奉献精神与担当精神。

---

① 习近平春节前夕赴四川看望慰问各族干部群众 [J]. 党建研究，2018（3）：2-3.

## 第二节 脱贫攻坚精神的特质

依据不同的标准，特质有共同特质（common traits）、个别特质（unique traits）、表面特质（surface traits）、根源特质（source traits）等不同概念类型。特质的差异，往往表现为外部行为特征的差异。特质的存在具有条件性，随条件的变化呈现一定的变动性。置于广阔的历史长河中，特质表现为一定的时代性，其中的相对稳定成分构成了事物独特的精神标识。摆脱贫困、过上幸福生活，是人类的共同梦想，是中国人民历史上矢志不渝追求的美好向往。中国共产党成立以来，带领人民群众战贫困、战愚昧，开展土地革命运动、农业社会主义改造运动，推动家庭联产承包责任制，实施大规模扶贫开发，从区域反贫困到整村推进再到农户精准扶贫与区域反贫困联动，取得了举世瞩目的反贫困成就，形成了中国人民特有的战胜贫困的精神气质。脱贫攻坚精神成型于脱贫攻坚特定阶段，具有中华民族敢于、善于战贫的共性精神特征，也因处于攻坚的特定阶段，呈现出明显的特质。

### 一、独特的时代性特征

时代性指某事物或现象与特定时代背景、时代精神相契合或相符合的性质或特点。时代性反映了事物与时代的密切关联，反映了时代对于某事物或现象的影响和塑造。一切事物都必然经历不断发展变化的过程，呈现时代性、阶段性的特色、标志和特性。因时代背景、具体任务不一样，社会发展的不同历史时期，甚至同一个历史时期的不同阶段，都会焕发、凝练、形成、不断延展出具有鲜明时代特征的精神气象。例如，在新民主主义革命时期，中国共产党人为了民族独立和人民解放，锻造形成了信念坚定、不怕牺牲、不畏艰险、勇往直前的井冈山精神、苏区精神、长征精神、南泥湾精神等。社会主义建设时期，中国共产党人向普遍的绝对贫困和落后开战，锻造形成了自力更生、顾全大局、特别能吃苦、特别能奉献、为国分忧、为民族争气的铁人精神、北大荒精神、塞罕坝精神、"两路"精神、老西藏精神等。改革开放和社会主义现代化建设新时期，为了国家富强、民族振兴和人民幸福，中国共产党人锻造形成了求真务实、开拓创新、开放包容、众志成城、特别能战斗、敢于胜利、敢于压倒一切困难的改革开放精神、特区精神、抗洪精神、载人航天精神、抗疫精神等。①

作为百年党史、新中国史、改革开放史、社会主义发展史、中华民族发展史中的标志性事件，脱贫攻坚斗争为中国扶贫和人类减贫做出了时代贡献。脱贫攻坚实践锻造形成的脱贫攻坚精神，生动展示了新时代中国人的精神风貌，集中展现了中国共产党的伟大精神力量，充分凸显了新时代青年的先锋力量。此外，脱贫攻坚精神的时代性特质还比较突出地表现为以下三个方面：

一是扶贫对象具有时代性特征。尽管精准扶贫脱贫攻坚的对象是收入低于贫困线标准、存在"两不愁三保障"短板的绝对贫困人口，但此时的绝对贫困与新中国成立之前"食不果腹、衣不蔽体"的绝对贫困，与改革开放前后部分地区"入不敷出"的绝对贫困存在明显的不同。2011 年中国确定的贫困线标准是农村年人均纯收入 2300 元，2015 年调整为 2800 元，2016 年贫困线约为 3000元，尤其东部发达地区的贫困人口，已经具有了相对贫困人口的收支、健康医疗、教育特征。

二是减贫目标存在阶段性差异。新中国成立至改革开放前，中国农村处于普遍性的绝对贫困状态之中。改革开放之初的 1978 年，全国仍有 2.5 亿贫困人口，贫困发生率为 30.7%，占全国总队数 29.5% 的生产队的农民人均分配收入低于 50 元，住茅草房、春夏两季缺粮是常态，西部山区农民甚至需要常年吃救济粮。长期以来，我国扶贫开发的首要目标是减少绝对贫困人口数量，同时注重缩小区域发展差距，缩小城乡之间和城乡内部的贫富差距。党的十八大以来，国家扶贫开发的目标是 2020 年全面建成小康社会，尽一切努力满足人民对美好生活的期望，夯实农业农村现代化的基础，为国家的现代化起好步。

三是扶贫措施具有时代性特征。1978 年至 1985 年，国家侧重于通过农村经济体制改革，促进农民增收，解决普遍的温饱问题。1986 年，中央层面建立了专门的扶贫领导机构，即"贫困地区经济开发领导小组"，随后在全国范围内开展了有计划、有组织和大规模的开发式扶贫。1994 年至 2000 年，我国政府实施了《国家八七扶贫攻坚计划》，力争用 7 年左右的时间，基本解决当时全国农村8000 万贫困人口的温饱问题。21 世纪头二十年，制定了两个十年的扶贫计划，因地制宜实行整村推进扶贫开发方式，从减轻农民负担和促进农民增收两个方面同时发力，解决未温饱贫困人口的温饱问题，同时巩固温饱成果，预防大规模返贫。党的十八大以来，党中央针对剩余贫困人口实施了精准扶贫方略和

---

① 曲青山，王全春，樊莉莉，等．论伟大抗疫精神［J］．中共党史研究，2020（4）：5-11.

"五个一批"扶贫开发工程。党的十九大以后，以乡村振兴战略引领脱贫攻坚，脱贫攻坚作战、巩固拓展脱贫攻坚成果、衔接推进乡村振兴任务同时并举，注重解决当前的贫困，更注重培养贫困群众实现生计可持续的内生发展动力。

### 二、突出的实践性特征

没有生动实践，就谈不上伟大精神。依据马克思主义基本原理，人的实践活动是一种有意识、有目的的活动，可以把人脑中观念的存在变为现实的存在，引起客观世界的某种变化，给人们提供现实的成果。实践是联系客观实际和主观认识的桥梁，实践是联系理想与现实的桥梁。所以，马克思说："哲学家们只是用不同的方式解释世界，而问题在于改变世界。"① 中国共产党一贯重视实干在改变客观世界中的重要性，习近平总书记多次强调，空谈误国，实干兴邦，好日子是干出来的，幸福是奋斗得来的。脱贫攻坚斗争的胜利极大地改变了贫困户和贫困地区的面貌，扶贫干部在履行其角色责任的过程中实现和提升了自我价值，锻造形成了脱贫攻坚精神。

把真理的力量、理想的力量转化为人格的力量，是通过具体实践来实现的。决心与干劲是脱贫攻坚的制胜法宝，实践是滋养精神的沃土。脱贫攻坚精神具有突出的实践性特征，是全党全社会手拉手、肩并肩向贫困开战行动的精神凝结。2015 年，中央决定实施"五个一批"脱贫工程，统筹安排 101 项具体任务，逐一落实到 32 个牵头部门和 77 个参与部门，中央和国家机关先后印发 200 多个扶贫政策文件和实施方案，各省（区、市）也纷纷制定"1+N"扶贫政策举措。② 全体党员，言必信、行必果，严格按照路线图和时间表落实主体责任、落实工作推进、落实问题整改，以行动践诺言，倾其所有投身脱贫攻坚。一线扶贫干部坚持调动广大贫困群众积极性、主动性、创造性，激发脱贫内生动力，同贫困群众结对子、认亲戚，想在一起、干在一起，逐项推进教育扶贫、就业扶贫、土地政策支持和兜底保障工作，逐一破解住房安全、因病致贫、饮水安全等老大难问题。如广西壮族自治区百色市委宣传部年轻干部黄文秀驻村两个月，走完全村所有贫困户，驻村一年，行车里程约 2.5 万千米，带领百坭村 88 户共 418 人脱贫。东北林业大学邹莉教授数十年如一日投身科技扶贫事业，亲自下乡举办培训班为农民讲授木耳栽培技术。塞罕坝机械林场几代人接续奋斗，

① 中共中央马克思恩格斯列宁斯大林著作编译局 . 马克思恩格斯文集：第 1 卷［M］. 北京：人民出版社，2009：502.

② 朱隽，王浩 . 精准扶贫：脱贫攻坚的制胜法宝［N］. 人民日报，2021-04-30（7）.

把戈壁荒滩建成了"塞外明珠"。重庆市巫山县竹贤乡下庄村党支部书记毛相林坚信"山凿一尺宽一尺，路修一丈长一丈"，带领群众历时7年凿山壁、开致富路，种植瓜果，发展特色产业，被评为全国脱贫攻坚楷模。

### 三、持续的先进性特征

因通常位于前列，可为表率，谓之先进。先进性具有阶级性、时代性和民族性特征，不同的历史阶段、不同的领域、不同的文化层面，对其含义的理解因人而异。先进性可体现在思想、理论、文化、政治制度上，也可体现在日常生活、平凡岗位、一线实践上，如工作责任心较强、履职水平较高的岗位标兵，均可以作为表率发挥示范引领和带头作用。中国共产党的先进性不仅体现在党的正确理论和路线方针政策等方面，也集中反映在干部队伍的先进性上（忠诚、干净、担当）。

国外扶贫模式可分为三类：一类是发达国家普遍实施的"福利补偿式"扶贫模式，如美国、英国、瑞典、挪威等国，该模式的主要特点是依靠社会福利的广泛覆盖来减少贫困人口数量。第二类是发展中国家的中心——外围贫困消解模式，如拉丁美洲的巴西、墨西哥，该模式注重在贫困地区培养新的经济增长点，依靠增长极的力量渐次带动周边贫困地区和贫困人口脱贫。第三类是一些最不发达国家的"基本生存保障"型反贫困模式，如坦桑尼亚、孟加拉国等，该模式的主要特点是只向穷人提供满足最基本生存需要的物资，让"穷人能活下去"。因发展阶段不一样，各国反贫困模式都有其合理性，也积累了一些好的经验。中国的贫困治理，尤其是改革开放以来，中国借鉴国际反贫困成功经验，结合中国农村贫困实际，不断创新扶贫体制，出台有针对性的措施，形成了具有中国特色的反贫困理论体系和行之有效的反贫困治理模式，推动了贫困治理理论的进一步科学化。

党的十八大以来，中国创新扶贫方式，精准识别贫困人口、精准责任到人、精准措施到户、精准务实验收，展现了贫困治理的中国智慧，为世界提供了贫困治理的中国方案，体现了全方位的先进性特征。一是实施扶贫综合治理，经济、政治、文化、生态、社会治理一体推进，统筹解决收入、住房、教育、医疗、生态环境、移风易俗等多元问题。二是重视社会保障在减贫中的作用，同时坚持开发式扶贫，实施农业"特""优"战略，挖掘农村文化资源、历史资源、生态资源，推动农林文旅康融合发展，加快农业全产业链融合发展，打造农村发展新业态、新模式。三是强调扶贫项目、资金、责任精准到村到户，扶贫效率和到户效益不断提高。四是强调动员国家资源，鼓励多元主体开展多种形式扶贫活动，各帮扶机构都有特定的帮扶对象和明确的帮扶任务，形成了专项扶贫、行业扶贫、社会扶贫协同配合的大扶贫格局。五是紧密结合贫困新形势新特点，以提高扶贫效率、提高扶贫效益、在扶贫攻坚中锻炼干部、全面建成小康社会、实现国家治理体系和治理能力现代化为目标，不断改革与创新扶贫治理政策体系，使中国的扶贫治理能够保持持续的先进性。

## 四、鲜明的人民性特征

人民性是马克思主义的本质属性，马克思经典作家要求各国共产党人要关注"各国人民未来的生活"，号召全世界无产阶级联合起来，推翻私有制，建立一个没有压迫、没有剥削、人人平等、人人自由的共产主义社会。治国之道，富民为始。自成立之日起，中国共产党就把人民性这一根本价值追求融入为人民服务的实际行动中，时刻关注群众的穿衣问题、吃饭问题、住房问题、柴米油盐问题、疾病卫生问题、婚姻问题等，带领最广大的劳苦大众打土豪、分田地、向造成贫困根源——旧社会制度开战。新中国成立后，党带领人民修梯田、兴水利、办识字班、办合作医疗、建立"五保"制度，发展集体经济，持续向贫困宣战。改革开放以来，为保持农村集体优越性、充分发挥农户积极性，党领导人民实施家庭联产承包责任制、实行统分结合的双层经营体制、推动农产品流通体制改革、支持兴办乡镇企业，进一步活跃了城乡经济、释放了农村活力、大幅度提升了粮食产量，农民贫困问题得到一定程度的缓解。21世纪以来，实施了两个十年的扶贫计划，免除农业税，全部免除西部地区农村义务教育阶段学生学杂费，加大贫困地区劳动力培训力度，探索农村金融扶贫的新形式。

2012年11月15日，中共中央总书记习近平在人民大会堂同采访十八大的中外记者亲切见面。习近平庄严宣告："人民对美好生活的向往，就是我们的奋斗目标。"[①] 党的十八大以来，以习近平同志为核心的党中央常念"民之所忧"、常行"民之所盼"，用"心"走好新时代群众路线，让发展成果更公平更普惠地惠及人民大众，创新扶贫开发工作、支持困难群众稳定脱贫致富，坚持"小康路上，一个民族、一个家庭、一个人也不能少""共同富裕路上，一个不能掉队"，始终把群众满意度作为衡量脱贫成效的重要尺度，彻底改变了贫困地区的面貌，根本改善了贫困乡村和贫困农户的生产生活条件，大幅提高群众生活质量，切实增强了人民群众的获得感、幸福感、安全感。遍布全国贫困乡村一线的300多万名第一书记、驻村干部以及广大乡村干部，积极宣传党的"三农"

---

① 习近平. 习近平谈治国理政：第一卷［M］. 北京：外文出版社，2014：3.

政策，讲解脱贫攻坚战略，帮助贫困地区建立合作社，发展集体经济，帮助大多数贫困农户找到了稳定脱贫致富之业，并坚持智志双扶，传播了自力更生、艰苦奋斗的火种。脱贫攻坚战的胜利，进一步密切了党群关系，进一步坚定了群众跟党走实现农业农村现代化的决心，是中国共产党全心全意为人民服务根本宗旨的鲜明彰显，是党的集中统一领导这一中国特色社会主义制度最大优势的集中体现。

## 第三节 脱贫攻坚精神的价值

人无精神不立、国无精神不强。精神是一个人的立身之本、行为支撑，强大的精神使人不仅能从内部生发力量（动能），而且能从外部汲取力量。精神是无形的，精神的力量是无穷的。一个民族的复兴需要强大的物质力量，也需要强大的精神力量。[1] 精神是民族的基因符号，有了精神的支撑，我们的民族才能自立自强，我们的国家才能发展进步，我们的事业才能永葆生机与活力。脱贫攻坚既是同物质困难作斗争，更是与精神贫困的对垒。脱贫攻坚精神有深厚的中华文化基因，是中华民族精神的赓续传承，是党为中国人民谋幸福、为中华民族谋复兴、"不忘初心、牢记使命"宗旨使命的"集中体现"，是奋战在脱贫攻坚第一线广大扶贫干部与贫困群众吃苦耐劳、艰苦奋斗、敢于创新、善于创造精神的"生动写照"。脱贫攻坚精神具有丰富的文化基因、深厚的理论基础、鲜明的实践价值，[2] 是中国共产党人精神谱系的重要组成部分，是中国精神在新时代的生动体现，是巩固拓展脱贫攻坚成果、全面推进乡村振兴、奋进中国式现代化、逐梦共同富裕目标的伟大精神力量。要弘扬脱贫攻坚精神，持续讲好脱贫攻坚故事，教育广大党员、干部，引导他们发扬优良传统，在全社会带头弘扬新风正气，积极培养、锻造形成支撑前行的精神动力、实践动力、意志动力和价值动力。

**一、对中国精神的谱系价值**

崇尚精神是中华民族的优秀传统。源远流长、连绵不断、光辉灿烂、享誉

---

① 中共中央文献研究室. 十八大以来重要文献选编：中 [M]. 北京：中央文献出版社，2016：121.

② 黄承伟. 巩固拓展脱贫攻坚成果同乡村振兴有效衔接的战略演进逻辑 [J]. 农业经济问题，2022 (6)：4-11.

世界的中华文明塑造了中华民族独特的精神气质和精神品格，是中国人民自尊、自信、自强、志气、骨气的底气所在。中华文化历来强调把人的精神生活纳入人生和社会理想之中，提倡"富贵不能淫，贫贱不能移，威武不能屈""公而忘私，国而忘家""夙夜在公""鞠躬尽瘁，死而后已""为天地立心，为生民立命，为往圣继绝学，为万世开太平"，主张心怀天下、利济苍生、追求道义、见利思义、以义制利、先义后利、导欲节欲，"修身、齐家、治国、平天下"，为实现仁爱和谐的理想社会而上下求索。

（一）中国精神的基本内涵

中国精神包含了中国传统文化的精华。在几千年的历史进程中，中华大地产生了老子、孔子、孟子等闻名于世的伟大思想家，留下了"人法地，地法天，天法道，道法自然""穷则变，变则通，通则久""天行健，君子以自强不息；地势坤，君子以厚德载物""穷则独善其身，达则兼济天下""穷不失义，达不离道""德不孤，必有邻""大道不孤，众行致远""人生自古谁无死，留取丹心照汗青""铁可折，玉可碎，海可枯，不论穷达生死，直节贯殊途"等流芳百世、享誉中外的经典名句，创作了诗经、汉赋等伟大文艺作品，传承了《格萨尔》《玛纳斯》《江格尔》等震撼人心的伟大史诗。

中国精神是对重大现实需求的回应。中国古代是一个传统的农业社会，自然灾害严重且频发。近代以来，又因为错失工业革命机会，导致落后挨打、民不聊生。面对恶劣的环境、苦难的生活、国家和民族的危难，中国人民传承中华民族宝贵的精神基因，回应自身生存与国家、社会、民族发展需求，发扬伟大创造精神、伟大奋斗精神、伟大团结精神、伟大梦想精神，团结一心、同舟共济、战天斗地、誓死捍卫民族独立和自由，战胜了数不清的自然灾害，开垦了物产丰富的广袤粮田，建立了门类齐全的产业体系，保障了中华民族数千年的生生不息、中华文明几千年来的连绵不断。①

中国精神改变了时代，也创造了新的时代。坚守信念、传承精神，是一个民族成熟的标志。习近平总书记多次强调，实现中华民族伟大复兴的中国梦，必须弘扬中国精神、振奋起全民族的"精气神"、把中国精神安放内心、把中国精神付诸行动，树立突破陈规、大胆探索、敢于创造的思想观念，保持只争朝夕的奋发精神和竞争意识，培养不甘落后、奋勇争先、追求进步的责任感和使命感，保持坚忍不拔、自强不息、锐意进取的精神状态，保持"敢啃硬骨头""敢涉险滩"的闯劲和"咬定青山不放松"的韧劲以及"生命不息，奋斗不止"

---

① 本书编写组.思想道德与法治［M］.北京：高等教育出版社，2023：72-74.

的拼劲，让中国精神薪火相传，使中国精神成为引领时代潮流、推动经济发展、社会进步、国家强大、民族振兴的强大精神动力。

（二）脱贫攻坚精神对中国精神的诠释

中国精神是民族精神与时代精神的统一，是各种精神品格的交融和凝聚，中国精神不是一种静止状态，而是处于一个不断丰富和发展的状态，包含着更为广阔的时代内涵。习近平总书记指出，"中国人民在长期奋斗中培育、继承、发展起来的伟大民族精神，为中国发展和人类文明进步提供了强大精神动力。""中国人民是具有伟大创造精神的人民""中国人民是具有伟大奋斗精神的人民""中国人民是具有伟大团结精神的人民""中国人民是具有伟大梦想精神的人民"①。脱贫攻坚精神是在脱贫攻坚斗争中由中华民族精神和时代精神交汇而成的，是中国精神分支下的一个新样态，具备中国精神实质所内蕴的特征，同时赋予了中国精神新的时代内涵，并在此基础上丰富和发展了新时代的中国精神。对此，在脱贫攻坚总结表彰大会上，习近平总书记指出，脱贫攻坚精神，是"中国精神、中国价值、中国力量的充分彰显，赓续传承了伟大民族精神和时代精神"②。

扶贫济困是中华民族的优良传统，"民为邦本"是古代民本思想的精髓。西汉的司马迁在《史记·郦生陆贾列传》中写道："王者以民人为天，而民人以食为天。"《墨子》曰："有力者疾以助人，有财者勉以分人，有道者劝以教人。"③孔子曰："百姓足，君孰与不足，百姓不足，君孰与足。"④ 孟子曰："民之为道也，有恒产者有恒心，无恒产者无恒心。"⑤ "若民，则无恒产，因无恒心。苟无恒心，放辟邪侈，无不为己。""五亩之宅，树之以桑，五十者可以衣帛矣；鸡豚狗彘之畜，无失其时，七十者可以食肉矣；百亩之田，勿夺其时，八口之家可以无饥矣。"⑥"夫仁政，必自经界始。"⑦ 在孟子看来，农户拥有一定的家庭资产是走出贫困，实现家庭、社会、国家稳定的基础，这一点与可持续生计理论关于生计资本重要性的论述极其相似。立国而不先养人，国固不立矣。唐代政论家陆贽在《论两河及淮西利害状》中曰：人者邦之本也，其心伤则其本

---

① 习近平. 在第十三届全国人民代表大会第一次会议上的讲话 ［N］. 人民日报，2018-03-21（2）.

② 习近平. 在全国脱贫攻坚表彰大会上的讲话 ［N］. 人民日报，2021-02-26（1）.

③ 墨子 ［M］. 毕沅，校注；吴旭民，校点. 上海：上海古籍出版社，2014：40.

④ 孟子，等. 中华经典普及文库：四书五经 ［M］. 北京：中华书局，2009：27.

⑤ 孟子，等. 中华经典普及文库：四书五经 ［M］. 北京：中华书局，2009：79.

⑥ 孟子，等. 中华经典普及文库：四书五经 ［M］. 北京：中华书局，2009：66.

⑦ 孟子，等. 中华经典普及文库：四书五经 ［M］. 北京：中华书局，2009：80.

伤，其本伤则枝干颠瘁，而根柢蹶拔矣。明末清初思想家黄宗羲提出了"天下为主，君为客"的民主思想，主张君主和臣子都应该为人民服务。乾隆时期郑板桥写出了"衙斋卧听萧萧竹，疑是民间疾苦声。些小吾曹州县吏，一枝一叶总关情"① 的著名诗句。济贫、扶困、讲仁爱、重民本，从而达到长治久安，是古代社会治理的基本遵循。周文王制定了"怀保小民，惠鲜鳏寡"的仁政惠民政策；西汉淮南王刘安主张"治国有常，而利民为本"；唐太宗因奉行"国以人为本，人以衣食为本"的治国之策，开创了贞观之治。

改革开放之初，中国有吃不饱、穿不暖的绝对贫困人口 2.5 亿人，历经八七扶贫、21 世纪以来的两个十年的扶贫开发，到 2012 年减少至 9899 万人。国际经验表明，贫困发生率到达 10% 以下时，减贫就进入"最艰难阶段"，2012年，中国贫困发生率为 10.2%，减贫即将进入"最艰难阶段"。剩余贫困人口主要集中在"三区三州"、武夷山区、乌蒙山区等连片深度贫困地区，这些贫困地区基础条件薄弱、致贫原因复杂、发展滞后明显，脱贫成本更高、难度更大。党中央、广大扶贫干部和群众有理想、有信念，有崇高的社会责任感和强烈的使命担当意识，以 2020 年带领贫困地区和贫困人口全面建成小康社会为目标，为自己投身伟大斗争而自豪，把为人民服务的宗旨理念转化为一种发自内心的自觉义务，以忘我的精神投入脱贫攻坚工作中，始终保持"为有牺牲多壮志，敢教日月换新天"的执着，鼓起"不破楼兰终不还"的劲头，发扬不畏艰难、敢于担当、攻坚克难的精神，向贫困开战，不获全胜绝不收兵。

幸福源自奋斗，成功在于奉献，平凡孕育伟大。古人云："锲而舍之，朽木不折；锲而不舍，金石可镂。"② 马克思说：人只有为同时代人的完美、为他们的幸福而工作，自己才能达到完美。③ 习近平总书记指出："中国人民自古就明白，世界上没有坐享其成的好事，要幸福就要奋斗。"④ "中华民族历史上经历过很多磨难，但从来没有被压垮过，而是愈挫愈勇，不断在磨难中成长、从磨难中奋起。"⑤ 奉献精神是社会责任感的集中表现，只要有志气、有闯劲，普通劳动者都可以在宽广舞台上实现自己的人生价值，脱贫攻坚模范人员平凡而感

---

① 田旭中．中国古代的咏竹诗［J］．文史杂志，2024（3）：68-70．

② 荀况．荀子［M］．谢丹，书田，译注．太原：书海出版社，2001：2．

③ 中共中央马克思恩格斯列宁斯大林著作编译局．马克思恩格斯全集：第 1 卷［M］．北京：人民出版社，1995：459．

④ 习近平．习近平谈治国理政：第三卷［M］．北京：外文出版社，2020：140．

⑤ 习近平．在统筹推进新冠肺炎疫情防控和经济社会发展工作部署会议上的讲话［N］．人民日报，2020-02-24（2）．

人的事迹，就充分地说明了这一点。社会是由一个个的人所构成的集合体，脱离了个体，便没有社会。社会需要人们对其负起责任，有责任，就意味着要奉献。奉献精神传递社会温暖，能够拉近人与人之间的距离，建立和谐的人际关系和稳定的社会秩序，促进社会健康有序地发展。脱贫攻坚帮扶单位、驻村干部、社会志愿者坚持弘扬和衷共济、团结互助美德，把为社会和他人的服务看作自己应尽的义务和光荣的职责，把帮助贫困乡村发展和贫困农户实现可持续脱贫视为人生价值所在，牺牲"小我"成就"大我"，苦中作乐、从中获得成就感和幸福感。"哪里有贫困，哪里就是主战场"，全社会上下一心扶危济困，这是爱人民、敢吃苦、能奋斗、懂奉献、愿奉献、团结互助民族精神的时代体现。

打赢深度贫困地区的脱贫攻坚战，除了需要具备坚定的信念，还需要具备务实的精神。务实，就是要坚持实事求是的基本原则，一切从实际出发，不是把远大的理想寓于具体的行动中，不图虚名、不务虚功，不好高骛远，不空谈理想、眼高手低、浅尝辄止，而是做事讲科学、遵循客观规律，从小事做起，从身边的事做起，脚踏实地，依靠务实的精神创造和实现人生目标。在脱贫攻坚决战中，全党全社会以钉钉子的精神，坚持一个节点一个节点坚守，一个问题一个问题解决，一项工作一项工作推进。扶贫干部克服生活上的困难、工作上的压力、人际上的疏离、语言上的不便，远离亲人朋友，长期坚守贫困山村，咬定青山不放松、锲而不舍抓落实，既要确保贫困百姓切实享受各种政策资源，又要给贫困百姓"造血"，激活其内生动力，使脱贫攻坚取得了经得起人民检验，经得起历史检验的伟大成就。贫困村村民不向大自然屈服、不向命运低头，用勤劳的双手、聪明的智慧创造美好生活的惊人壮举充分诠释了中华民族自强不息、奋勇争先、敢于改天换地的民族精神。

敢为人先、勇于探索的创新精神是推动中国扶贫工作与时俱进、激发制度优势的关键牵引力。党的十八大以来，党中央提出，要探索契合中国脱贫实际需求的工作机制与工作方法，支持贫困群众探索创新扶贫方式方法，要重视发挥广大基层干部群众的首创精神，支持他们积极探索，为他们创造八仙过海、各显神通的环境和条件。"精准扶贫"实现了脱贫攻坚体制机制的创新，基层政府、帮扶单位、扶贫干部、贫困乡村和贫困群众先后探索了"资源变股权、资金变股金、农民变股民"的农村"三变"改革办法，探索了党建引领的股份合作、订单帮扶、生产托管的生产帮扶新思路，构建了贫困户与现代农业有机衔接的利益联结机制，探索了利用"农民夜校""爱心超市""红黑榜"推进乡风民风建设的农民乐见方式，等等。广大基层扶贫工作者自觉创新的精神在脱贫攻坚领域发挥了不可磨灭的作用，是伟大创新精神的时代体现。

## 二、对中国共产党人精神的谱系价值

中国精神不是静止存在的，而是动态发展的，中国精神延绵几千年，深深扎根于中华优秀传统文化，在波澜壮阔的历史中，其内涵不断延展丰富。中国共产党人作为中国精神的忠实继承者和坚定弘扬者，在长期奋斗中构建起了以伟大建党精神为源头的中国共产党人的精神谱系，极大丰富了中国精神的内涵。脱贫攻坚精神，赓续传承了伟大民族精神和时代精神，赋予了中国共产党人精神谱系新的内容。

### （一）中国共产党人的精神谱系

中国共产党人的精神谱系，由一个个鲜明具体的"坐标"组成，其源头是伟大建党精神。在庆祝中国共产党成立 100 周年大会上，习近平总书记精辟概括了伟大建党精神的深刻内涵："一百年前，中国共产党的先驱们创建了中国共产党，形成了坚持真理、坚守理想，践行初心、担当使命，不怕牺牲、英勇斗争，对党忠诚、不负人民的伟大建党精神，这是中国共产党的精神之源。"① 伟大建党精神彰显着我们党强大的思想优势、政治优势、精神优势、道德优势，蕴含着中国共产党百年奋斗的历史逻辑、理论逻辑、实践逻辑，是中国共产党人精神谱系的"根与魂"。革命理想高于天的理想信念、祖国高于一切的爱国主义、携手人民辟江山的为民情怀、敢闯新路谱新篇的开拓创新、奋发图强谋复兴的艰苦奋斗和崇德向善扬正气的道德品质等内容，是中国共产党人精神谱系的精髓要义。②

自成立以来，中国共产党始终坚守共产主义、社会主义的理想信念，锚定远大目标又脚踏实地，始终与人民有福同享、有难同当，为了初心和使命视死如归、顽强拼搏、不懈奋斗，涌现了一大批革命烈士、英雄人物和先进模范，形成了红岩精神、南泥湾精神、探月精神、新时代北斗精神、丝路精神、脱贫攻坚精神等伟大精神。这些宝贵精神跨越时空、历久弥新，既一脉相承又与时俱进，构筑起了中国共产党人的精神谱系，集中体现了我们党坚定信念、根本宗旨、优良作风，生动展现了党的奋斗历程和伟大品格，深刻诠释了中国共产

---

① 习近平. 在庆祝中国共产党成立 100 周年大会上的讲话 [M]. 北京：人民出版社，2021：8.
② 王易. 中国共产党人精神谱系的百年流变、精髓要义及赓续发展 [J]. 马克思主义研究，2021 (5)：23-33，151.

党人的初心使命，集中彰显了一代又一代中国共产党人"为有牺牲多壮志，敢教日月换新天"的奋斗精神。①

（二）脱贫攻坚精神对伟大建党精神的诠释

坚定理想信念，坚守共产党人精神追求，始终是共产党人安身立命的根本。② 纵使明白"自己所追求的理想并不会在自己手中实现"，但他们深知"只要一代又一代人为之持续努力，一代又一代人为此作出牺牲，崇高的理想就一定能实现"③。中国共产党人的远大理想是实现中华民族伟大复兴，建立人的自由而全面发展的共产主义社会，而远大理想是由千千万万个具体目标构成的。

中国共产党成立以后，首先致力于推翻三座大山的压迫，建立一个先进的社会制度，为发展生产力，解决普遍的贫困提供制度前提。解放初期，面对一穷二白的新中国，毛泽东代表党中央郑重承诺：中央政府"将领导全国人民克服一切困难，进行大规模的经济建设和文化建设，扫除旧中国所留下来的贫困和愚昧，逐步地改善人民的物质生活和提高人民的文化生活"④。以毛泽东同志为核心的第一代领导集体团结带领人民群众战胜了一个又一个自然灾害，渡过了一个又一个难关，兴修水利完善农业基础设施提高了农作物产量，大办农村识字班、培养医生、户户通广播改善了农民的健康状况和精神面貌，取得了举世瞩目的社会主义建设成绩。改革开放以来，党中央把年度政府工作任务、五年规划、十年目标、十五年蓝图有机结合起来，推动实施了两个十年的农村扶贫开发，做出了精准扶贫脱贫攻坚的重大决策，一步一个脚印推动远大理想落到实处，把不全面、层次较低的小康推动到了全面小康新阶段，实现了富起来到强起来的伟大转变。脱贫攻坚中，全体党员拧成一股绳，把远大理想、中期目标与近期任务有机结合起来，咬定青山不放松，向最后的贫困、最深的贫困发起了总攻，充分体现了社会主义制度的政治制度优势，集中彰显了当代中国共产党人同心同德、团结一致、决心大、意志强的精神力量。

为什么人的问题，是检验一个政党、一个政权性质的试金石。⑤ 党的十八大以来，党中央把人民群众对于美好生活的向往作为最重要的奋斗目标去实现，致力于解决历史性贫困、顽固性贫困、连片性贫困，承诺全面小康路上不落下

① 中国共产党人精神谱系第一批伟大精神正式发布 [N]. 人民日报，2021-09-30（1）.
② 习近平. 习近平谈治国理政：第一卷 [M]. 北京：外文出版社，2014：15.
③ 习近平. 关于坚持和发展中国特色社会主义的几个问题 [J]. 求是，2019（7）：4-12.
④ 毛泽东选集：第五卷 [M]. 北京：人民出版社，1977：9.
⑤ 习近平. 决胜全面建成小康社会，夺取新时代中国特色社会主义伟大胜利：在中国共产党第十九次全国代表大会上的报告 [M]. 北京：人民出版社，2017：44-45.

一个民族、不丢下一个贫困人口，到 2020 年如期实现全面建成小康社会目标。在脱贫攻坚战中，无数共产党人践行全心全意为人民服务的根本宗旨，把群众的小事当大事来做，长期扎根贫困地区，默默耕耘铲除穷根，冲锋在前，荣誉靠后，与贫困群众同吃同住，用生命和汗水诠释了人民公仆精神，展现了共产党人履行誓言的决心，涌现出了一大批脱贫攻坚模范代表，如全国脱贫攻坚楷模、新疆伽师县水利局局长刘虎，在身患肺癌的情况下，仍坚持奋战一线，找水源、探路线、定方案，让群众喝上安全水。贵州省晴隆县委原书记姜仕坤 6 年时间行程 60 万公里，磨穿了鞋底，跑白了头发，倒在了脱贫一线。更多干部则是轻伤不下火线，"5+2""白+黑"地长期奋战在扶贫一线，用自己的生命和汗水展现了守初心、担使命、勇于牺牲、无私奉献、勤勉工作、不负人民的爱国爱民情怀。这都体现了实事求是、科学施策、真抓实干的实践品格，体现了不畏艰难、敢于斗争、善于斗争的奋斗精神。

党的十九届六中全会通过的《中共中央关于党的百年奋斗重大成就和历史经验的决议》将"坚持开拓创新"概括为党百年奋斗的十条历史经验之一。开拓创新，展现的是担当意识、首创意识和聪明智慧。一分靠部署，九分靠落实，为政之道，忧无策，更忧有良策而不落实。措施落实到位是开展一切工作的前提，方法是否科学、手段是否因时因势创新，则是检验政策落实是否有效率的重要指标。精准扶贫脱贫攻坚中，当代共产党人勇于探索、敢为人先，充分激发群众积极性，发挥群众首创性，调动群众主动性，围绕"两不愁""三保障"目标，创新中央统筹、省（自治区、直辖市）负总责、市（地）县抓落实、"五级书记一起抓"的扶贫开发工作机制，探索形成了"一看房、二看粮、三看劳动力强不强、四看家中有没有读书郎"的便于操作、切合实际的精准识别"四看法"，形成了扶持对象精准、项目安排精准、资金使用精准、措施到户精准、因村派人精准、脱贫成效精准"六个精准"的具体举措，用发展的办法消除贫困根源，智志双扶拔穷根，因地制宜制定了发展生产脱贫一批、易地搬迁脱贫一批、生态补偿脱贫一批、发展教育脱贫一批、社会保障兜底一批的"五个一批"工程，围绕"确权、赋权、活权"深化农村集体产权制度改革，创新"公司+合作社+基地+农户+产品"和"非遗+扶贫"经营模式，走出了一条中国特色减贫道路，展现了中国智慧，体现了当代共产党人的集体智慧和创新精神，为其他发展中国家的扶贫治理提供了中国方案。

脱贫攻坚精神是中国共产党人精神谱系在脱贫攻坚战中的接续发展。2018 年 6 月，中共中央、国务院在《关于打赢脱贫攻坚战三年行动的指导意见》中提出"适时对脱贫攻坚精神进行总结"的要求。2021 年 2 月 25 日，习近平总书记在全国脱贫攻坚总结表彰大会上的讲话深刻阐述了脱贫攻坚精神的要义。2021 年 9 月，党中央批准了中央宣传部梳理的第一批纳入中国共产党人精神谱系的伟大精神，脱贫攻坚精神被纳入。脱贫攻坚精神展示了中国共产党人理想信念远大、信念坚定、赤胆忠诚、拼搏奉献、开拓进取的精神风范和伟大品格，彰显了党根本政治立场和根本宗旨，体现了"我将无我、不负人民"的崇高情怀，是党的优良作风的新时代体现。这种精神将会全面融入党、国家、民族、人民的血脉之中，鼓舞和激励中国人民始终围绕在党中央周围，接续攻坚克难，不断从胜利走向新的胜利。

### 三、乡村振兴的精神动力价值

精神动力是人类历史发展长河中的特有现象，是人类实践活动的重要因素。① 人无精神则不立，国无精神则不强，精神所在，就是血脉所在、力量所在。支撑伟大斗争，不仅需要物质力量，更需要精神力量，精神上强，才更持久、更深沉、更有力量。形成于脱贫攻坚实践的脱贫攻坚精神是中国精神、中国价值、中国力量的充分彰显，过去是、现在是、将来永远是我们的宝贵精神财富。全面推进乡村振兴的深度、广度、难度都不亚于脱贫攻坚，"全党全国全社会都要大力弘扬脱贫攻坚精神"②，采取更有力的举措，汇聚更强大的力量，乘势而上、再接再厉、接续奋斗。

（一）脱贫攻坚与乡村振兴的关系

习近平总书记指出，"大国之大，也有大国之重，千头万绪的事，说到底是千家万户的事"③。2013 年，习近平总书记提出"精准扶贫"理念，要求创新扶贫工作机制。2014 年，国家完成贫困户建档立卡工作。2015 年，中央扶贫开发工作会议作出"决不能落下一个贫困地区、一个贫困群众"的承诺，提出了实现脱贫攻坚目标的总体要求，发出了打赢脱贫攻坚战的总攻令。2016 年，全面拉开了新时代脱贫攻坚的序幕，2020 年如期打赢了脱贫攻坚战，全面建成了小康社会。其间，2017 年 10 月，习近平总书记在党的十九大报告中首次提出了乡村振兴战略，要求以乡村振兴战略统领脱贫攻坚战略。2018 年 1 月，《中共中央国务院关于实施乡村振兴战略的意见》提出了乡村振兴三个阶段的战略构想，要求做好实施乡村振兴战略与打好精准脱贫攻坚战的有机衔接工作。2020 年，

---

① 骆郁廷. 精神动力论 [M]. 武汉：武汉大学出版社，2003：1.
② 习近平. 在全国脱贫攻坚总结表彰大会上的讲话 [N]. 人民日报，2021-02-26（1）.
③ 习近平. 习近平谈治国理政：第四卷 [M]. 北京：外文出版社，2022：65.

脱贫攻坚战取得全面胜利，随后进入过渡时期，贫困地区要继续巩固拓展脱贫攻坚成果并实现与乡村振兴的有效衔接，有条件的地区农村率先进入全面乡村振兴新阶段。2021 年至 2023 年的中央一号文件，均明确要发扬好脱贫攻坚精神，加快推进农业农村现代化进程。

脱贫攻坚是乡村振兴的基础、前提、优先任务和阶段性目标，乡村振兴则是新时代"三农"工作的总抓手，贯穿中国现代化全过程。脱贫攻坚和乡村振兴是"固基修道，履方致远"的关系，巩固拓展脱贫攻坚成果、衔接推进乡村振兴阶段属于过渡阶段，过渡期从脱贫出列之日一直延续到乡村振兴基础比较稳固为止。总体来看，以党的二十大为起点，发达地区的乡村振兴将进入全面推进新阶段，传统非贫困地区进入对标 2035 年基本实现农业农村现代化目标，加快改造传统农业新阶段。而传统贫困地区需要继续保持衔接政策稳定，确保衔接推进补助资金和信贷投入规模稳定，保持脱贫人口务工就业规模稳定，同时努力在提高内生发展动力上实现新突破，以不断缩小脱贫群众与其他农民的收入差距，缩小脱贫地区与其他地区的发展差距。

（二）发扬脱贫攻坚精神接续全面乡村振兴

习近平总书记多次强调，脱贫攻坚战的全面胜利，标志着我们党在团结带领人民创造美好生活，实现共同富裕的道路上迈出了坚实的一大步。同时，脱贫摘帽不是终点，而是新生活、新奋斗的起点。巩固拓展脱贫攻坚成果、衔接推进乡村振兴，需要延续脱贫攻坚体现的担当精神，实现乡村的全面振兴更需要延续脱贫攻坚体现的创新精神。

乡村振兴关系中国现代化全局，引起乡村变革的程度远远大于脱贫攻坚，其难度也会远远高于脱贫攻坚。脱贫攻坚的难点往往也是贫困地区乡村振兴的短板，要在继承并发扬脱贫攻坚精神的基础上，坚守敢于突破陈规、大胆探索未知、勇于创新创造的思想观念，保持直面困难、锐意进取、奋力前行的精神气，不断增强改革创新意识，锤炼改革创新意志，提高改革创新能力，并充分吸取农村有益的文化基因，紧跟时代条件的变化，做好脱贫攻坚精神在乡村振兴阶段的创造性继承与发展，通过讲好脱贫攻坚老故事，讲好乡村振兴新故事，推动脱贫攻坚精神有效融入乡村振兴实践，为乡村振兴提供源源不竭的精神力量。

理论一经掌握群众，也会变成物质力量。[①] 脱贫攻坚营造了讲奉献、肯担

---

[①] 中共中央马克思恩格斯列宁斯大林著作编译局 . 马克思恩格斯选集：第 1 卷［M］. 北京：人民出版社，2012：9.

当、愿吃苦、能实干的良好环境氛围。在高校中继续讲好扶贫故事，可以引导更多的大学生到乡村、到基层、到农村去创业就业。在干部中讲好扶贫故事，可以激励年轻干部自愿投入乡村振兴中，从而发挥脱贫攻坚精神在乡村人才振兴中的建设性作用。要引导广大党员干部不断提高"闯新路""开新局""抢新机"的本领，继续解决长期制约贫困地区发展的深层次难题，建立强有力的农村基层党组织，发展特色产业，培养新集体合作意识，壮大乡村集体经济，构建自治德治法治融合的现代乡村治理体系，提升脱贫群众和脱贫区域内生发展动力，使农村生活奔向现代化，越走越有奔头。要弘扬好脱贫攻坚精神，加大农民思想道德建设力度，强化乡村契约精神教育，推动移风易俗，引导人民群众坚决抵制好逸恶劳的不正之风，更加坚定勤劳致富的价值理念，保持奋斗脚步不停歇、思想作风不松懈的良好状态，埋头苦干，靠双手创造幸福，营造向上向善的社会风气，为实现乡村振兴贡献力量。

第三章

# 脱贫攻坚精神融入高校
# 思政课教学的价值意蕴

党的二十大报告强调,"全党要把青年工作作为战略性工作来抓,用党的科学理论武装青年,用党的初心使命感召青年","弘扬以伟大建党精神为源头的中国共产党人精神谱系,用好红色资源","推动理想信念教育常态化制度化"。① 脱贫攻坚精神是中国共产党人精神谱系的最新内容,由多维度、综合性的潜在价值所构筑,蕴含着伦理的、政治的、经济的、社会的等各种样态的价值潜能。② 新时代大学生是脱贫攻坚的亲历者甚至直接参与者,部分大学生还是精准扶贫的直接受益者,他们是学习、弘扬、践行脱贫攻坚精神的主力军。高校思政课是落实立德树人根本任务的关键课程,八年脱贫攻坚战为新时代加强大学生的理想信念教育提供了历史导向、目标引领和鲜活素材,以"入心入脑"为思想前提,把脱贫攻坚精神所蕴含的真理原则、初心目标、创新意识、务实品格在第一课堂中讲深讲透讲好,以"走深走实见行见效"为行动依据,探索实践教学的新内容和新形式,将脱贫攻坚精神有效融入大学生理想信念教育的第二课堂中,可以有效促进新时代大学生自觉投身到中国式现代化的伟大实践当中,自觉肩负起历史与时代赋予的神圣使命。

## 第一节 脱贫攻坚精神思想政治教育价值的社会维度

人的本质就其现实性而言是社会关系的总和,每一个人都是在一定社会关系下从事一定实践活动的现实的人。思想政治教育坚持以科学的理论武装人,以正确的舆论引导人,以高尚的精神塑造人,通过培育人的思想观念,解读人

① 习近平. 高举中国特色社会主义伟大旗帜,为全面建设社会主义现代化国家而团结奋斗 [N]. 人民日报,2022-10-26 (1).
② 李尚宸,李心记. 脱贫攻坚精神之于大学生思想政治教育的价值 [J]. 学校党建与思想教育,2022 (4):7-10.

的存在价值，建构人的精神家园来重组人与人、人与自然、人与社会的关系，以促进人实现自由全面的发展，并使社会变得更加和谐美好。脱贫攻坚精神是千千万万一线扶贫工作者无私奉献大爱精神的凝练，更是全社会意志和力量凝聚的集中体现。在全社会弘扬脱贫攻坚精神，有助于团结更多的人，形成最大公约数，发挥统一战线法宝在乡村振兴、中国式现代化、中华民族伟大复兴中的凝心聚力作用。

### 一、有利于建设具有强大凝聚力和引领力的社会主义意识形态

意识形态是系统地、自觉地反映社会经济形态和政治制度的思想体系，表现在政治、法律、道德、哲学、艺术、宗教等形式中。一定的社会意识形态是一定的社会存在的反映，并随着社会存在的变化或迟或早地发生变化。意识形态安全关乎每一个国家的政治安全，关乎国家的凝聚力、向心力和未来命运，加强意识形态安全建设是一个国家十分重要的工作。社会主义意识形态具有意识形态的一般特征，但与以往意识形态特别与资本主义意识形态不同的是，社会主义意识形态以马克思主义作为指导思想，反映最广大人民群众的利益诉求和价值取向，符合新时代发展要求，并随着经济社会的发展而不断发展，是系统化、理论化的思想观念体系，具有科学性、人民性、先进性、革命性、超越性等鲜明特质。

当前我国社会意识形态领域仍面临较大的风险和挑战。拜金主义、享乐主义、无政府主义、极端个人主义在一定范围滋长蔓延，道德评价错位，是非、善恶、美丑不分，低俗庸俗媚俗等道德失范现象，见利忘义、造假欺诈、不讲信用、损人利己、唯利是图、损公肥私等道德失范行为，屡屡突破公序良俗底线、妨害人民幸福生活、伤害国家尊严和民族感情。主流媒体主导作用受到自媒体的巨大冲击，乐于奉献、服务人民的"宏大叙事"面临着逐渐被稀释的风险。一些自媒体职业人散布谣言吸引流量，部分网民以"弱者心态"表达社会负面情绪，个别别有用心之人恶意制造、蓄意炒作一些社会热点话题，对一些青年人产生了不良诱导效应。而西方敌对势力趁机加大对我国意识形态的渗透，散播"宪政民主"，鼓吹新自由主义和历史虚无主义，标榜所谓的"普世价值观"，把中国发展中出现的一些不可避免的问题归结为社会主义制度的"不合理"，鼓噪质疑中国政府各部门的"不作为"，进而质疑"中国共产党的合法性"，妄图挑战马克思主义指导地位，抹黑中国道路、理论、制度、文化，同我们争夺意识形态阵地，竭力争夺意识形态话语权，争夺人心。

对此，习近平总书记多次强调，意识形态工作是党的一项极端重要的工作，

做好新时代意识形态工作，必须掌握主动权、打好主动仗，要坚持马克思主义在意识形态领域指导地位的根本制度，牢牢抓住社会主义意识形态领导权，立破并举、多维建构主流思想舆论阵地，坚持正确思想舆论引导，把全体人民的理想信念、价值理念、道德观念紧紧联结在一起，不断巩固全党全国各族人民团结奋斗的共同思想基础，建设具有强大凝聚力和引领力的社会主义意识形态。

脱贫攻坚精神教育本身就是社会主义意识形态教育的重要内容，二者具有高度的内在一致性。八年脱贫攻坚，2000 多万贫困患者得到分类救治，近 2000 万贫困群众享受低保和特困救助供养，2400 多万困难和重度残疾人拿到了生活和护理补贴，2568 万贫困群众的危房得到改造，960 多万人挪了"穷窝"，平均每年 1000 多万人脱贫，人口规模相当于一个中等国家。自治德治法治"三治融合"一体推进乡村建设，2020 年，全国群众安全感为 98.4%，成为国际社会公认的最有安全感的国家之一。脱贫攻坚成就彰显了党的"硬核领导力"，体现了不忘初心的为民宗旨，脱贫攻坚模范人物集中体现了中华民族的大无畏精神，千千万万扶贫一线工作者体现了中国人的攻坚克难精神和无私奉献精神。脱贫攻坚精神作为思想政治教育不可或缺的教育资源，能够使受教育者认识到，脱贫攻坚战的胜利离不开党的坚强领导、社会主义的制度保障和社会主义文化的精神支撑，走好未来的路，需要团结协作、凝聚力量，矢志不渝、顽强拼搏，更需要理论正确、道路正确、领导有力、文化自信。脱贫攻坚精神在丰富思想政治教育内容的同时，起着巩固受教育者社会主义意识，牢牢掌握社会主义意识形态主导权的重要作用。

## 二、有利于凝聚社会共识，形成奋斗合力

一个国家、一个民族不能没有灵魂。社会共识是与个人见识相对应的概念，是指相当数量的社会成员对某一普遍关切的问题形成的共同看法或观点。① 国家需要价值导航，社会需要共识引领。人心是最大的政治，共识是奋进的动力。共识如同社会大厦的思想支柱，因为有广泛的共识，社会才成为一个有机的共同体。越是在经济社会快速变迁、人的思想日益多元复杂的时期，越需要尽最大努力谋求共识，有事好商量，众人的事情由众人商量，在多元中立主导、在多样中求共识，在大范围凝聚共识，找到全社会意愿和要求的最大公约数，形成各方面高度认同的社会共识和价值规范，"想在一起"的共识，激发"干在一

---

① 江畅，李历. 社会共识及其与社会认同的关系［J］. 中南民族大学学报（人文社会科学版），2020，40（5）：96-103.

起"的动力，引导社会各方面同舟共济、携手前行，把"无数互相交错的力量"凝聚为推动事业发展的合力，众志成城共同迎挑战、携手并肩一起向未来。① 中华民族历来崇尚艰苦奋斗，重视也善于聚拢人心、凝聚共识，坚信握指成拳定能合力致远。如西汉思想家、道家人物、文学家、淮南王刘安，在《淮南子·主术训》中曰："积力之所举，则无不胜也；众智之所为，则无不成也。"在《淮南子·兵略训》中曰："千人同心，则得千人之力；万人异心，则无一人之用。"意思是一千人心往一处想，就会得到一千个人的力量；一万个人的心不往一处想，就没有一个人的力量可用。

　　西方人有西方人的共识模式，东方人有东方人的共识模式。对此一事物有某种共识，对彼一事物也有某种共识。某一阶段有某一阶段的共识，条件和任务发生了变化，旧的共识解体，新的共识产生。所以，共识是动态变化的，但就某一特定阶段而言，共识又具有相对稳定性。当前中国人民的最大共识，一是必须坚持党的领导、坚定走中国特色社会主义道路。在全面建设社会主义现代化国家的新征程上，只要我们不断增强"四个意识"、坚定"四个自信"、拥护"两个确立"、做到"两个维护"，毫不动摇地坚持和加强党的全面领导，充分发挥党的领导政治优势，就一定能够确保全党全军全国各族人民团结一致向前进，在新时代新征程上赢得更加伟大的胜利和荣光。二是艰苦奋斗是实现理想的重要条件。"人类的美好理想，都不可能唾手可得，都离不开筚路蓝缕、手胼足胝的艰苦奋斗。"② 一个没有艰苦奋斗精神做支撑的民族，难以自立自强；一个没有艰苦奋斗精神做支撑的国家，难以发展进步；一个没有艰苦奋斗精神作支撑的政党，它的事业也难以兴旺发达。艰苦奋斗是中华民族和中国共产党的传家宝，是党和人民事业不断取得辉煌业绩、不断创造人间奇迹的硬核密码。脱贫攻坚战积聚了全国之力，集中了全民之智，党政军民学劲往一处使，东西南北中拧成一股绳，强化东西部扶贫协作，推动省市县各层面结对帮扶，累计共派出 25.5 万个驻村工作队、选派 290 多万名县级以上党政机关和国有企事业单位干部同近 200 万名乡镇干部和数百万村干部一道奋战在扶贫一线，形成了人人愿为、人人可为、人人能为的社会帮扶格局。脱贫攻坚紧紧依靠人民群众、动员人民群众、鼓励人民群众自立自强，真切全面地反映人民意愿，紧密结合乡村本土资源，与人民群众同甘共苦，一起寻找稳定脱贫致富的门路，与贫困群众一道凝聚起了强大的攻坚合力。脱贫攻坚的历程和成就表明，只要以坚实

① 李拯. 筑牢团结奋斗的社会共识［N］. 人民日报，2023-01-17（4）.
② 习近平. 习近平谈治国理政：第一卷［M］. 北京：外文出版社，2014：52.

的社会共识引导 14 亿多中国人心往一处想、劲往一处使,就没有干不成的事、迈不过的坎,就一定能战胜各种风险挑战、奋力实现既定目标。

水滴石穿,绳锯木断,力在坚持;积跬步至千里,积小流成江海,功在坚持。船到中流,唯有奋楫争先,才不惧风高浪急;人到半山,唯有激扬精神,才能再攀高峰。当前,世界经济复苏乏力,单边主义、保护主义明显上升,世界进入新的动荡变革期。国内正处于经济结构战略调整的关键时期,同时也处于就业结构调整的阵痛时期,更需要团结一切可以团结的力量,调动一切可以调动的积极因素,最大限度地凝聚起团结奋斗的力量,形成共渡难关、攻坚克难、同心共圆中国梦的强大合力。脱贫攻坚精神是团结调动中国力量参与现代化乡村建设不可或缺的要素,更是实现我国第二个百年奋斗目标的重要精神支撑。对此,习近平总书记在多个场合强调要将中国战胜贫困的故事讲好、讲精彩。讲好中国的扶贫故事,不仅可以系统总结全国精准扶贫经验与智慧,更可以为乡村振兴宣教活动提供参考与思路。因此,要坚持弘扬伟大脱贫攻坚精神,推进对青年的思想政治教育,让他们明白,只有理想之光才能照亮奋斗之路,只有获得信仰之力才能开创美好未来,从而激发受教育者产生社会共识,引导其朝着共同的目标前进,为实现中华民族伟大复兴贡献智慧和力量。

### 三、有利于弘扬社会主义核心价值观,培育良好的社会道德风尚

精神的力量是无穷的,道德的力量也是无穷的。中华文明源远流长,孕育了中华民族的宝贵精神品格,培育了中国人民的崇高价值追求。[1] 核心价值观是一个民族赖以维系的精神纽带,是一个国家共同的思想道德基础。如果没有共同的核心价值观,一个民族、一个国家就会魂无定所、行无依归。[2] 党的十八大报告明确提出了社会主义核心价值观的基本范畴。党的十九大报告把培养担当民族复兴大任的时代新人作为培育和践行社会主义核心价值观的着眼点。党的二十大报告强调"必须全程践行社会主义核心价值观"。社会主义核心价值观的基本内容是 12 个词 24 个字,分为国家、社会和公民三个层面,文字简单但内涵丰富。社会主义核心价值观根植于中华优秀传统文化、革命文化和社会主义先进文化,立足于中国特色社会主义伟大实践,合乎需要解决的时代问题,根植在中国人内心,具有广泛的感召力、强大的凝聚力和持久的引导力,潜移默化地影响着中国人的行为方式,是当代中国精神的集中体现,是现阶段全国人

---

① 习近平. 习近平谈治国理政:第一卷 [M]. 北京:外文出版社,2014:158.
② 习近平. 论党的宣传思想工作 [M]. 北京:中央文献出版社,2020:111.

民的"最大公约数"。党的二十大报告强调,"用社会主义核心价值观铸魂育人,完善思想政治工作体系,推进大中小学思想政治教育一体化建设。……把社会主义核心价值观融入法治建设、融入社会发展、融入日常生活。"①

国无德不兴,人无德不立。道德具有指导和纠正人们的行为和实践活动、协调社会关系和人际关系的功效与能力,是维系社会稳定、促进国家发展的重要因素。社会主义道德规范,以为人民服务为核心,坚持集体主义原则,承接中华传统美德,延续了中国共产党人的革命道德,吸收和借鉴了人类优秀道德成果,是全体中国人民共同遵循的道德要求。《新时代公民道德建设实施纲要》强调,要把社会公德、职业道德、家庭美德、个人品德建设作为着力点,推动践行明礼遵规、诚实守信、爱护公物、爱岗敬业、勤俭持家、邻里互助、办事公道、奉献社会等为主要内容的新时代公民道德建设,鼓励人们在社会上做一个好公民、在工作中做一个好建设者、在家庭里做一个好成员、在日常生活中养成好品行,不断提升公民道德素质。② 党的二十大报告提出,要发挥党和国家功勋荣誉表彰的精神引领、典型示范作用,推动全社会见贤思齐、崇尚英雄、争做先锋。③

改革开放以来,中国取得了举世瞩目的发展成就,人们的精神面貌也发生了极大的变化。可以看到,我国道德领域呈现积极健康向上的良好态势,但仍然存在着一些道德缺失、价值观错乱的现象。如部分社会成员"小我"价值的满足优先于"大我"价值需要,个人主义倾向明显,甚至有部分社会成员标榜个性自由,奉行"个人利益"高于"国家利益",见利忘义。还有一些社会成员没有建立科学的消费观、劳动观、奋斗观、幸福观,把物质的消费、感官的刺激视为幸福的最大来源,只关注表面的享乐不关心背后的奋斗,功利主义盛行,人际关系冷漠。还有自媒体虚假宣传、网络谣言、家庭暴力、见死不救、利用他人善良骗取钱财,公共场所大声喧哗、缺乏契约精神、工作缺乏耐心、对待人民群众高高在上等社会道德失范现象。这些错误价值倾向,在本质上都是资本主义私有制基础上个人主义价值取向的集中体现,是腐朽没落价值观在我国当下社会的沉渣泛起,对意识形态建设产生了不良影响。

① 习近平.高举中国特色社会主义伟大旗帜,为全面建设社会主义现代化国家而团结奋斗[N].人民日报,2022-10-26(1).
② 中共中央国务院印发《新时代公民道德建设实施纲要》[N].人民日报,2019-10-28(1).
③ 习近平.高举中国特色社会主义伟大旗帜,为全面建设社会主义现代化国家而团结奋斗[N].人民日报,2022-10-26(1).

对个人而言，价值观决定一个人的格局，有正确人生价值观的人普遍具有阳光、积极、乐观、自信、拼搏、责任、进取精神的面貌和人生态度，社会适应能力更强，综合素养更高，对社会和他人更加有益。对国家社会而言，有共同的价值目标，才会有统一的意志和行动，才会有强大的凝聚力、向心力，才能行稳致远。一个道德素质比较高的民族，才是世界上最受尊敬的民族。只有民众道德素质普遍较高的地区才能引巢筑凤吸引来优质资本，同样地，只有品德高尚的人才能获得别人的尊重和信任，在现代市场经济社会中站稳脚跟。

为了打赢脱贫攻坚战，贫困地区扶贫扶志扶智相结合开展文化扶贫，开设"讲习所"，建立"爱心超市"，制订村规民约，创新内容、丰富形式，宣传脱贫攻坚典型事迹，开展技能培训和就业创业帮扶，鼓励引导贫困户通过劳动实现脱贫致富，有效地激发了贫困群众的内生动力，推动了贫困农村地区移风易俗，弘扬和传承了中华民族守望相助、扶贫济困的传统美德，发扬了中华民族孝亲敬老的传统美德，弘扬和传承了中华民族自力更生、奋发图强的传统美德，为打赢脱贫攻坚战、全面建成小康社会提供了精神动力，也为乡村的全面振兴提供了坚实的精神基础。脱贫攻坚中，全国各族人民心往一处想、劲往一处使，弘扬真善美、贬斥假恶丑，促成知荣辱、讲正气、做奉献、促和谐，引导和支持所有有劳动能力的人依靠自己的双手开创美好生活。扶贫工作人员坚持公平公正原则，办事公道，不损公肥私，不以权谋私，不假公济私，不优亲厚友。八年脱贫攻坚战为社会主义核心价值观的弘扬和公民道德建设纲要的实施提供了最新素材，为更好推进文化强国建设，更好满足人民日益增长的精神文化需求，不断提升国家文化软实力和中华文化影响力提供了精神支撑。

## 第二节　脱贫攻坚精神思想政治教育价值的个体维度

思想政治教育是塑造人们思想政治素质的一种重要方式，说起来重要、形式上抓起来也不难，但要真正取得实实在在的成效却很不容易。要坚持用真理说服人，坚持用真情感染人，理直气壮讲好大道理、正道理、实道理，紧贴现实问题，多用身边看得见的案例教育人，最大程度地利用好、发挥好思想政治教育资源的价值功能，体现时代性和学生主体性要求，不断增强思想政治教育的吸引力和感召力。精准扶贫脱贫攻坚历程中，无数青年发扬"开拓创新""攻坚克难""不负人民"的精神品格，深入贫困乡村一线献青春，与贫困群众算家底、找出路，甚至有部分青年干部为国家扶贫事业献出了宝贵生命。更有无数青春洋溢的大学生利用暑假"三下乡"社会实践活动机会,走进乡村,走访贫困户,发挥专业特长,尽力而为地用实际行动助力打赢脱贫攻坚战。这些案例比较直观,因年龄贴近、生活贴近、思维相近,更容易引起青年大学生的思想共鸣。充分利用好这些鲜活案例,有助于实现对个体思想政治教育价值的最大化。

**一、有利于站稳爱国爱党的政治立场**

国家是个体成长发展的基本屏障和坚实依托,每个人的发展都时刻与国家的发展进步紧密关联。爱国表现在爱祖国的大好河山,爱自己的骨肉同胞,爱祖国的灿烂文化,爱自己的国家。爱国主义体现的是人们对自己祖国的深厚感情,是人们对自己家园以及民族和文化的归属感、认同感、尊严感与荣誉感的统一。以爱国主义为核心的民族精神,为中国人民克服艰难险阻,实现中华民族伟大复兴提供了不竭的精神力量。新中国是中国共产党领导的社会主义国家,祖国的命运和党的命运、社会主义的命运密不可分,我们爱的"国"是中国共产党领导的社会主义中国,爱国和爱党、爱社会主义是高度统一的,践行爱国主义就要坚持中国共产党领导,献身于建设新时代中国特色社会主义伟大事业,献身于实现中华民族伟大复兴的中国梦的实践。

正是在爱国主义精神的激励下,百余年来,中国共产党带领人民顽强拼搏,几代人一以贯之,为"实现中华民族伟大复兴"接续奋斗,推翻"三座大山"建立新中国,探索社会主义道路,实行改革开放,在21世纪初实现了"总体小康",并把小康社会建设推进到了"全面建设小康社会"阶段。在中国共产党成立一百周年的重要时刻,完成了消除绝对贫困的艰巨任务,全面建成了小康社会。脱贫攻坚战中,广大扶贫干部、社会力量和扶贫志愿者,以帮助同胞摆脱贫穷为光荣,将个体"小我"融入民族"大我"之中,将爱国情感转化为脱贫攻坚之志,自觉拥护党的脱贫攻坚政策,把"脱贫路上一个也不能落下"作为一项必须完成的政治任务,主动将扶贫脱贫化为自身使命,甚至用生命捍卫着爱国主义信仰,产生了"新愚公"李保国、献身教育扶贫的张桂梅等模范人物。他们创造了全面小康的不朽伟业,深刻诠释了爱国爱党思想的真谛,赋予了爱国精神新的时代意义。

青年群体尤其00后年轻人,成长于中国加入世贸组织、全面融入国际社会、全面深化改革的加快推进时期,社会生活的变迁可谓日新月异。资本要素的全球配置,人员的跨国界无障碍流动,必然伴随文化的碰撞,并引致思想的多元化。青年群体对新事物更感兴趣,但辨识能力有限,极易陷入西方泛自由、伪民主陷阱，产生拜金主义、享乐主义、功利主义思想，出现伪正义、伪自由、非理性爱国等行为。思想政治教育作为中国公民教育过程中的重要一环，必须时刻关注受教育者的政治方向。脱贫攻坚精神作为思想政治教育的宝贵资源，具有坚定受教育者对党的信仰，激发受教育者爱国爱党力量的积极作用。强化脱贫攻坚故事的宣讲教育，加强脱贫攻坚精神的多维阐释，有助于促使受教育者向为人民幸福生活奋斗的榜样人物学习，筑牢受教育者的理想信念，坚定受教育者的爱国热情，坚定对党的拥护与爱戴，筑牢正确的政治立场。作为肩负民族复兴光荣使命的中坚力量，青年人在面对西方敌对势力的意识形态渗透时，要将爱国主义情怀厚植于心、实践于行，向脱贫攻坚模范人物学习，深刻领会脱贫攻坚精神的内涵，坚定正确的政治立场，将报国行、强国志融于社会主义现代化建设中，自觉肩负起振兴中华的历史使命。

### 二、有利于坚定中国特色社会主义理想信念

"信仰、信念、信心，任何时候都至关重要。小到一个人、一个集体，大到一个政党、一个民族、一个国家，只要有信仰、信念、信心，就会愈挫愈奋、愈战愈勇，否则就会不战自败、不打自垮。"① 理想信念是精神之"钙"，理想信念教育是思想政治教育的"灵魂"和基础；心有所信、方能行远，信念不牢、地动山摇，坚定理想信念是终身课题，需要常修常炼、常悟常进。青年大学生正处于正确"三观"形成的关键期，尽管思想不够成熟、理想不够稳定、信念不够坚决，但可塑性极强，理想信念之火一经点燃就会产生巨大的精神力量，就会愈挫愈奋、愈战愈勇，自觉做共产主义远大理想和中国特色社会主义共同理想的坚定信仰者、忠实实践者，为崇高理想信念而矢志奋斗。反之，则极易受到网络错误信息的波及，导致理想信念动摇，患上"软骨病"。

中国特色减贫道路是一条既符合中国国情，又符合时代发展要求，指引中国反贫困事业取得巨大成功的唯一正确道路。脱贫攻坚中，党以"先富带后富""实现共同富裕"的思想为指导，继承和发展了马克思主义反贫困理论，形成了以习近平总书记关于扶贫工作的重要论述为根本遵循的脱贫攻坚理论体系。采取了许多具有原创性、独特性的重大举措，构建了一整套行之有效的政策体系、工作体系、制度体系，走出了一条中国特色减贫道路。举国上下、同心同德，"心往一处想、劲往一处使""邻里互助"优良文化传统的传承和发扬，更是激发了人民群众对中国文化传统的历史自豪感。

---

① 习近平：在庆祝改革开放 40 周年大会上的讲话［EB/OL］. 中国政府网，2018-12-18.

任何责任都只有通过具体的人的信念才能发挥作用，才能得到履行。① 没有扶贫人"到 2020 年全面建成小康社会"坚定的目标信念，在短短几年内不可能完成脱贫攻坚的艰巨任务，更不可能让脱贫攻坚成果经得起历史和人民的考验。2019 年贵州省脱贫攻坚优秀村第一书记陈雄飞，2018 年担任安顺市紫云自治县白石岩乡湾坪村第一书记，仅用一年时间使全村贫困发生率降低了 16.52 个百分点，由 31%降低到了 14.48%。2020 年全国先进工作者、贵州省脱贫攻坚优秀村第一书记朱鑫，2018 年主动申请到黔西南州册亨县巧马镇孔屯村任驻村第一书记，开展精准扶贫脱贫攻坚，使孔屯村贫困发生率从 45.25%下降至 1.4%，下降了 43.85 个百分点，实现了全村脱贫。扶贫一线人员的"身体之苦"之所以可以转换为脱贫攻坚精神，除了对"贫困不是社会主义"的政治认知使然，更离不开党的"初心""使命"的指引，以及建立在"全心全意为人民服务"宗旨基础上的责任担当。心中有信仰，脚下有力量，中国特色社会主义是党和人民历尽千辛万苦，付出巨大代价才取得的根本成就。

革命理想高于天，经过八年同心协力的艰苦奋斗，党领导人民完成了看似不可能完成的任务，实现了全面建成小康社会的第一个党的百年目标，创造了人类减贫史上的奇迹。指引中国人民创造更加美好的生活，实现中国特色社会主义现代化，实现中华民族伟大复兴，更需要共同理想和美好愿景来激励人、鼓舞人、感召人。作为新时代的标志性事件，打赢脱贫攻坚战的贫困村是实施理想信念教育的好课堂，脱贫攻坚模范代表人物是好榜样，伟大脱贫攻坚精神可以帮助受教育者坚定自身的理想信念，更加明确自身所需承担的责任与义务，为中国特色社会主义事业披荆斩棘，勇往直前。

### 三、有利于培养实干精神

天下之事，皆成于实。大道至简，实干为要。路虽远，行则将至；事虽难，做则必成。实干精神是中华民族传统美德的主要内容，也是中国精神的重要组成部分，留下了"锲而舍之，朽木不折；锲而不舍，金石可镂""犯其至难而图其至远""纸上得来终觉浅，绝知此事要躬行""历尽天华成此景，人间万事出艰辛""慎易以避难，敬细以远大""凿井者，起于三寸之坎，以就万仞之深""道虽迩，不行不至；事虽小，不为不成""道阻且长，行则将至，行而不辍，未来可期""实干方能兴邦、实干方能强国、实干方能富民"等经典名言美句，

---

① 张康之. 公共行政中的责任与信念 [J]. 中国人民大学学报，2001（3）：79-85.

构筑了中国传统文化的精髓，烙印了吃苦耐劳的中国性格，锻造了崇尚实干的中华民族精神品质。

社会主义是干出来的，幸福是奋斗出来的。一个行动胜过一沓纲领。新中国成立以来，尤其改革开放四十多年的伟大成就，就是依靠一代一代中国人实干创造的。党的十八大以来，党把农村贫困人口全部脱贫、贫困地区全部摘帽、解决区域性整体贫困，作为全面建成小康社会、实现第一个百年奋斗目标的底线任务和标志性指标，领导人民坚决打赢新时代脱贫攻坚战。① 脱贫攻坚面对的贫困人口都是贫中之贫，面对的贫困地区主要是连片贫困地区，促进贫困地区民生经济快速发展，改善贫困群众精神面貌，实现贫困人口全部脱贫，没有实干精神一样都做不到做不好。对此，做好扶贫开发工作，要突出实的导向，要"下足绣花功夫，把扶贫扶到点上、扶到根上、扶到家庭上；坚决反对撒胡椒面，防止平均数掩盖大多数"②，要"拿出踏石留印、抓铁有痕的劲头，发扬钉钉子精神，锲而不舍、驰而不息抓下去"③，做到"脱贫工作务实、脱贫过程扎实、脱贫结果真实"④。

山凿一尺宽一尺，路修一丈长一丈。八年脱贫攻坚中，我们坚持人民至上、坚持以人民为中心，发挥集中力量办大事的制度优势，制定实施区域协调发展与脱贫攻坚联动战略，根据地区发展差异、区位环境、人文历史、贫困人口规模、贫困人口分布、历史贫困状况、结对帮扶关系等制订攻坚路线图和攻坚点，积极宣传"互带互助""互帮互促"模范典型，鼓励贫困地区有意识地发掘和开发本地区的特色资源，激励贫困农户依靠内生动力脱贫致富，苦干实干，把脱贫攻坚战一步步推向胜利。

脱贫攻坚期间，党领导全国各族人民迎难而上，逢山开路、遇水架桥，广大扶贫干部在急难险重的脱贫任务考验面前，敢于较真碰硬，勇于担当尽责，舍小家为大家，同贫困群众结对子、认亲戚，常年加班加点，攻克了一个又一个贫中之贫、坚中之坚，实现了中国人民"全面小康"的千年梦想，完成了党的第一个百年夙愿，用实际行动诠释了伟大脱贫攻坚精神。作为新时代的青年，

---

① 中华人民共和国国务院新闻办公室．中国的全面小康［N］．人民日报，2021-09-29（10）．

② 习近平．在全国脱贫攻坚总结表彰大会上的讲话［N］．人民日报，2021-02-26（2）．

③ 中共中央党史和文献研究院．习近平扶贫论述摘编［M］．北京：中央文献出版社，2018：111．

④ 中共中央党史和文献研究院．习近平扶贫论述摘编［M］．北京：中央文献出版社，2018：77．

站在新的历史起点上，只有深刻领会脱贫攻坚精神的内涵，把握实干精神的真实要义，发扬埋头苦干的攻坚精神，继承一步一个脚印、脚踏实地的攻坚作风，不断厚植为民服务的情怀、增强真抓实干的底气、锤炼真抓实干的韧劲，才能勇于面对实际生活中的各种挫折考验，从容应对各种风险挑战，创造实实在在的业绩。

### 四、有利于锻造攻坚克难的意志品质

"千磨万击还坚劲，任尔东西南北风。""野火烧不尽，春风吹又生。""多歧路，今安在？长风破浪会有时，直挂云帆济沧海。"越是艰苦卓绝，越是挺身向前。"踏平坎坷成大道，斗罢艰险又出发。""黄沙百战穿金甲，不破楼兰终不还。"毛泽东同志写长征，开篇是"红军不怕远征难，万水千山只等闲"。铁人王进喜"宁肯少活二十年，拼命也要拿下大油田"。河南林县人民凭着"一锤一钎一双手"，叩石垦壤、挖山不止，以十年之功在巍巍太行的崇山峻岭中开辟出一条"人工天河"。塞罕坝几代拓荒者披荆斩棘，在"飞鸟无栖树"的荒漠上建起世界上面积最大的人工林。特区建设者依靠"杀出一条血路"的坚强意志，锻造了特区精神。北斗全球组网，离不开科研团队数十载的接力攻关。抗击非典疫情期间，最美逆行者发出了"疫情不退我不退"的铮铮誓言。在历史发展中，中华民族历经磨难，面对困难从不轻易低头，面对挫折也不轻易妥协，而是愈挫愈勇，不断在磨难中成长、从磨难中奋起，其中一个重要原因，就是中华民族拥有"为有牺牲多壮志，敢教日月换新天"的必胜信念，锤炼了不畏强敌、不惧风险、攻坚克难、敢于斗争、勇于胜利的风骨和品质。

庭院里跑不出千里马，温室里长不出万年松。志之所趋，无远勿届；穷山距海，不能限也。① 志之难也，不在胜人，在自胜。看似寻常最奇崛，成如容易却艰辛。与贫困作斗争，离不开坚定不移、顽强不屈意志的支撑，更何况，脱贫攻坚的对象都是贫中之贫、困中之困，是最难啃的硬骨头。在这场举世瞩目、史无前例的战斗中，习近平总书记亲临一线了解真扶贫、扶真贫、真脱贫的实际情况，走遍了14个集中连片特困地区。全国25.5万个驻村工作队、300多万名第一书记和驻村干部、200万名乡镇干部、数百万村干部，敢啃硬骨头，不但解决了贫困人口基本生存需要，帮助他们告别了穷山恶水之地，还通过发展地方优势特色产业，开展教育科技医疗帮扶，为其后续的稳定脱贫致富奠定了基础。

---

① 金缨. 格言联璧［M］. 中华文化讲堂，注译. 北京：团结出版社，2017：17.

艰苦奋斗是成就人生事业不可或缺的条件。重庆市巫山县竹贤乡下庄村党支部书记毛相林带领乡亲们战胜了数不清的大小艰难险阻，历时 7 年才在绝壁上凿出一条通向外界的道路，没有义无反顾、勇往直前的顽强意志创造不了"挂壁公路"奇迹。成长于和平年代和经济高速发展的人们，尤其成长在新时代的青年们，普遍缺少艰苦环境的磨砺，对艰苦缺乏一般的认知，对朴素存在片面的理解，导致部分青年在思想上缺乏攻坚克难的底气，行为上缺乏能扛事、不怕事的担当，甚至受短视频上不良信息的影响，梦想不劳而获一夜暴富。提高识别真假难辨、良莠不齐的信息能力，对娱乐至死、及时行乐、片面追求感官物质刺激等不良诱惑保持理性思考与行为克制的一个重要途径是加强自力更生、艰苦奋斗的优良传统教育。对脱贫攻坚精神的宣传，对攻坚克难脱贫攻坚故事的讲解，能够提升受教育者奋进新时代的精神气，使其始终保持昂扬奋进的精神状态，自觉"长志气""硬骨气""蓄底气"，争做有理想、有担当、有本领的新时代好青年。

## 第三节　脱贫攻坚精神融入高校思政课教学的重大价值

中华优秀传统文化强调"民惟邦本""扶贫济困""出入相友，守望相助""老吾老以及人之老，幼吾幼以及人之幼""天行健，君子以自强不息""志高则言洁，志大则辞弘，志远则旨永""有志者，事竟成""知行合一"。这样的思想和理念，有极其鲜明的民族特色，有永不褪色的时代价值。中国消除贫困，解决了困扰人类社会千百年的历史顽疾，这不仅是中华民族发展史上重大意义的里程碑，也是全人类发展史上的伟大奇迹。一代一代的中国共产党人"敢教日月换新天"，前仆后继投身中国扶贫治理事业，为党的十八大以来的脱贫攻坚奠定了坚实基础。党中央发起脱贫攻坚战号召以后，千百万扶贫工作者走进农村、把脉农业、遍访农户，用双脚丈量土地，为中国扶贫治理事业贡献了智慧和力量，合力打赢了脱贫攻坚战，这彰显了党的强大政治领导力、思想引领力、群众组织力、社会号召力，体现了中国特色社会主义制度集中力量办大事的政治优势。新时代大学生普遍保持意气风发、力争上游、拼搏进取的精神状态和知行合一、敢于创新的品格，但也有少数大学生缺乏韦编三绝、悬梁刺股的毅力，缺少凿壁借光、囊萤映雪的劲头，有个别大学生安于现状、不思进取、随波逐流，甚至热衷"躺平""摆烂"。习近平总书记强调，"用新时代中国特色社会主义思想铸魂育人"① 脱贫攻坚战见证了中华民族的精神伟力，目前的在校大学生正是脱贫攻坚成就的见证者，一些大学生作为志愿者或在"三下乡"活动中亲身参与了精准扶贫脱贫攻坚工作，部分大学生及其家庭本身就是精准扶贫工作的受益者。脱贫攻坚为高校思政课教学提供了鲜活的素材，要善于挖掘脱贫攻坚这堂"大思政课"中蕴含的丰厚的教育资源，以情动人、以理服人、以爱感人，做到"三贴近"，能够帮助学生明白：爱国情怀、人民中心、学会感恩、学会助人、知行合一、求真务实、有为善为、勤奋刻苦、意志坚强、脚踏实地、孜孜不倦，是脱贫攻坚精神的精髓，也是树立崇高的理想信念、始终保持昂扬向上的精神状态、保持富有求新求变的朝气锐气、谱写自己无悔人生的关键。

## 一、有助于促进立德树人教育根本任务的实现

自我价值与社会价值具有统一性，个人价值的实现囿于社会价值的创造，个人在创造个人价值的同时因奉献社会而创造了社会价值，同样地，个人在创造社会价值的过程中也实现了自我价值。在这场举世瞩目、史无前例的战斗中，数百万一线扶贫干部把扶贫视为一份高尚的事业，视为党和人民基于信任所赋予的光荣使命，保持"踏石留印、抓铁有痕"的劲头，保持"不破楼兰终不还""认准的事，背着石头上山也要干""不治服风沙，就让风沙把我埋掉"的决胜斗志，咬住青山不放松，敢教日月换新天，甘愿住草房、走泥巴路、锲而不舍、滚石上山，与贫困百姓一起与艰苦环境搏斗，分析资源优势、市场前景、组织生产、打造线上线下销售平台，一大批党员干部成就不凡业绩，树立起敢于担当，善于作为的榜样。认定"只有扎根泥土，才能读懂人民"，硕士毕业的黄文秀主动放弃大城市工作的机会，回到家乡革命老区广西百色工作，她埋头苦干，仅用一年多时间就带领 88 户 418 名贫困群众脱贫，使全村贫困发生率从22.88%降至 2.71%，后在救灾中不幸遭遇山洪，献出了年仅 30 岁的宝贵生命，用美好青春诠释了共产党人的初心使命，谱写了新时代的青春之歌，她是全心全意为人民服务的青年代表。新时代扶贫干部的精神面貌和时代贡献，无数汗水和心血凝练而成的脱贫攻坚精神所蕴含的教育价值不言而喻。在思政课教学中融入脱贫攻坚精神元素，通过脱贫攻坚"小故事"阐释中国共产党"能"、中国特色社会主义"好"、马克思主义"行"、中国化时代化的马克思主义"行"的"大道理"，有助于青年大学生砥砺品格、增强本领，做一个有爱国情

---

① 习近平. 习近平谈治国理政：第三卷［M］. 北京：外文出版社，2020：328.

怀，有奉献精神，有民族使命感，有主动担当、敢于担当意识和能力的时代新人。

把立德树人作为新时代教育的根本任务，是党的教育方针的重大理论创新。党中央要求要进一步增强立德树人的紧迫感、责任感和使命感，把立德树人融入思想道德教育、文化知识教育、社会实践教育各环节，增强教育的针对性、实效性和亲和力、感染力，全员育人、全程育人、全方位育人，引导学生把爱国情、强国志、报国行自觉融入实现中华民族伟大复兴的奋斗之中，做到明大德、守公德、严私德，成为自尊自信自立自强、德才兼备、全面发展的人才。脱贫攻坚精神蕴含着时代价值、文化精神和教育意蕴，是培育青年学子责任担当、脚踏实地、有进取心、甘于奉献、热爱祖国等优良品格的现实教材与鲜明案例，对于坚定大学生的理想信念、培育大学生的担当意识、端正大学生的价值追求、培养大学生吃苦耐劳的精神、筑牢大学生的政治信仰、增进大学生的人民情怀和提升大学生的精神风貌等具有重大意义，对于大学生成长成才具有重要的推动与促进作用。

马克思指出："一个时代的精神是青年代表的精神，一个时代的性格是青春代表的性格。"① 陈独秀曾写道："青年如初春，如朝日，如百卉之萌动，如利刃之新发于硎，人生最可宝贵之时期也。"②李大钊在《新青年》中写道："以青春之我，创建青春之家庭，青春之国家，青春之民族，青春之人类，青春之地球，青春之宇宙，资以乐其无涯之声生。"③ 1957 年，毛泽东在莫斯科对中国青年留学生们谈道："世界是你们的，也是我们的，但是归根结底是你们的。你们青年人朝气蓬勃，正在兴旺时期，好像早晨八、九点钟的太阳。希望寄托在你们身上。"④ 青年大学生是青年群众中最有生气、最有闯劲、最少保守思想的群体，蕴含着改造客观世界、推动社会进步的无穷力量。⑤ 同时，大学生对社会生活的认识还大多来自表面观察，对社会生活的认识往往比较感性，真伪辨识能力不强，对西方精致利己主义、拜金主义、反自由主义、宪政民主等不良思潮以及部分自媒体伪英雄网络故事的免疫力比较有限，社会价值观混乱，主流价值观既不主流也不稳定，人生价值体系缺乏社会参考标准，导致部分大学生对

---

① 成尚荣. 用年轻的品格致敬青春 [J]. 人民教育，2022 (8)：1.

② 李醒民. 陈独秀论青年 [J]. 民主与科学，2020 (2)：68-72.

③ 严雯. 青春 [J]. 档案天地，2021 (7)：2.

④ 柳亚栋. 传递好"信仰之炬"[J]. 思想政治课教学，2022 (3)：90-92.

⑤ 共青团中央书记处第一书记阿东：用习近平新时代中国特色社会主义思想凝心铸魂，深入开展面向广大团员和青年的主题教育 [N]. 中国青年报，2023-10-19 (1).

人生感觉非常迷茫，在思想上出现理想信念缺失、奋斗意识弱化、集体精神不足、利己主义和享乐思想严重、责任意识淡漠等问题，亟须加强社会核心价值体系建设，讲好社会主义核心价值观，"五育"并举培养新时代需要的人才。

最慢的步伐不是跬步，而是徘徊；最快的脚步不是冲刺，而是坚持。脱贫攻坚取得举世瞩目的成就，靠的是党的坚强领导，靠的是全党全国各族人民的团结奋斗。脱贫攻坚模范是其中的优秀代表，他们敬业奉献、勤勉做事、助人为乐、关爱他人，在关心他人、帮助他人的过程中创造人生价值，不仅做了普通人愿意做和能够做的事，并且主动做了许多人应该做却没有做的事，而且把大多数人能够做的事做得更好。榜样的力量是无穷的，将脱贫攻坚故事引入思政课教学，将脱贫攻坚故事与教学内容有机结合，通过情景交融达到情理交融，有助于提升受教育者的学习兴趣，最大程度地引起受教育者的思想共鸣，使受教育者能够更加明晰脱贫攻坚精神的内核与实质，自觉以脱贫攻坚模范代表人物为榜样，将脱贫攻坚精神作为激励自身奋进和成长的标杆，明确责任与使命，提升道德素养，怀抱梦想又脚踏实地，坚定不移地走社会主义道路，坚定不移地听党话、跟党走。

### 二、有助于培养大学生的奋斗精神，永葆人民情怀

人生天地间，长路有险夷。遇险即欲避，安得皆通达。① 天下难事，必作于易；天下大事，必作于细。功崇惟志，业广惟勤。中国人民自古深信，修行也是苦行，没有偶然的成功，成功永远与汗水相伴，每一份付出终将都会有收获。能者、智者、仁者、贤者、巧工，其智慧、知识、技能都是从艰苦奋斗中得来的，没有自律意志、没有艰苦奋斗的品质，期待坐享其成、守株待兔，终将竹篮打水一场空。幸福不会天降，好日子等不来、要不来，唯有奋斗，别无他路。滴水穿石，非一日之功。我们的国家，我们的民族，从积贫积弱一步步走到今天的繁荣发展，靠的就是一代代人的顽强拼搏，靠的就是中华民族自强不息的奋斗精神。②

贫穷不是命中注定，贫困并非不可战胜。与贫困作斗争，最重要的是勇气、远见、责任和担当。贫困不仅是人类社会的顽疾，反贫困更是治国安邦的大事，一部中国史，就是一部中华民族同贫困作斗争的历史；一部脱贫攻坚史，就是

---

① 朱康有. 人生天地间，长路有险夷 [J]. 前进，2021 (7)：63-64.
② 中共中央文献研究室. 十八大以来重要文献选编：上 [M]. 北京：中央文献出版社，2014：280.

党和人民的"浴血奋战"史。建设全面惠及十几亿人口的更高水平的小康社会更是人类反贫困史上前所未有的事业，在脱贫攻坚中，在向"全面小康路上一个也不能少"的全面建成小康社会目标奋进的伟大征程中，党带领人民群众坚持独立自主，坚定不移走自己的特色减贫道路，以"敢教日月换新天"的斗争精神，组织开展了声势浩大的脱贫攻坚人民战争。扶贫之路曲折不平，但是扶贫干部们没有退缩过，面对国家号召和群众期盼，他们以斗争精神迎接新挑战，充分发挥党员干部的领头作用，以忘我的精神投入脱贫攻坚的工作中。他们发扬攻坚精神、长征精神，保持和发扬为民服务孺子牛、创新发展拓荒牛、艰苦奋斗老黄牛的精神，愿做新时代铁人，不怕山高，不怕路险，把无私奉献转化为对贫困群体的责任与担当，甘愿扎根最偏远的村寨，住最穷的人家，与贫困户同吃同住同劳动，做到了哪里有需要，他们就战斗在哪里，始终保持坚忍不拔、自强不息、锐意进取的精神状态，保持"敢啃硬骨头""敢涉险滩"的闯劲，保持"咬定青山不放松"的韧劲，保持"生命不息，奋斗不止"的拼劲，决不让一个少数民族、一个地区掉队。"宁愿苦干、不愿苦熬""只要有信心，黄土变成金""弱鸟先飞、滴水穿石""幸福生活是奋斗出来的"更是成为贫困户、贫困地区的共同认识和发展理念，对于改善贫困地区和贫困群众的精神面貌，引导人们承担稳定脱贫致富的主体责任具有长远意义。

一分部署，九分落实。在脱贫攻坚战中，为了深入开展扶贫工作，党中央选出驻村工作队深入农村，党员干部与贫困群众同吃、同住、共同劳动，不怕吃苦，奋斗在扶贫一线中，真抓实干、埋头苦干才保障了脱贫攻坚战打得赢、打得好、能够接受历史检验。苦，能磨砺人的意志，升华人的境界，锻造人的精神。习近平总书记说："无数人生成功的事实表明，青年时代，选择吃苦也就选择了收获，选择奉献也就选择了高尚。"① 将脱贫攻坚精神融入高校思政课教学，创新教学方法，贴近学生实际，深入讲解脱贫攻坚英模事迹，可以帮助大学生树立正确的奋斗观，培养大学生不畏艰难、不畏挫折、勇于进取的精神，使他们自觉将个人奋斗目标融入党和国家事业发展中去，自觉继承和发扬这种以人民为中心的脱贫攻坚精神，积极投身新农村建设，把艰苦环境作为磨炼自己的机遇，把小事当作大事干，一步一个脚印往前走，在巩固拓展脱贫攻坚成果、衔接推进乡村振兴与全面推进乡村振兴中增强自己的宗旨意识，提升自己的人民情怀，锻炼自己的才干，在发展自己的同时奉献社会、贡献国家，在拼搏奋斗中成就精彩人生。

---

① 习近平．习近平谈治国理政：第一卷［M］．北京：外文出版社，2014：54.

### 三、有助于培养大学生的团结精神，铸就大爱品格

古人云："民齐者强""上下同欲者胜""人心齐，泰山移""二人同心，其利断金。"《管子》又曰：畜之以道，则民和。养之以德，则民合。和合故能谐，谐故能辑，谐辑以悉，莫之能伤。① 意思是，团结能够产生强大的力量，民众的团结能形成无坚不摧、无往不胜、谁也无法伤害的力量。数千年来，上下同心、同舟共济、守望相助的团结精神和"天下一家""四海之内皆兄弟""五洲震荡和为贵"的和合思想已深入中华民族血脉，成为赓续传承的优良传统，塑造了中华民族的特质禀赋。近代以后中华民族遭遇列强宰割，中国人民过着饱受欺凌、民不聊生、毫无尊严的生活，直到中国共产党成立，党团结带领全国各族人民，手挽手、肩并肩，英勇奋斗，浴血奋战，建立了新中国、确立了社会主义基本制度，中国人民的温饱和小康以及中华民族伟大复兴才有了根本的政治前提。

对贫困群体负责是党和国家赋予扶贫干部的责任，同时也包含了社会的期待和贫困群众的期盼。脱贫攻坚中，党中央领导构建了多元主体共同参与的社会扶贫体系，形成了全社会有共同意志、社会各方面力量能够共同行动的大扶贫格局，凝聚起了脱贫攻坚的磅礴伟力。广大扶贫工作者，在工作中想贫困户之所想、急贫困户之急，为贫困百姓呕心沥血，为贫困地区出谋划策。还有一些杰出典型代表，处处牺牲"小我"成就"大我"，有 1800 多名同志将生命定格在了脱贫攻坚征程上，为反贫困事业献出了宝贵生命。脱贫攻坚战的决定性胜利，全面建成小康社会这一中华民族千年梦想的实现，是一代又一代中国人民团结奋斗所创造的，是中国共产党领导全国人民上下一条心、众志成城、接力奋斗，发挥社会主义制度优势，充分利用发展机遇，在苦干实干中变为现实的。脱贫攻坚精神所蕴含的这种上下同心、守望相助、不负人民的民族凝聚力、向心力和大爱品格，不仅是打赢脱贫攻坚战的精神密码，更是推动实现中华民族伟大复兴的不竭动力。

树木在森林中相依偎而生长，星辰在银河中因辉映而璀璨。友爱互助是人生必不可少的道德品质，遇到一个和谐的寝室，生活在一个充满团结、互助、友爱氛围的班级是大学生的幸运，但是团结友爱、互帮互助的班级和校园依靠每一个大学生来建设，人人为我、我为人人，任何单方面的享受都是自私的。力量生于团结，幸福源于奋斗。担当是决定人生价值的最大砝码，奋斗是实现

---

① 管仲. 管子［M］. 长春：时代文艺出版社，2008：113.

人生价值的必经之路。把脱贫攻坚故事多维立体化地融入高校思政课教学中，鼓励大学生将脱贫攻坚精神作为磨砺标尺，进一步明确人生的价值首先在于奉献，发挥好使命在肩、奋斗有我的精神，积极主动践行集体主义观念，从一点一滴的小事做起，团结所有同学为优秀班级、美丽校园、精彩人生而努力，进而为和谐社会建设和国家现代化而奋斗，并从服务社会和帮助他人中获得成就感和幸福感。

### 四、有助于培养大学生的创造精神，形成创新自觉

创新是中华民族最深沉的民族禀赋。《诗经·大雅·文王》中曰："周虽旧邦，其命维新。"儒家经典名句"苟日新，日日新，又日新"①，以三个"新"字寓意及时反省、弃旧图新、不断革新是完成精神上洗礼、品德上修炼、思想上改造，成为自强不息、品德高尚的人的关键行为。新旧事物交替变更，不会随着时间的变化而停滞不前，故曰"新故相推，日生不滞""君子之学必日新，日新者，日进也。不日新者必日退，未有不进而不退者"②。《周易程氏传》里曰："天地之益无穷者理而已矣。圣人利益天下之道，应时顺理与天地合，与时偕行也。"③ 意思是，世间万物，均有一个发生、发展和衰落的过程，到衰落阶段时，就必须寻求变化以谋出路。"穷则变，变则通，通则久"④，如果一味因循守旧而不思改变，就只能画地为牢、坐以待毙；反之，若能顺应变化作出相应的调整，则可能绝处逢生、化险为夷。

惟创新者进，惟创新者强，惟创新者胜。⑤ 创新是引领发展的第一动力，抓创新就是抓发展，谋创新就是谋未来。⑥ 不创新不行，创新慢了也不行。大创新大发展，小创新小发展，不创新难发展。如果我们不识变、不应变、不求变，就可能陷入战略被动，错失发展机遇，甚至错过整整一个时代。⑦ 要敢于摆脱那些不合实际、不合规律的观念和体制的束缚，从错误和教条式的思想观念中解放出来，树立突破陈规、大胆探索、敢于创造的思想观念，在改革中闯新路，

① 孟子，等. 中华经典普及文库：四书五经 [M]. 北京：中华书局，2009：452.
② 程颢，程颐. 儒家要典导读书系：河南程氏遗书 [M]. 邵逝夫，导读. 合肥：黄山书社，2022：461.
③ 程颐. 周易程氏传 [M]. 王鹤鸣，殷子和，整理. 北京：九州出版社，2010：168.
④ 孟子，等. 中华经典普及文库：四书五经 [M]. 北京：中华书局，2009：543.
⑤ 习近平. 习近平谈治国理政：第一卷 [M]. 北京：外文出版社，2014：59.
⑥ 习近平. 习近平谈治国理政：第二卷 [M]. 北京：外文出版社，2017：201，203.
⑦ 习近平. 习近平谈治国理政：第二卷 [M]. 北京：外文出版社，2017：267.

从创新中要动力，在发展中解决老问题、迎接新挑战，用创新培育新兴产业，用创新发掘增长动力，用创新提升核心竞争力，推动单一创新上升到集成创新，推动局部创新拓展到系统创新，继续完善支持全面创新的基础制度，推动形成全民创新、全面创新的新局面。

敢蹚别人没走过的路，才能收获别样风景。敢拓前人没垦过的荒，才能开辟新的空间。精准扶贫脱贫攻坚期间，中国以尊重贫困群众脱贫主体地位，不断激发贫困村贫困群众内生动力为立足点，坚持实事求是，鼓励"摸着石头过河"，社会力量大胆试、大胆闯，提出了"六个精准"要求，开发出了"五个一批"的帮扶工程，创造了五级书记抓扶贫的责任制度，出台了第一书记和驻村工作队选派管理制度，构建了专项扶贫、行业扶贫、社会扶贫等多方力量有机结合的大扶贫格局，实现了由"输血式"扶贫向"造血式"帮扶转变。

科技是第一生产力、人才是第一资源、创新是第一动力。创新之道，唯在得人，得人之要，必广其途以储之。芳林新叶催陈叶，流水前波让后波。青年是祖国的前途、民族的希望、创新的未来，一个国家的创造力如何，主要体现在青年一代身上。高校是培养青年创新人才的主阵地，将脱贫攻坚精神融入高校思想政治教育，把开拓创新精神融入高校创新人才培养过程中，可以帮助新时代大学生更加明确：机会需要创造，创新才有机会；创新才能自强，奋斗方能争先，方法是新的世界；创新是一条敢为人先、勇立潮头的奋斗之路，创新是一条永无止境、不断超越的奋进之路；新时代大学生应当把创新当作一种自觉，将创新精神贯穿于实践中、体现在行动上，形成一种习惯，不唯书、不唯上、只唯实，树立敢于突破陈规、大胆探索未知、勇于创新创造的思想观念，以满腔热忱对待一切新生事物，紧跟时代步伐，顺应实践发展，自觉培养创新思维，不断增强创新创造能力和本领，始终保持直面困难的勇气，保持突破难关的精神，保持创新自信，敢于走前人没有走过的路，敢于说前人没有说过的话，敢于干前人没有干过的事情。同时也要告诉新时代大学生：守正是创新的基础，创新是守正的发展；创新不问出身，英雄不论出处，在新时代，处处都是创新之地，个个皆可成为创新之人；机遇总是偏爱善于和勇于创新的人，只有勤于思考、善于发现、勇于"上下而求索"，创新之路才会越走越宽，创新之花才会越开越艳，创新之果才会越结越多。因此，将脱贫攻坚精神融入高校思政课教学，有利于提高大学生参与创新发展的信心和干劲，锤炼其创新品格、提升其创新能力，培养一大批真正具有脱贫攻坚精神的创新人才和新型科技人才，进而依靠青春之大学生、创新之大学生带动激发全社会的创新创造活力，不断塑造发展新动能、新优势，持续开辟发展新领域、新赛道，逐步提升我国原始创新力，提高中国科技核心竞争力，助力实现科技强国梦。

**五、有助于激发大学生的梦想精神，做到知行合一**

志不立，天下无可成之事，虽百工技艺，未有不本于志者。古今中外各民族，都对理想不吝溢美之词，对为实现正义梦想而奋斗的行为倍加推崇。印度诗人泰戈尔说，梦想是最好的信仰，梦想是灯塔，它指引人生前进的方向。我们可以改变自己，也可以改变世界。英国诗人罗伯特·勃朗宁赞扬雄心壮志是茫茫黑夜中的北斗星。古希腊哲学家、思想家、教育家苏格拉底说，世界上最快乐的事，莫过于为理想而奋斗。德国诗人、作家、文学家歌德说，你若要喜爱你自己的价值，你就得给世界创造价值。英国天文学家阿·安·普罗克特说，梦想一旦被付诸行动，就会变得神圣。埃·马卡姆把接连不断的极端贫困、使希望破灭的极端忧郁、使灵魂空虚的极端无知视为人生的三大之不幸事。

中华民族从来就是一个有着伟大梦想并为实现梦想而勇往直前的民族，中国人民始终相信，山再高，往上攀，总能登顶；路再长，走下去，定能到达。留下了"志不强者智不达""丈夫四海志，万里犹比邻""志当存高远""知之非艰，行之唯难""物有甘苦，尝之者识；道有夷险，履之者知""不登高山，不知天之高也；不临深溪，不知地之厚也""耳闻之不如目见之，目见之不如足践之""知者行之始，行者知之成""纸上得来终觉浅，绝知此事要躬行""不闻不若闻之，闻之不若见之，见之不若知之，知之不若行之"等名言佳句，卧薪尝胆、悬梁刺股、废寝忘食等故事始终激励着我们要树立远大的志向，以不负人民的责任感勇担家国使命，向党中央所指的奋斗方向用力，在人民群众利益所系的日常细处用心。

人在事上练，刀在石上磨。凌空蹈虚，难成千秋伟业；求真务实，方能善作善成。中国人民始终坚信只有"实干""苦干""巧干""久久为功"，才能通达美好梦想。精准扶贫脱贫攻坚期间，广大驻村工作队、第一书记奋战在扶贫一线，以热血赴使命、以行动践诺言，甘当人民脱贫致富的孺子牛、老黄牛、拓荒牛，不放松、不停顿、不懈怠，把心血和汗水洒遍千山万水、千家万户，将最美的年华甚至生命无私奉献给脱贫事业，帮助农村贫困人口脱贫奔小康，完成了消除绝对贫困的艰巨任务。

勤学以增智，笃实以为功。梦想不会自动成真，奋斗才是桥梁；目标不会自动抵达，奔跑才有远方。一个缺乏理想、思想空虚、精神萎靡的人，更容易被各种错误思想和观点误导，一个缺乏理想信念支持的人，他的一生往往也庸庸碌碌、无所作为，甚至会对国家和社会造成危害。实干成就梦想，奋斗铸就辉煌，"躺平"不可取，"躺赢"不可能。"合抱之木，生于毫末；九层之台，起于累土；千里之行，始于足下。"幸福源自奋斗，成功在于奉献，平凡孕育伟大。事实上，只要有志气、有闯劲，普通劳动者都可以在宽广舞台上实现自己的人生价值。运用马克思主义立场、观点和方法比较国内外扶贫案例，用好新时代爱国主义教育的鲜活素材，深入挖掘脱贫攻坚英雄的先进事迹与感人故事，瞄准学生的思想共鸣点、情感触发点，通过摆事实、讲道理，以榜样感召人、带动人，能有效增强高校思政课的思想性、理论性，以及亲和力、针对性，让学生在感同身受的脱贫攻坚故事中切实领悟"人无精神则不立，国无精神则不强"的真谛，对"能""行""好"产生真正的共情，积极响应国家号召，强化责任担当，适应社会发展需求，在基层最前沿，到国家建设第一线，锤炼自己的意志品格，提升自己的能力，为经济社会发展贡献智慧和力量。

# 第四章

# 脱贫攻坚精神融入高校
# 思政课教学的基本理路

　　脱贫攻坚精神融入高校思政课教学意义重大，但融什么、如何融，需要进行全方位谋划与构建。要以习近平总书记提出的"八个相统一"为根本遵循，科学设计融入总体方案，明确融入原则，既要坚持全面系统融入，还要避免简单重复教学。总体方案下，要详细设计脱贫攻坚精神融入各门思政课的具体实施方案，进一步明确教学目标、融入的切入点和融入的路径、方法。

## 第一节　脱贫攻坚精神融入高校思政课教学的遵循原则

### 一、脱贫攻坚精神融入高校思政课教学的根本遵循

　　2019 年 3 月 18 日，习近平在学校思想政治理论课教师座谈会上提出思想政治理论课改革创新要坚持八个方面的相统一，即"政治性和学理性相统一、价值性和知识性相统一、建设性和批判性相统一、理论性和实践性相统一、统一性和多样性相统一、主导性和主体性相统一、灌输性和启发性相统一、显性教育和隐性教育相统一"[①]。"八个相统一"涵盖了思政课的性质、特征、实施途径和方式方法，是长期以来思政课教育教学经验的系统总结，是思政课教育教学规律的集中表述，是新时代思政课创新发展的科学指针。[②]"八个相统一"也是脱贫攻坚精神融入高校思政课教学的根本遵循。

---

[①] 习近平主持召开学校思想政治理论课教师座谈会强调：用新时代中国特色社会主义思想铸魂育人　贯彻党的教育方针落实立德树人根本任务［N］. 人民日报，2019-3-19（1）.

[②] 刘建军. 论高校思想政治理论课教育教学的"八个统一"［J］. 教学与研究，2019（7）：13-19.

（一）政治性和学理性相统一

习近平总书记指出："要坚持政治性和学理性相统一，以透彻的学理分析回应学生，以彻底的思想理论说服学生，用真理的强大力量引导学生。"① 政治性是政党的第一属性，政治功能是政党的第一功能，政治建设是党的根本性建设，党性的第一要求是党员要有鲜明的政治立场，人民立场是党的根本政治立场，无产阶级政党的党性与人民性从来都是一致的、统一的。学理性是学术理论性的简称，迄今尚无清晰的概念界定，比较一致的观点认为，学理性强的成果往往具有基础理论扎实、逻辑体系严密、理论阐释有深度、坚持用真理说服力、符合普遍规律、反映规律特殊表现等基本特征。讲究学理性，是学术精神的基本要求，也是学术精神的直接体现。迄今，学界对学理性的研究已延伸出了学理性分析、学理性阐释、学理性研究、学理性讨论、学理性表述、学理性反思、学理性评价、学理性文章等系列表述。

思政课担负着巩固马克思主义在高校意识形态工作领域指导地位的重要功能，这是其区别于其他课程的显著特征。在高校思政课教学中坚持政治性与学理性相统一，就是要求思政课教师在教学中要站稳政治立场和人民立场，坚持为党培养人、为国家培养人、为人民培养人才，而且要为党、国家和人民培养有用的人，在这个根本问题上不能有任何动摇。理论只有彻底才能说服人，思政课只有贴近实际、贴近生活才有吸引力和感染力。因此，高校思政课老师自身首先要学深悟透马克思主义理论、掌握思政课的学理逻辑，其次要遵循教育教学规律，善于通过摆事实来讲道理，让学生在平实的话语、平凡的故事、身边的案例、对现实问题的直接感悟中，体会马克思主义理论的魅力，感受中国特色社会主义的"好"和中国共产党的"能"，进一步增加政治认同和情感认同，更加坚定"四个自信"。

脱贫攻坚精神昭示了浓厚的政治属性，充分彰显了中国共产党"以人民为中心"的执政理念和中国特色社会主义制度的优越性。脱贫攻坚精神有其独特的生成逻辑、理论内涵和时代价值，是在中国特色反贫困理论指导下进行脱贫攻坚战而锻造出的知识体系和理论体系，是马克思主义反贫困理论中国化时代化最新成果。脱贫攻坚精神融入高校思政课教学，要坚持政治性和学理性相统一，具体而言，在教学中：一要正确理解脱贫攻坚精神的生成逻辑、深刻内涵

---

① 习近平主持召开学校思想政治理论课教师座谈会强调：用新时代中国特色社会主义思想铸魂育人 贯彻党的教育方针落实立德树人根本任务［N］. 人民日报，2019-3-19（1）.

和价值意蕴，通过对脱贫攻坚精神系统的学理梳理和理论阐述，以理论的客观性、科学性和彻底性对大学生进行正确的引导；二要充分发挥脱贫攻坚精神在高校思政课教学中的政治引领功能，培养学生善于从政治高度看问题，提升政治觉悟，锤炼政治品格，增强政治责任感，提高大学生的政治素养，不断增强大学生对中国特色社会主义制度的信心；三要持续开发脱贫攻坚典型案例，及时把脱贫攻坚精神融入思政课教学，充分利用脱贫攻坚中的典型人物和故事增强育人的感染力和说服力，借助鲜活的脱贫攻坚故事阐释脱贫攻坚战从哪些方面又如何彰显出百年大党永恒的初心使命，帮助大学生理解中国共产党为什么能够实现脱贫攻坚的艰巨任务。

### （二）价值性和知识性相统一

哲学、政治经济学、伦理学、社会学等不同学科对价值概念的表述和分类不尽相同，但基本内涵一致，即价值代表了某种有用性，如使用价值、道德价值、幸福价值、工具价值、物质价值、精神价值和交往价值等，主客体因为价值而产生的价值关系也通常被称为意义关系，价值分析往往涉及价值要素、价值尺度、价值逻辑、价值表现等方面。思政课的价值性特征十分鲜明，要凸显价值引领和导向功能，要围绕办好人民满意教育的价值目标，落实立德树人的教育根本任务，把价值观培育全面融入思政课教学的各个环节，在学生心里埋下真善美的种子，帮助学生树立科学的理想信念。脱贫攻坚精神是中国共产党人精神谱系的重要组成部分，其生成逻辑和内涵要义体现了中国共产党始终坚持为了人民、依靠人民，尊重人民群众主体地位和首创精神的历史唯物主义世界观，传承了中华民族守望相助、和衷共济、扶贫济困的传统美德，是一个育人资源大载体。脱贫攻坚精神融入高校思政课在价值性上的体现就是，思政课教学过程服务于提高大学生对中国特色社会主义道路、理论、制度、文化优势的情感认同和价值认同。

所谓知识性，指思政课与其他课程一样，其教育内容主要以知识的形态呈现，其教学方式也往往表现为向学生传授知识。传授知识本身是有一定价值意义的，有助于培养大学生的科学精神和对知识的尊重。脱贫攻坚精神的形成发展有其自身的脉络，脱贫攻坚战是一场立体化的战争，需要经济学、社会学、管理学、农学、医学、材料科学、环境科学、建筑工程、水利水电等专业领域的专家、学者、技术人员、管理人员的广泛参与，因此，脱贫攻坚战略的内容几乎涉猎所有的学科专业领域。在教学过程中向学生传授相关知识是完全必要的，但是，思政课与其他课程特别是专业课程属性不同，其知识性目标主要是讲解脱贫攻坚战略内容、政策措施、重要阶段、显著效果与脱贫攻坚精神的科学内涵，来帮助学生形成正确的世界观、人生观和价值观，树立科学的理想信念。从知识性要求这方面来讲，推动思政课程与课程思政同向同行，弥补思政课教师专业知识方面的不足，显得十分必要。

脱贫攻坚精神融入高校思政课教学，要坚持价值性和知识性相统一。针对不同课程，不仅要讲清中国共产党扶贫攻坚百年历史中的丰富知识，为学生构建知识体系、奠定能力基础，还要进行学生理想信念教育和社会主义核心价值观教育，培养学生认识世界的理智态度，滋养正确的价值观念。不仅要全方位展示脱贫攻坚战中涌现的感人事迹，全方面体现脱贫攻坚给贫困地区和贫困人口带来的显著变化，更要让学生切实体悟到，脱贫攻坚成绩来之不易，显著变化的背后是千千万万扶贫人的默默付出，巩固好来之不易的脱贫攻坚成果，需要进一步继承弘扬和践行好脱贫攻坚精神。推动乡村全面振兴、奋进中国式现代化和中华民族伟大复兴，更需要包括脱贫攻坚精神在内的精神支撑，需要包括当代大学生在内的几代人的共同努力才能实现。

（三）建设性和批判性相统一

所谓建设性，是指在思政课教学中，要站稳政治立场，坚持正确舆论导向，加强正面宣传和正面教育，传导主流意识形态，巩固壮大主流思想舆论，切实维护国家政治安全。所谓批判性，指在思政课教学实践中，要直面各种错误观点和思潮，正视发展中存在的失误，用马克思主义理论指导学生认识问题、分析问题、解决矛盾，提高学生明辨是非对错的能力和水平。建设需要批判、批判是为了更好地建设，在某种程度上而言，大建设需要大批判，没有批判的建设往往难以取得好的建设效果。有效批判的前提是正确分析、全面研究各种错误观点和思潮，研究越深入，批判就越有针对性，批判也就更有说服力，对建设也有更大的促进作用，否则抓不住要害，就会陷入空谈流弊，更难以让正确思想真正在人的头脑中扎根。因此，在思政课教学中，要把建设性和批判性二者统一起来，有破有立，破立并举，把大力培养学生的批判性思维作为思政课教学的重要目标抓紧抓实。

在脱贫攻坚伟大斗争中锻造形成的脱贫攻坚精神，是中国共产党性质宗旨、中国人民意志品质、中华民族精神的生动写照，其中蕴含着感天动地的事迹，也积累了丰富的先进经验，其形成过程扎根于生动的社会实践，本身具备生动的理论建设性。但在脱贫攻坚战中，也局部存在精准扶贫不精准，重物质帮扶轻精神帮扶导致"等、靠、要"懒汉思想依然严重，帮扶单位"形式主义帮扶"、数字脱贫等现象，大学生有耳闻也曾实见，官方新闻媒体网站也有诸多警示案例披露，对这些问题，教学不能回避，要敢于批判和反思，掩耳盗铃形不成正确的引导，更无助于问题的解决。脱贫攻坚精神融入高校思政课教学，要坚持建设性和批判性相统一。在教学中既注重在脱贫攻坚战中涌现的可歌可泣案例的正面引导，又不回避脱贫攻坚中存在的问题和短板，着力提升学生正视问题的自觉性，培育学生建设性和批判性相统一的思维和精神，引导学生发扬优良传统，引领主流价值观，自觉抵制错误思潮，继承脱贫攻坚精神，服务乡村振兴。

（四）理论性和实践性相统一

理论性是高校思政课的重要特征，也是思政课的本质要求。所谓理论性，指思政课内容具有很强的理论属性，特别是作为思政课教学核心内容的马克思主义理论及其中国化时代化理论成果有着突出的理论性。脱贫攻坚精神作为中国共产党人精神谱系的鲜明坐标，是马克思主义中国化时代化最新成果的重要组成部分，本身具有一定的理论性。思政课教师在教学中，要运用马克思主义理论，帮助学生多角度深刻认识脱贫攻坚精神的科学内涵与价值意蕴，感悟其蕴含的上下同心的团结伟力、尽锐出战的昂扬斗志、精准务实的科学态度、开拓创新的进取品格、攻坚克难的坚韧气质和不负人民的高尚情怀，从而引起学生思想的共鸣，正确理解个人价值和社会价值的关系，把个人发展融入中国特色社会主义现代化强国建设的伟大事业之中，把实现国家富强、民族振兴、人民幸福的中国梦同自身成长发展的个人梦想结合起来，做奋斗者。

实践性是高校思政课的基本特征，也是实现育人目标的重要路径。所谓实践性，指高校思政课教学不仅强调理论，更要把理论运用于实际，强调学以致用。脱贫攻坚精神源于脱贫攻坚的伟大实践，强调"尽锐出战""开拓创新""攻坚克难"，本身具有鲜明的实践性。实践性强调主体基于现实需要投入实践活动，解决实际问题，并最终实现既定目标。将脱贫攻坚精神融入社会实践活动中，使脱贫攻坚精神真正成为青年学生的共同价值追求和行为准则，有助于青年学生增强创新意识、提升创新能力，在实践中进一步理解和处理好"小我"与"大我"的关系，更好地落实立德树人的教育根本任务。

脱贫攻坚精神融入高校思政课教学，要坚持理论性和实践性相统一，这也是思政课的内在要求。要充分把握大学生成长规律，加强脱贫攻坚精神的理论性讲授，推进脱贫攻坚精神的养成教育贯穿大学生成长成才全过程。在实践教学环节，有针对性地布置脱贫攻坚、乡村振兴主题调研，到脱贫攻坚示范村、乡村振兴先行村开展社会调查、参观考察、现场教学，让学生在现实中直接体会脱贫攻坚带来的显著变化，在实践中深刻领悟脱贫攻坚精神的科学内涵和精神魅力，增强脱贫攻坚精神理论性巩固，提升思政课教学的亲和力，使青年学生在课内外实践活动中真切体验思政课的理论魅力。

（五）统一性和多样性相统一

按照辩证法的基本观点，统一性与多样性蕴含普遍与特殊、共性与个性的关系，统一性与普遍性和共性相对应，多样性通过特殊性或个性体现出来，统一性寓于多样性之中，事物因统一性而具有本质性，因统一性而具有发展的规律性，又因多样性呈现存在的丰富多彩以及发展趋势的多样化，二者同等重要，地位不可取代。思政课教学中，进行统一性规定的目的是提高思政课教学的标准化和规范化，多样化要求则体现了因材施教的教育原则，目的是鼓励教师结合校情学情课情探索多样化的教学方式手段，以提高思政课的吸引力和感染力。可见，统一性是保障全面执行课程标准、实现教学目标的基本前提，讲究的是"普适"；多样性是为满足学生在学科专业、兴趣特点、未来发展方面的不同需求，讲究的是"精准"。因此，在坚持教学目标、课程设置、教材使用、教学管理等方面的统一要求的同时，需要广大教师在教育教学方式方面进行多样化的探索和创新。

脱贫攻坚精神融入高校思政课教学，要坚持统一性和多样性相统一。在教学内容方面，脱贫攻坚精神有质的规定性，无论教师采用何种方式阐述和解读，脱贫攻坚精神的基本内容就是"上下同心、尽锐出战、精准务实、开拓创新、攻坚精神、不负人民"，而不能随意去解释。脱贫攻坚精神与中国共产党人精神谱系，与中国精神的关系同样具有统一的规定性，不能随意发挥，甚至颠倒关系。而在教学方式方法上，则需要思政课教师发挥主观能动性，积极赋予传统教学新形式，学会借助现代多媒体技术、利用线上教育教学资源开展线上线下混合式教学，积极探索不同学科背景下的差异化教学策略，以提高思政课教学的吸引力。譬如，通过对不同专业课程中思政要素的充分挖掘，让学生站在专业角度思考脱贫攻坚战的艰巨性、复杂性，领会感悟脱贫攻坚精神的内涵要义和时代价值。再如，积极组织大学生参观脱贫攻坚示范村，参与乡村振兴"三下乡"活动，为乡村送科技、出点子、送服务，直接感受脱贫攻坚精神的魅力。

（六）主导性和主体性相统一

教师主导体现为对政治方向、教学节奏、教学纪律的把控等多个方面，办好思政课关键在教师，思政课教师自身政治导向模糊甚至方向错误，教学"照本宣科"或"天马行空"，无底气、无信心的绕开问题讲、避开难点讲或无底线、无原则的胡讲、乱讲，必然会再现"台上教师自我陶醉、台下学生昏昏欲睡"甚至拒绝排斥的现象。发挥教师的主导作用，思政课教师必须更讲政治、更有思想、更懂理论，要吃透思政课教材内容，紧跟党和国家领导人最新讲话精神，统筹安排教学进度，整体规划教学内容，系统研究社会思潮的多元化趋势及其本质，探究学生接受规律和接受特点，创设学生喜爱的教学手段，及时回应学生对现实问题的疑问，在解答学生困惑中做到政治引领、思想引领和价值观纠偏。学生的主体性首先是一种主动学习、追求成长的状态，表现为主动接受新理论、课堂上积极思考、按时保质完成作业、主动与教师和同学交流、踊跃参加社会实践等方面。在教学共同体中，学生的主体性是内因或推力，教师的主导性是外因或拉力，师生思想双向流动、同频共振、内外因共同作用，才能真正触及学生灵魂、塑造学生灵魂，提升思政课的教学实效性。

　　脱贫攻坚精神融入高校思政课教学，必须坚持主导性和主体性相统一，坚持教育者先受教育，在教学目标的设定和实现途径中，要充分发挥教师的积极性、主动性和创造性，通过教研室集体研判制订脱贫攻坚精神融入思政课的教学目标和融入的切入点，反复优化教学设计，完善教学效果评价，使教学有章可循。学生是课程的接受者和参与者，是教学过程的对象和意义所在，思政课教学的最终目的是提高学生的思想政治和道德素质。因此，在教学体系设计中，要注意体现学生的主体性，在课堂教学、实践教学和网络教学中，依据教材内容，设置好脱贫攻坚精神相关话题、"虚""实"结合创设好相关情境、预置好作业相关规则和要求，鼓励学生积极主动发挥引领作用，引导学生变"要我学"为"我要学"、变"被动学"为"主动学"，以增强大学生对脱贫攻坚精神深刻内涵与深远价值意义的理解和认同。

　　（七）灌输性和启发性相统一

　　灌输一词最早来自《史记·卷六·秦始皇本纪》，曰："以水银为百川江河大海，机相灌输。"现代汉语词典的释义为灌注输送，也指将思想观念灌注给他人。灌输的形式是多样的，主要有文字灌输、语言灌输和形象化灌输等。从一定意义上讲，教育的本质就是灌输，因此，要肯定灌输的必要性。正如列宁指出，工人无法自发形成社会主义意识，"只能从外面灌输进去"[①]。同样地，学生头脑中也不可能自发地形成系统的马克思主义理论，而必须经过系统地学习。一方面，马克思主义理论博大精深，如果没有系统的传授，学生是难以在短时期内有所掌握的。另一方面，马克思、恩格斯认为，灌输是工人阶级掌握科学理论的一条重要途径，同时强调，必须把灌输与自我教育、自我体验相结合，尤其避免背诵的滚瓜烂熟却机械地重复。因此，灌输不是唯意志论，灌输也不

　　① 中共中央马克思恩格斯列宁斯大林著作编译局．列宁选集：第1卷（第3版修订版）[M]．北京：人民出版社，2012：363．

是指方法上的强制灌输。脱贫攻坚精神融入高校思政课理论教学、实践教学、网络教学都可以起到灌输的作用。启发式教学的前提是教师作为"导演"结合教材内容设置"合理问题",启发式教学的关键是教师能够成功诱导学生"于无疑处生疑",激发学生联想,引发学生兴趣和求知欲。

灌输性和启发性相统一,在思政课教育教学中是必要的和不可或缺的。高校思政课教学以培养能动思考意识、激发学生智力、开启学生思路、促进学生自我反思、提高解决问题能力为目标选择教学内容。坚持教师主导、学生主体、以理服人、以情感人,构建问题切入、启发诱导、情理交融的教学风格。需要提醒学生注意的是,敢质疑、善质疑是必要的也是必需的,但质疑是手段和过程,解决问题才是关键,否则就会本末倒置。脱贫攻坚精神融入高校思政课教学中,要坚持问题导向,善用灌输,同时发扬教学民主,善用头脑风暴法,启发学生独立思考。譬如,在理论灌输的基础上,设计讨论话题:与人口较少、发展基础也较好的其他发展中国家以及发达国家相比较,为什么中国能在这么短的时间内实现近亿人脱贫,能提前 10 年实现《联合国 2030 年可持续发展议程》减贫目标?一般通过大学生讨论和总结,答案自然而然就跃然纸上了。脱贫攻坚精神融入高校思政课教学,可以通过资料收集、理论讲授、观影模拟、小组研讨、主题现场教学、先进人物报告会等多种方式进行灌输和启发,加深学生对脱贫攻坚精神的感受和理解,进而内化为自身矢志践行的价值观。

（八）显性教育和隐性教育相统一

显性教育是有组织、有计划、有步骤,目标比较明晰、过程比较直接、效果比较外显的有形而正式的教育。我国的思政课教育教学一直以来就是公开的正式的课程,主要以显性教育为主。旗帜鲜明讲政治、理直气壮讲思政课都是思政课显性教育的显著表现。隐性教育,则是通过隐目的、无计划、间接、内隐的教育活动使受教育者不知不觉受到影响的无形教育。① 隐性教育以信息传递的隐蔽性与间接性,受教育者的无意识和自愿性为基本特征。正式教育和非正式教育都可以实施隐性教育。

脱贫攻坚精神融入高校思政课教学,要坚持显性教育和隐性教育相统一。在思政课教学中,找准脱贫攻坚精神与大学生专业切入点,从教学内容、教学案例、教学方式等方面融合,增强脱贫攻坚精神教育的针对性。譬如,师范类专业的学生,可讲述张桂梅老师教育扶贫的故事,农学专业的学生可讲木耳院

① 卢黎歌,隋牧蓉."八个相统一":推动思想政治理论课改革创新的遵循原则［J］.学校党建与思想教育,2019（9）:9-13.

士李玉的故事，艺术设计专业的学生可以讲草原绣娘白晶莹的故事，让学生既领悟了先进人物身上的脱贫攻坚精神，更体验了专业人的职业情怀，无形中培育了他们的职业操守。高校的其他课程也应将脱贫攻坚精神融入课程教学之中，实现课程思政与思政课程同向同行，发挥协同育人效应。找准脱贫攻坚精神的思政切入点，采用案例式、讨论式、融合式、情境教学等多种有效的教学方法，把脱贫攻坚精神渗入课程教学，以达到"润物细无声"的效果。在校园文化建设方面，把脱贫攻坚时代楷模的宣传与校园文化建设相结合，发挥榜样的力量带动人、鼓舞人、启发人，使校园焕发新活力、展现新气象，更好地发挥隐性教育功能。将脱贫攻坚精神融入社会实践活动中，有助于青年学生增强创新意识、提升创新能力，在实践中进一步理解自我价值和社会价值的关系。将脱贫攻坚精神教育与学生日常生活管理相结合，在日常生活管理中深化脱贫攻坚精神教育，在思政课教学中规范学生的日常行为习惯，有助于实现全过程育人。通过拓宽第二课堂育人平台，充分运用讲座、论坛、报告会等形式，邀请专家为学生解读脱贫攻坚精神，支持学生理论社团开展脱贫攻坚精神研究及宣讲，可以把脱贫攻坚精神融入高校育人全领域。

## 二、脱贫攻坚精神融入高校思政课教学应把握的原则

"八个相统一"是脱贫攻坚精神融入高校思政课教学的根本遵循，管的是教学内容、方式方法等总的方向性问题。而在具体的教学实践活动中，在脱贫攻坚精神融入高校思政课教学过程中，教师要遵循一定的原则进行。所谓原则，是说话或行事所依据的标准，是一种度，是一条主线，是规律和真理的具体化和理论化。[①] 脱贫攻坚精神融入高校思政课教学过程中主要应遵循三个原则。

（一）合目性原则

所谓合目性，就是合理性和目的性。美国心理学家、教育家，芝加哥大学教育学教授本杰明·布鲁姆（Benjamin Bloom）认为，教学存在合理性和目的性，合理性与教师为学生选择什么目标有关，目的性方面与教学怎样帮助学生达成目标有关，学习环境、活动、经验应该与选择的目标相一致。恩格斯指出："在社会历史领域内进行活动的，是具有意识的、经过思虑或凭激情行动的、追

---

① 孙海英，侯婷婷. 沂蒙精神融入高校思想政治理论课教学研究［M］. 徐州：中国矿业大学出版社，2021：57.

求某种目的的人；任何事情的发生都不是没有自觉的意图，没有预期的目的的。"① 高校思政课作为对大学生进行思想政治教育的主渠道和主阵地，有明确的课程建设标准、教材和教学目的。因此，脱贫攻坚精神融入高校思政课教学的设计必须符合思政课教学任务的要求，满足思政课教学目标需要。这就要求在设计脱贫攻坚精神融入高校思政课教学实施方案时，必须根据课程建设标准、教材内容、课程目标、教学进度要求，恰当地把脱贫攻坚精神融入与之相关的教学内容中，必须把实现教学目标作为教学内容、教学方式方法的核心价值支撑，把脱贫攻坚精神化为课堂教学资源，让脱贫攻坚精神在课堂教学中变得有生命有活力，充分发挥脱贫攻坚精神在思想政治教育主渠道中的独特育人魅力。

（二）适度性原则

适度，即恰到好处。脱贫攻坚精神融入高校思政课教学，什么时间融、融什么、融入的时间长度都要遵循适度性原则。首先，融入的时间节点要适度，教师应根据教学目标和教学内容，预先筛选脱贫攻坚精神相关内容，做好是课堂教学融入还是实践教学融入的设计，在课堂教学融入中，做好是课前融入、课中融入抑或课尾融入的教学设计。只有把握好合适的时间节点，脱贫攻坚精神融入高校思政课教学才能不留痕迹，恰到好处，实现预期教学效果。其次，融入的内容要适度。譬如选用的脱贫攻坚的案例与高校思政课教学内容要有高度的契合性，不能为了融入而生搬硬套或者生吞活剥，使脱贫攻坚精神与教学内容"两张皮"，这样不仅达不到融入的目的，而且会适得其反。最后，融入的时间长短也要适度。讲授脱贫攻坚精神是为了让学生更好地掌握思政课的教学内容，更好地达到思政课的教学目标。因此，在教学实践活动中，教师要把握好脱贫攻坚精神融入高校思政课的教学时长，而不能反客为主或者喧宾夺主。这就要求在脱贫攻坚精神的相关理论内容上，不能把具体知识点抠得过细，弄得很碎；在运用材料上，不能过量引用脱贫攻坚精神的相关资料，甚至连篇累牍。这样往往容易让学生产生厌烦心理，达不到教学效果。

（三）客观性原则

客观性原则，体现实事求是的基本要求。脱贫攻坚精神是在中国脱贫攻坚伟大斗争的锻造中形成的，是无数脱贫攻坚时代楷模精神品格的凝练和总结。脱贫攻坚在物质帮扶的同时，注重培养贫困农户内生发展动力，大力实施教育和科技扶贫，阻断了贫困代际传递，提振和重塑了贫困人口自力更生、创业干

---

① 中共中央马克思恩格斯列宁斯大林著作编译局. 马克思恩格斯选集：第 4 卷 ［M］. 北京：人民出版社，1995：247.

事的精气神，增强了他们实现稳定脱贫、勤劳致富的信心，使脱贫攻坚取得了实实在在的效果，保障了脱贫成效经得起历史和人民检验。宣传脱贫攻坚人物的先进事迹、讲好脱贫攻坚故事，是脱贫攻坚精神融入高校思政课教学的有效方式。在运用这些案例的时候，不能单纯地为了引起学生共鸣、激发学生兴趣而去杜撰故事或者夸大事实，这显然违背了客观真实原则。而且，处于融媒体时代的今天，师生获取信息资料的途径是一样的，教师若在课堂中信口雌黄，不仅对学生的成长不利，而且会使教学效果大打折扣，甚至影响教师在学生心目中的形象。

## 第二节　脱贫攻坚精神融入高校思政课教学的目标向度

从目标的角度来讲，教学活动是教学目标确定、教学目标达成、教学目标反馈与调整的连续性的实施过程。教学目标是教学活动的起点和最终归宿，对整个教学活动起着统领作用。教学目标决定了教学内容和教学策略的选择、决定了教学方法的运用和教学活动的实施，把握好教学目标，教学的科学性、针对性和实效性才能真正落实。同样地，把握好高校思政课的教学目标，确立脱贫攻坚精神融入高校思政课的教学目标，是做好脱贫攻坚精神融入高校思政课教学的首要前提。

### 一、高校思政课教学目标概述

（一）高校思政课教学目标的内涵与属性

1. 高校思政课教学目标的内涵

教学目标是教师实践活动与学生认识活动有机统一的价值结合点，[1] 是教学活动主体基于课程性质预先确定的，在具体教学活动中所要达到的，需要教和学双方共同追求的教学结果。[2] 从上述对教学目标的表述中，可以看出教学目标的基本界定，课程性质决定教学目标，教学目标是在教学活动之前已经预先确定好的，教学目标需要通过具体教学活动的实施才能达到。教学目标实际上就是针对教学活动的预期结果所要达到的标准、要求所作的规定或设想。教学活

---

[1] 顾海良. 高校思想政治理论课程建设研究 [M]. 北京：经济科学出版社，2009：120.

[2] 武星亮. 提高思政课质量和水平 须着力增强教师的目标意识和能力 [J]. 思想理论教育导刊，2017（9）：37-39.

动所欲达到的预期结果，是学习者的身心发展或者是有规律、有秩序的身心变化。无论显性的教学目标还是隐含的教学目标，其设定必须遵循整体性、灵活性、层次性和可操作性原则，核心素养导向下的教学目标包含知识、技能、情感三个最基本的具体目标。相比较而言，高校思政课更加注重对大学生的政治引领和价值引领，增强大学生的使命担当，满足大学生对毕业就业和未来职业发展的需求，其教学目标需要高校思政课教师和大学生共同努力达成。

2. 高校思政课教学目标的属性

意识形态性。意识形态工作关乎旗帜、关乎道路、关乎国家政治安全。大学是开放的社会，高校生活本身也是社会生活的缩影，大学生在校期间将受到准社会生活的全面影响，大学生的"三观"尚未成型、可塑性强，同时也意味着容易遭遇社会不良风气的影响，给非主流价值观甚至国外敌对势力和不法宗教组织可乘之机，引致意识形态安全风险。思想政治教育属于意识形态工作，其教学目标具有鲜明的意识形态性，旨在帮助大学生树立正确的世界观人生观价值观、坚定理想信念、提升对错误思潮的鉴别能力、自觉抵制不良思想侵蚀，顺利完成自然人向社会人的过渡。

政治性。政治性是高校思政课的首要属性，高校思政课的政治性决定其课程目标必须包含政治素质相关要求。作为思政课老师要善于从政治上看问题，在教学内容上要体现正确政治立场的基本要求，教学过程中要发挥好思政课的政治引导功能，对不良思潮进行彻底的意识形态批判，提高学生的政治敏锐性，引导大学生听党话、跟党走，做政治上的明白人。

从属性。教学目标有时也称课程教学目标，相关的知识、技能、价值等教学内容比较具体。而教育目标的概念比较宏大，反映了"培养人"的教育本质以及与不同社会紧密关联的"培养什么人"的教育特殊本质。课程目标是一个体系，不同课程从不同层面服务于教育目标的实现。新时代我国思想政治教育的总体目标是全面贯彻党的教育方针，落实立德树人根本任务，努力培养担当民族复兴大任的时代新人、培养德智体美劳全面发展的社会主义建设者和接班人。① 区别是，小学阶段侧重培养学生的道德情感，初中阶段重在打牢学生的思想基础，高中阶段重在提升学生的政治素养。在大学阶段，思政课老师从公共课属性的角度落实教育目标，专业课老师从课程思政的角度落实教育目标，共同致力于"增强学生的使命担当"。新时代高校思政课的课程目标是新时代中国

―――――――――

① 中华人民共和国学校思想政治理论课重要文献选编：下 ［M］. 北京：人民出版社，2022：1530.

教育目标的细化，是高校思政课制订教学目标的指导思想，统领着高校思政课教学目标。

（二）高校思政课教学目标的确立依据

1. 课程性质决定教学目标

任何一门课程的教学目标都是由课程性质决定的，教学目标实际上是课程性质的体现和具体化。中宣部、教育部联合印发的《普通高校思想政治理论课建设体系创新计划》指出："思想政治理论课是巩固马克思主义在高校意识形态领域指导地位，坚持社会主义办学方向的重要阵地，是进行社会主义核心价值观教育、帮助大学生树立正确世界观、人生观、价值观的核心课程。"① 教育部印发的《新时代高校思想政治理论课教学工作基本要求》指出：思想政治理论课是全面贯彻党的教育方针、落实立德树人根本任务的主干渠道和核心课程，是加强和改进高校思想政治工作、实现高等教育内涵式发展的灵魂课程。② 上述两个文件明确规定了高校思政课的性质，也清晰规定了高校思政课的教学目标。高校思政课的教学目标涉及马克思主义理论教育、社会主义核心价值观教育、意识形态安全教育等方面的具体目标以及目标达成度评价标准。准确理解思政课的课程属性，保持目标明确不偏向，紧扣课程目标实施精准教学，是高校思政课老师的基本素养。

2. 课程建设标准规定教学目标

作为高校思想政治教育的主干渠道和核心课程的思政课，党和国家对其建设标准有明确的规定和要求，这也是确立思政课教学目标的基本依据。教育部印发的《新时代高校思想政治理论课教学工作基本要求》提出：要坚持不懈传播马克思主义理论，全面推动习近平新时代中国特色社会主义思想进教材、进课堂、进学生头脑，打牢大学生成长成才的科学思想基础，引导大学生树立正确的世界观、人生观、价值观，不断提高大学生对思想政治理论课的获得感。③ 在 2019 年召开的学校思想政治理论课教师座谈会上，习近平总书记指出："办好思政课，最根本的是要全面贯彻党的教育方针，解决好培养什么人、怎样培

---

① 中华人民共和国学校思想政治理论课重要文献选编：下 ［M］. 北京：人民出版社，2022：1384.

② 中华人民共和国学校思想政治理论课重要文献选编：下 ［M］. 北京：人民出版社，2022：1483.

③ 中华人民共和国学校思想政治理论课重要文献选编：下 ［M］. 北京：人民出版社，2022：1483.

养人、为谁培养人这个根本问题。"① 中央宣传部、教育部印发的《新时代学校思想政治理论课改革创新实施方案》明确提出，以了解学习、理解把握习近平新时代中国特色社会主义思想为课程主线，在政治认同、家国情怀、道德修养、法治意识、文化修养等方面提出明确要求，引导学生坚定"四个自信"，做德智体美劳全面发展的社会主义建设者和接班人。② 根据以上党和国家对高校思政课建设的要求，可以明确看出高校思政课教学的根本目的和总体目标。高校思政课教师在进行教学活动前，准确、全面理解和把握课程建设标准，是确立教学目标的前提。此外，高校思政课教材是全国统编教材，是思政课课程建设标准的具体化，是师生开展教学活动的重要依据。因此，把握好教材是确立和设计教学目标的根本。

3. 时代环境和教育对象制约教学目标

教学目标是师生通过教学活动预期达到的结果或标准，主要考查的是学生通过教学以后预期产生的学习效果。学生作为教育教学的对象，是确立教学目标的基本要素。具体地说，教学目标设定要充分考虑学生的实际，考虑当今大学生的思想动态、思维方式特点和现实需求等。思政课作为意识形态教育的重要组成部分，其教育教学目标取决于时代和形势与政策的发展需要。因此，高校思政课的教学目标并不是一成不变的，而是随着时代主题的变化、国家形势与政策的发展而不断调整。

（三）高校思政课教学目标的分类

明确教学目标的分类是为了使教师有清晰的教学目标意识。教学目标明确，教学内容和教学方式方法才更有科学性、针对性和实效性。根据不同的标准，可以对高校思政课教学目标进行不同的分类。本书从纵向（层级目标）和横向（目标的维度）两个方面进行阐述。

1. 层级目标

高校思政课教学目标不是单一的，而是一个由抽象逐步到具体的多层次的目标体系。层级目标的设定，结合了学生身心特点、认知规律和发展需求，体现了"循序渐进"的原则、"精准"的要求和"实效性"的导向。目标是方向，是标准，也是一种约束。在层级目标体系中，上级目标统领下级目标，下级目标服从上级目标和共同目标。高校思政课教学目标的层次性，通过总体目标与

---

① 习近平.思政课是落实立德树人根本任务的关键课程［J］.求是，2020（17）：4-16.

② 中央宣传部 教育部关于印发《新时代学校思想政治理论课改革创新实施方案》的通知［J］.中华人民共和国国务院公报，2021（9）：75-80.

课程目标体现出来。高校思政课课程设置，"要体现马克思主义与时俱进的理论品格，更好地适应时代发展的要求；要突出重点，更好地吸收理论和实践发展的最新成果；有利于更好地用马克思主义理论武装大学生头脑"①。

高校思政课总体目标位于教学目标最高位阶，是确立其他层级教学目标的基本依据，其他层级教学目标服务于总体教学目标。课程是学校教育的核心，课程目标指明了教学活动的方向和应当达到的水平或程度。高校思政课的课程目标是高校思政课总体目标的具体化，科学的课程设置是加强和改进高校思政课教育教学的基本环节。新时代高校思政课课程体系中的五门主干课程对于培养大学生的思想政治素质分别担负着不同的价值使命，因此，每门课程的教学目标是有区别的（具体每门必修课的课程目标在后面章节中阐述），但都是围绕着立德树人总体目标和课程体系总体目标构建的。高校思政课的单元目标是某门具体课程的相对独立的单元板块所达到的预期教学结果或者在一定的标准下对教材进行重新组合后每个专题的教学目标。高校思政课的课时目标是思政课教师通过具体的教学活动，对大学生的课时教学（通常通过课堂教学完成）之后所达到的预期教学效果，是最具体和最基本的教学目标。高校思政课教学目标呈现的层级性特点，要求教师在进行教学目标构建时不仅要立足于最具体的课堂或课时教学目标，而且要有层级目标意识，以总体目标为指导，完成相应层级目标。

2. 三维目标

落实立德树人根本任务，必须将价值塑造、知识传授和能力培养三者融为一体、不可割裂。② 在高校思政课教学目标系统中，教学目标的制订和实现虽呈现层级递进性，但都是价值塑造、知识传授和能力培养三维目标的有机统一。

知识目标是受教育者在基本知识层面的学习与掌握所预期的效果。以课程目标为例，高校思政课教学的知识目标，就是通过教学实践活动，使学生比较系统地掌握马克思主义哲学、政治经济学、科学社会主义基本理论知识，比较全面地认识中国革命、建设、改革和新时代"四个时期"的重大历史事件和伟大成就，不断深化对马克思主义中国化时代化百年发展的进程、理论成果与基本经验的认识，形成对马克思主义人生观、价值观、道德观和法治观的正确理论认知。

---

① 中华人民共和国学校思想政治理论课重要文献选编：下 [M]. 北京：人民出版社，2022：1156.
② 教育部印发《高等学校课程思政建设指导纲要》[N]. 民主与法制时报，2020-06-06（1）.

能力目标是受教育者在各种能力方面的学习与掌握达到所预期的效果。做担当有为的新时代青年，大学生除了要有远大的理想、坚定的信念，还需要练就过硬的本领。以课程目标为例，高校思政课教学的能力目标是让大学生在理论学习中练好辩证思维这一基本功，提高理论思维能力；在躬行实践中实现学用转化，提升实践能力，获得回应和解决现实问题的真功夫。

价值目标指受教育者对社会主流价值的学习与认同达到所预期的效果。就课程目标来说，高校思政课教学的价值目标是重点引导学生自觉践行社会主义核心价值观，尊重和维护宪法法律权威，识大局、尊法治、修美德，矢志不渝地听党话跟党走，争做社会主义合格建设者和可靠接班人。

需要指出的是，在教学实践活动中确立三维目标时，需要注意两点：一是各目标之间的关系。知识目标、能力目标和价值目标是一个系统，三维目标互为一体，知识目标是基础、高校思政课教学就是要通过夯实基础，提升能力，最终实现价值目标。二是设计目标的表述。设计目标时可以分别从知识目标、能力目标和价值目标三个角度分别表述，但实际教学中应将知识、能力和价值三方面融会贯通起来，以融合方式、整体性地表达出来。

## 二、脱贫攻坚精神融入高校思政课的教学目标构建

脱贫攻坚精神融入高校思政课的教学目标，是指在高校思政课教学活动中，通过对大学生进行脱贫攻坚精神的教育教学，师生共同努力并所期望达到的结果。脱贫攻坚精神作为新时代高校思政课"三进"的重要内容，其教学目标的确立标准要符合高校思政课教学目标确立的基本依据和要求，教学目标统一并契合于高校思政课教学目标之中。因此，脱贫攻坚精神融入高校思政课教学，从目标层级上可以分为融入整个思政课教学体系的总体目标、某门思政课的课程目标，以及对应的单元目标和课时目标，脱贫攻坚精神作为思政课教学的内容和载体，其层级目标与对应的高校思政课层级目标是一致的。从价值塑造、知识传授和能力培养三维目标出发，按照人的发展需要的知、情、意、行等层次逐步整合发展的特点，脱贫攻坚精神融入高校思政课的教学目标，可以分解为大学生对脱贫攻坚精神完整认知、强烈认同、坚定自信和积极践行等四大部分。脱贫攻坚精神融入高校思政课的教学目标可以构建为认知、认同、能力、育人、成才五个目标，各目标相互依赖、相互联系，形成一个完整的目标体系。

### （一）认知目标

在人的思想结构中，知识观念支配和主宰个人的情感、意志和行为。认知

目标是目标体系中的基础目标。学生的认知过程，是学生接受教师传授的基本知识，经头脑加工内化为自己知识体系中的一部分的过程。认知有正确和错误之分，而且认知具有一定的稳定性，对行为产生持续的影响，因此，教育是学生认知形成的重要来源，教师对学生正确认知的形成具有重要影响。脱贫攻坚精神融入高校思政课教学的认知目标是能准确地掌握脱贫攻坚精神的相关基本理论知识，实现对基本理论的内化认知，为成长成才和处理现实问题提供理论依据。对脱贫攻坚精神相关知识的全面掌握需要做到理清概念，内化知识、形成体系，最终实现学以致用目的。具体来说，厘清脱贫攻坚精神的形成脉络、内涵要义、脱贫攻坚精神与中国共产党人精神谱系的关系、马克思主义反贫困理论的形成发展过程等。通过基础理论知识的学习和认知，加深对党情、国情、世情的了解，加深对党的路线、方针、政策的认识，坚定对中国特色社会主义的理想信念，增强道路自信、理论自信、制度自信和文化自信。

（二）认同目标

从人的精神情感和心理发展过程来看，认同是人们心理上的共鸣融通和情感意识上的接受认可，是由理论认知模式逐渐上升到自觉实践模式的中间过渡阶段。[1] 因此，认同是一个从认知到情感再到行为的过程，认同目标是目标体系中的桥梁目标。认同又包括情感认同、政治认同和价值认同，大学生只有对民族、国家、政党的历史与现实持有自然真切的情感认同，才会产生政治上的归属感。另外，情感是认知的催化剂，情感认同凭借其润物无声、直抵心灵的力量，在唤起大学生内心共鸣的同时，也引发他们去思索和探究深层次的价值问题。[2] 脱贫攻坚精神融入高校思政课教学的情感认同目标，是深刻认识脱贫攻坚精神的重大意义，激发爱国热情和民族自豪感，增强社会责任感，形成正确的是非观和坚定的人民立场，培养科学的态度与精神，铸造优良思想品德和树立坚定的理想信念。通过脱贫攻坚精神融入高校思政课的学习，增强政治认同，形成自身在社会实践中的价值定位和定向。脱贫攻坚精神融入高校思政课教学的价值认同目标，是深刻理解脱贫攻坚精神中不负人民的价值追求，进一步增强对马克思主义、中国特色社会主义的情感认同、政治认同、理论认同和思想认同，并内化于心外化于行，自觉弘扬和践行脱贫攻坚精神。

---

[1] 丁胜. 中华优秀传统文化融入大学生理想信念教育研究 [D]. 哈尔滨：哈尔滨师范大学，2020：118.

[2] 刘春泽. 高校思想政治理论课中政治认同目标的"三重维度"及其实现路径 [J]. 国家教育行政学院学报，2020（8）：51-59.

（三）能力目标

能力目标是目标体系中的关键目标。能力目标指通过理论学习和实践教学活动，增强战略、创新、系统、辩证、底线、历史等思维能力，有效地利用所学理论知识解决现实问题，使自身各方面的素养和能力都能得到锻炼和提升。脱贫攻坚精神融入高校思政课教学中，教师可以采用多种实践活动，着重培养学生正确思维方式和科学方法，培养学生认识、组织、表达、观察、协调、沟通、实践等综合能力，提升学生做人、做事、求知、创新等素质。通过课程思政和思政课程联通学习，把脱贫攻坚精神与专业知识结合起来，投身服务地方经济社会发展的实践中去，提升独立思考和勇于创新的能力。

（四）育人目标

育人目标是目标体系中的核心目标。"为谁培养人、培养什么人、怎样培养人"是教育的根本问题，"立德树人"是教育的根本任务，构建"三全育人"（全员、全过程、全方位育人）新格局是新时期高校思想政治工作发展的必然趋势。"三全育人"，出发点是培养人，中心在"育"，重心在"全"。[1] 要把培养育人的"大先生"与打造育人的"大环境"结合起来，创新教学方式方法，优化教学体系评价，引领大学生成为实现中华民族伟大复兴的追梦者、建设社会主义现代化强国的筑梦者、中国特色社会主义事业的开拓者。[2] 将脱贫攻坚精神融入高校思政课教学，要紧扣"培养德智体美劳全面发展的社会主义建设者和接班人"的教育目标，优化思政课教学内容，激发学生的主体性，践行联合育人理念，突破校园、传统课堂有限时空的限制，充分挖掘"全社会"的育人元素，发挥脱贫攻坚楷模、脱贫攻坚模范村、乡村振兴示范村的育人功能，把脱贫攻坚精神常态化教育与重点宣传结合起来，以重大节假日或重要活动为契机，大力开展脱贫攻坚精神主题教育活动和校园文化活动，帮助大学生正确理解脱贫攻坚精神的内涵要义，深刻认识"能""行""好"的道理，更加坚定"四个自信"。

（五）成才目标

成才目标是目标体系中的根本目标。成才目标指通过理论学习和实践教学活动，获得知识、发展思维、开阔视野、增长才干、培养创造力、践行社会主义核心价值观、培养团队合作精神、获得良好的思想政治品德与法律素养、提

---

① 熊晓梅. 坚持立德树人 实现"三全育人"［N］. 光明日报，2019-02-14（6）.
② 何秀超. 全面提高人才培养能力 做好新时代育人工作［N］. 光明日报，2022-05-13（11）.

高综合素质等，为成为中国特色社会主义事业的建设者和接班人，成为政治立场坚定、实践能力强、具有科学精神和创新精神的栋梁之材奠定基础。脱贫攻坚精神融入高校思政课教学中，大学生能从脱贫攻坚楷模的先进故事、脱贫攻坚前后贫困村贫困户的生活水平与发展基础的变化、同等帮扶条件下不同贫困村贫困户的脱贫与发展的差异中直接感受到马克思主义真理的力量，体会到有真本领还要掌握正确方法论的重要性，认识到立大志、明大德、学知识、长本领对自己成大才、担大责的重要意义，从而把练就强健体魄、保持健康心理、培养优良道德品质、树立正确的劳动价值观、刻苦学习专业知识、培养创新思维、增强创新意识、永葆"闯"的精神、保持敢闯敢试的姿态、弘扬奉献精神、强化服务意识，作为书写壮丽青春篇章的必要条件和基本途径，在时代大潮中找准奋斗方向，实现出彩人生。

## 第三节　脱贫攻坚精神融入高校思政课教学方案和要求

课程教学实施方案是各级教育行政管理部门、学校、教师规范实施教学，为达到预期教学目标而制订的指导性文件，是课程的总体教学设计。脱贫攻坚精神是高校思政课宝贵的教学资源，在明确脱贫攻坚精神融入高校思政课的遵循原则和目标向度后，为有利于后期进行具体的教学设计和开展教学活动，探索构建脱贫攻坚精神融入思政课教学的具体实施方案，明确具体要求，就显得非常重要。

### 一、脱贫攻坚精神融入高校思政课教学实施方案

为及时将党的最新理论创新成果融入高校思政课教学，以充分发挥思政课立德树人主渠道和高校育人主阵地作用，需要从以下方面制订脱贫攻坚精神融入高校思政课教学的实施方案。

（一）树立把脱贫攻坚精神融入思政课课程体系的自觉意识

思想是行动的先导。作为宝贵的教学资源，各教研室和思政课教师首先要有把脱贫攻坚精神整体性、持续性融入课程体系的意识，并成为一种自觉，这是融入教学的前提。整体融入，指各门思政课都要把脱贫攻坚精神作为重要的教学内容，融入教材、课堂和整个教学体系之中，而不是仅仅某门课程单打独斗融入。持续融入，指融入的时间、力度要有持久性，要久久为功，而不是蜻

蜻点水或者一蹴而就。

（二）明确脱贫攻坚精神融入各门思政课的侧重点

高校思政课包括"思想道德与法治""马克思主义基本原理""中国近现代史纲要""毛泽东思想和中国特色社会主义理论体系概论""习近平新时代中国特色社会主义思想概论""形势与政策"六门必修课程。由于各门课的教学目标和教学内容不同，脱贫攻坚精神融入各门课的侧重点也有所不同。"思想道德与法治"课着重从思想道德修养和集体主义原则上来讲脱贫攻坚精神对大学生成长成才的现实意义；"马克思主义基本原理"课注重从马克思主义基本原理的角度，强调脱贫攻坚精神对社会发展的重要意义；"中国近现代史纲要"课侧重于让大学生更好地了解国史和国情，从而更加深刻理解中国选择马克思主义、选择中国共产党、选择社会主义道路的历史必然性，坚定民族自尊心、自信心和自豪感，自觉地投身于改革创新的社会实践中去；"毛泽东思想和中国特色社会主义理论体系概论"课侧重从时代和实践的角度，强调脱贫攻坚精神对中国特色社会主义道路、制度、理论和文化自信的重要意义，通过教学引导大学生牢固树立共同理想，坚定在党的领导下走好中国特色社会主义道路的理想信念；"习近平新时代中国特色社会主义思想概论"课着重从中国特色反贫困理论的发展历程视角，讲脱贫攻坚精神的生发形成，突出党的坚强领导、以人民为中心和集中力量办大事的制度优势，着重从巩固拓展脱贫攻坚成果和乡村振兴有效衔接的角度，讲清楚弘扬脱贫攻坚精神对乡村振兴和实现中国式现代化的重要意义。教育部办公厅印发的《高校"形势与政策"课教学要点（2021年上辑）》中明确要求把"生动讲好我国脱贫攻坚故事，大力弘扬脱贫攻坚精神"作为教学内容，让学生全面认识脱贫攻坚取得的重大历史性成就，让学生充分认识伟大成就取之不易，认识脱贫攻坚取得决定性胜利的根本，让学生深刻理解并大力弘扬脱贫攻坚精神。①

脱贫攻坚精神融入高校思政课教学体系时，要系统梳理高校思政课的教学内容，根据课程的具体内容，制订融入课程总目标和融入各门课程的具体目标。

---

① 海南省教育厅关于转发《高校"形势与政策"课教学要点（2021年上辑）》的通知[EB/OL].海南省教育厅，2021-05-08.

脱贫攻坚精神融入各门思政课（除"形势与政策"课外)① 的教学目标具体来讲：

结合主要知识点，"思想道德与法治"课通过讲授脱贫攻坚战中涌现的可歌可泣的英雄人物，从他们身上让大学生体会马克思主义的人生观、价值观、道德观、法治观、社会主义核心价值观与社会主义法治建设的关系，帮助学生筑牢理想信念之基，培育和践行社会主义核心价值观，传承中华传统美德，弘扬中国精神，提升思想道德素质和法治素养。

"马克思主义基本原理"课通过脱贫攻坚中的教育科技医疗卫生扶贫、产业扶贫、易地搬迁扶贫、东西部扶贫劳务协作以及"治病必求于本""挑最重的担子、啃最硬的骨头""扶贫先扶志""扶贫必扶智""不搞手榴弹炸跳蚤"等经典"习语"中蕴含的扶贫理论、理念、方法和工具，让大学生直接感受精神的力量和实践的意义，帮助大学生理解马克思主义的科学内涵，掌握马克思主义科学方法论的具体内容，把握历史唯物主义的基本原理，进一步加深大学生对马克思主义"行"的道理的认识，从而更加坚定地"跟党走""为人民"，坚信依靠平凡真理走出别样人生。

"中国近现代史纲要"课把脱贫攻坚精神融入近代中国贫困落后挨打的历史叙事中，体现中国共产党建党精神与脱贫攻坚精神的关系，帮助学生了解党史、国史、国情，深刻领会历史和人民选择马克思主义、选择中国共产党、选择社会主义道路、选择改革开放的必然性。

结合中国近代以来贫困落后的根本原因，中国共产党领导中国人民进行的革命、建设和改革的历程、成就与经验，"毛泽东思想和中国特色社会主义理论体系概论"课可在讲解中国的反贫困治理历程中，阐释党把马克思主义反贫困理论同中国贫困实际相结合产生的马克思主义中国化时代化贫困治理成果，引导学生深刻理解中国共产党为什么能、马克思主义为什么行、中国特色社会主义为什么好。

通过讲授习近平精准扶贫、治国理政思想，"习近平新时代中国特色社会主义思想概论"课帮助大学生理解习近平新时代中国特色社会主义思想的核心要义、本质特征，坚持党的领导、以人民为中心、中国特色社会主义现代化的特

① 因"形势与政策"课具有很强的时效性，各高校依据教育部每学期印发的《高校"形势与政策"课教学要点》安排教学。教育部办公厅关于印发《高校"形势与政策"课教学要点（2021年上辑）》的通知中已经专门对"生动讲好我国脱贫攻坚故事，大力弘扬脱贫攻坚精神"进行了明确教学要求，故本书没有把脱贫攻坚精神融入"形势与政策"课教学再进行教学方案设计和具体的教学实践展示。

征和要求，引导大学生坚定"四个自信"，做到"两个维护"。通过新时代中国共产党带领人民打赢脱贫攻坚战的生动实践，中国为世界减贫事业做出的重大贡献，帮助学生深刻领会习近平新时代中国特色社会主义思想的理论意蕴和思想力量，全面把握党和国家事业取得的历史性成就、面临的历史性机遇和挑战，引导大学生客观认识世界与中国发展大势，学会在国际比较中正确认识中国特色，进一步明确时代责任和历史使命，处理好远大抱负与脚踏实地的关系，做有理想、敢担当、能吃苦、肯奋斗的新时代好青年。

（三）找准脱贫攻坚精神融入各门思政课的契合点

在明确教学目标的前提下，各教研室要相互配合，开展调研论证，梳理思政课教材体系的内在逻辑，明辨与脱贫攻坚精神有机衔接的教学章节和知识点，每门课程要根据自身课程的具体特点制订相应的实施方案，找准脱贫攻坚精神与课程内容的切入点与契合处，重构教材体系和教学体系，实现有机结合、深度融合，这是实施融入的关键环节。

高校现行开设的五门主干思政课中，"思想道德与法治"重在大学生思想道德和法治观念教育，"马克思主义基本原理"注重指导思想及其方法论意义，是"中国近现代史纲要""毛泽东思想和中国特色社会主义理论体系概论""习近平新时代中国特色社会主义思想概论"课的先修课程和基础；"中国近现代史纲要"是中国近现代历史的缩影，是"毛泽东思想和中国特色社会主义理论体系概论""习近平新时代中国特色社会主义思想概论"课的先修课程和基础。脱贫攻坚精神融入思政课教学，在明确上述关系的前提下，从整体上重构教材体系并精准把握融入的切入点。

一是从整体上重构教材体系。"融什么"是教学设计的核心，脱贫攻坚涌现出一大批先进个人和先进集体，身边的产业扶贫、教育科技扶贫、易地搬迁、社会帮扶、互联网+均能提供丰富生动的现实素材。脱贫攻坚材料的教学嵌入应站在党史、新中国史、改革开放史、社会主义发展史和中华民族发展史教育的高度，聚焦脱贫攻坚精神24字内涵，充分体现人民性、党的先进性与制度优越性；民族性、世界性、继承性与发展性；"小我"与"大我"的关系；时代使命、责任与担当。根据不同教学对象和课程培养目标，把脱贫攻坚生动案例、鲜活人物事迹、伟大成果融入思政课各门课程的教学内容中，把教材体系有效转化为教学体系，做到重点突出、取舍有度、层次分明、承接顺畅。

二是找准契合点。在教学设计中找准脱贫攻坚精神有机融入的专题、章节和知识点。在"思想道德与法治"课中，把脱贫攻坚精神融入人生观、理想信念、中国精神、职业道德等专题，帮助大学生树立正确的人生观、价值观、道德观等。在"马克思主义基本原理"课中，把脱贫攻坚精神融入实践观、认识论、发展观等专题中，用脱贫攻坚生动案例阐释马克思主义基本原理。在"中国近现代史纲要"课中，把脱贫攻坚精神融入中国共产党的初心与使命、中国革命的新道路、社会主义建设在探索中曲折前进、中国特色社会主义的开创与接续发展、新时代新任务等专题中，帮助大学生全面认识脱贫攻坚精神的历史起源和发展历程，加深对中国人民艰苦奋斗精神、对中国共产党初心和使命的理解。在"毛泽东思想和中国特色社会主义理论体系概论"课中，要讲清楚：一部党史就是一部中国共产党为实现人民群众对美好生活的向往而矢志不渝奋斗的历史，八年脱贫攻坚是中国共产党领导人民向贫困开战的延续；脱贫攻坚精神是千千万万中国共产党人带领人民大众，历经千辛万苦，甚至牺牲生命，矢志不渝践行初心和使命的结果，是中国共产党伟大建党精神的新时代表现；脱贫攻坚精神在中国共产党人精神谱系中的地位，以及与精神谱系中其他精神的关系。脱贫攻坚战的胜利是中国特色反贫困理论、道路、制度和文化的胜利，今天的全面小康是未来美好生活的前序，今天的幸福生活是昨日脱贫攻坚的续集。在"习近平新时代中国特色社会主义思想概论"课中，把脱贫攻坚精神融入马克思主义中国化时代化最新理论成果中，把习近平总书记关于精准扶贫脱贫攻坚工作的重要论述融入"四个全面"章节，让学生系统掌握中国反贫困和贫困治理的历史进程，加深对经济、政治、文化、社会、生态"五位一体"总体布局战略意义的理解，深刻体会发扬好脱贫攻坚精神积极性主动性的深远意义。

三是抓住结合点。认真分析课程融入的切入点、融入的内容，编写脱贫攻坚精神融入各门思政课的教学大纲、教案和课件，要突出脱贫攻坚精神的重要地位，切实保证脱贫攻坚精神进教材、进课堂、进大学生头脑。在"思想道德与法治"课中适当调整教学计划和教学内容，找准学生理论学习的兴趣点和关切点，将脱贫攻坚精神作为大学生学习和实践的重要内容进行设计和融入。"马克思主义基本原理""中国近现代史纲要""毛泽东思想和中国特色社会主义理论体系概论"课程教学，要抓住结合点，正确运用相关原理，合理使用脱贫攻坚案例，坚持正面引导，合理使用反面警示材料，提升学生对脱贫攻坚精神科学内涵的理解力，深化对脱贫攻坚精神价值的感悟力。"习近平新时代中国特色社会主义思想概论"课程教学，可开设"脱贫攻坚精神"教学专题，向学生全面、系统讲授脱贫攻坚精神的内涵、精神实质和重大意义，激励大学生弘扬脱贫攻坚精神，投身乡村振兴一线。

（四）创新融入方式方法，增强融入实效

立足校情、学情、课情，探寻合适教学模式，把教学方式改革与教学环节、教学手段的创新结合起来，把脱贫攻坚精神融入思政课课堂教学、实践教学与网络教学中，形成立体多样化教学模式。课堂教学上，注意发挥教师和学生两个主体的积极性。课堂教学之外，邀请当地脱贫攻坚英模进行宣讲，让大学生深入基层开展采访调研等实践活动，亲身体悟脱贫攻坚精神。充分利用互联网新媒体，报刊、广播、电视、图书、录音录像资料为网络化教学服务，特别要重视利用好青年大学生比较喜爱、关注较多的各种网络平台，积极占领舆论阵地，明辨是非，以倍增脱贫攻坚精神宣讲效果。

第一，教师在教学中要积极探索、大胆尝试教学方式方法改革，针对具体教学内容，选择恰当教学手段。灵活运用专题讲授法、小组研讨法、平台互动法、对分课堂教学法、现场教学法、实地调研法、情景模拟法等多元立体教学方法，把"伟大来自平凡，时代造就英雄"理念深入学生内心，提高他们弘扬脱贫攻坚精神、坚定理想信念、提高综合素质，为第二个百年奋斗目标接续奋斗的信心和能力。

第二，坚持以学生为中心，增强教学的吸引力、亲和力和针对性。课前做好学情分析，结合年级专业分析学生认知规律和学习需求，预选典型案例、设定融入知识点；课中要突出学生学习脱贫攻坚精神的主体地位，充分发挥学生的主体作用，调动并激发学生学习与实践的主动性、积极性和创造性，使脱贫攻坚精神真正"入脑入心"，课后要收集来自学生的建议，倾听学生心声，循环改进、不断提升脱贫攻坚精神融入思政课教学的实效。

第三，注重理论联系实际，结合实践讲好脱贫攻坚精神。脱贫攻坚精神是中国八年脱贫攻坚战的精神凝练，打赢脱贫攻坚战充分彰显了国家制度和治理体系的显著优势，是新时代十年中国特色社会主义建设的显著成就，是中国实现第一个百年奋斗目标的标志性事件。教学中，思政课教师除了要把课程基础理论讲清讲透，还要善用社会大课堂，善于联系高校所在地发生的脱贫攻坚故事辅助教学，善于利用贫困乡村和贫困人口在脱贫攻坚前后的鲜明变化做比较分析，善于利用大学生相对比较熟悉的全国性脱贫攻坚素材开阔眼界，还可以直接请班级享受精准扶贫帮扶的学生现场演讲。实践表明，能够把理论与大学生身边的实际结合起来的思政课教学方法，更有利于脱贫攻坚精神入心入脑入行。

第四，有效拓展第二课堂，全面推进"大思政课"建设。找准脱贫攻坚精神与社会大课堂的结合点，使学生活学活用脱贫攻坚精神。以"毛泽东思想和中国特色社会主义理论体系概论""思想道德与法治""习近平新时代中国特色社会主义思想概论"等课程为载体，开展全校性的"新时代学习践行脱贫攻坚精神"演讲比赛、征文活动。组织学生开展参观、调研等社会实践活动，使大学生在社会实践中深刻领会脱贫攻坚精神的精髓，并外化于行，做乡村振兴的积极参与者和建设者。

（五）构建过程性多元评价机制

脱贫攻坚精神融入思政课教学的终极目标是引导大学生在学习生活中弘扬脱贫攻坚精神，坚定理想信念，成为能担当民族复兴大任的时代新人。为提高融入的针对性和实效性，必须坚持问题导向，了解学生专业特点，结合学生实际，关注社会现实，回应社会热点问题。因此，在"融入"效果评价上，要建立多元主体参与的过程性评价机制，具体来说，要建立社会、学校、个人多元评价机制，对脱贫攻坚精神融入思政课教学的实效性进行量化和评估。

第一，从评价维度来看，要从理论认知与行为表现两个方面着重考查学生对脱贫攻坚精神"学思用贯通、知信行统一"的程度，以此来验证脱贫攻坚精神思政课融入的实际效果。理论认知水平评价的方式主要是理论考试，评价方法比较简单，评价结果比较客观也最直观。行为表现，指的是实际生活中的行为表现，检验理论是否做到了"入行"以及内化为行动的效果，评价过程比较复杂，基本上很难做到依据一两次行为表现就能做出准确全面的评价，评价结果相对主观也比较笼统，一般把课堂表现、校园主题活动参与度、假期社会实践贡献作为主要判断依据，比如学生在平时学习生活中是否展现了脱贫攻坚精神风貌，是否能够团结同学、起到模范带头作用，能否积极追求、能动塑造求真务实、学用相长的品格，是否有创新精神和奉献精神等。

第二，评价主体多元化的直接目的是提高参与方的身份认同、情感认同和价值认同，以期对利益相关者的后续行为能够产生更大的激励作用。教育的评价主体有一线教师、学校管理人员、学生、家长还有社会组织或个人等。评价方式的多样化，有利于打造人人出彩的社会氛围；评价主体的多元化，有利于评价结果更加客观公正。要在完善多元评价内容、开发多样化评价方式的基础上，积极构建多元主体参与的评价机制，尤其要鼓励学生参与教师的教学评价，以形成师生同心共进的新型师生关系。脱贫攻坚精神具有较大的时代性特征和开放性特征，这为实施多元化主体评价、促进学生全面发展提供了有力支撑。

第三，在过程性评价机制中，要坚持"以学生为中心"的课程评价理念，采用多样化的评价方法，比如考勤签到、平时作业、课堂表现和期末考试等。随着混合式教学的流行，评价方法还应该包括线上学习、线上互动情况等评价项目，这样才能全面地对学生进行考核评价。同时需要明确每项考核项目的测评要求，如考勤要对考勤次数进行要求，平时作业要对作业完成情况进行要求，线上互动要对线上互动次数以及成果进行要求等，对复杂的作业或任务要制订评价量表，使学生对得分点和任务要求清楚明白。

### 二、脱贫攻坚精神融入新时代高校思政课教学的基本要求

在教学实践中，为把脱贫攻坚精神有机融入教学，还要注意：一要学深悟透中国特色反贫困理论，特别是习近平总书记关于打赢脱贫攻坚战相关方面的重要论述；二要有宽广的国际视野，能在国际比较中深刻感悟中国脱贫攻坚战所体现出来的中国优势；三要以研促教，以教促研，教研结合，把脱贫攻坚精神理论研究成果及时运用于教学实践，把脱贫攻坚精神融入思政课教学实践及时总结提炼，形成教学研究成果，并进一步促进脱贫攻坚精神理论研究；四要创新教学手段，线下教学与线上教学有机结合，使大学生能够多维体验脱贫攻坚生动实践；五要史论结合，讲清脱贫攻坚精神的历史逻辑、理论逻辑、现实逻辑与重大的时代价值；六要理论联系实际，发挥好第一课堂和第二课堂的优势，把课堂教学和社会实践结合起来，引导大学生把脱贫攻坚精神内化于心，外化于行。归纳起来，主要有以下方面：

（一）学深悟透习近平相关方面重要论述

脱贫攻坚精神是党的创新理论成果，是高校思政课宝贵的教学资源。把脱贫攻坚精神融入高校思政课教学，是同步推进思政课建设与党的创新理论武装的必然要求；学懂弄透、融会贯通脱贫攻坚精神的科学内涵，是实施脱贫攻坚精神融入的必要前提。教师除了思想上高度重视外，还要深入学习习近平总书记关于精准扶贫精准脱贫、脱贫攻坚精神的重要论述，从大历史观的高度理解其核心要义，把握其精髓实质。全面梳理中国扶贫主要历程，重点分析八年脱贫攻坚战的主要举措，深刻体会脱贫攻坚战取得决定性胜利的价值意义，学会在历史比较和国际比较中彰显中国制度优势。马克思主义学院要组织教师集体学习，专题研讨习近平关于精准扶贫脱贫攻坚的思想，全面整理学界关于脱贫攻坚精神、脱贫攻坚精神与中国共产党人精神谱系关系相关的研究，及时把党的理论创新成果融入思政课教育教学之中。

（二）加强集体备课，精准把握融入的结合点

认真研究教材，精准把握融入的内容和契合点，重构教学体系，有机融入脱贫攻坚精神。脱贫攻坚精神是中国共产党人精神谱系的重要组成部分，是思

政课重要的教学资源，在开展教学前，教研室要加强集体备课，做主题研讨，根据课程属性、学生专业特点、学校教学条件的实际，重建教材体系，重构教学体系，制订脱贫攻坚精神融入教学实施方案。需要注意的是，在结合点的选择上，与课程具体知识点有机结合，不能勉强匹配，防止学生一知半解，甚至误读误解；二要详略得当，重点问题讲深讲透，重在培养党性、站稳政治立场，同时加强情感与价值观认同教育；三要强化问题意识，及时关注新思潮、新舆情对学生造成的思想困惑，及时传达新理念、新理论、新政策、新办法对学生的新机遇和新挑战，使学生能够在巩固拓展脱贫攻坚成果、衔接推进乡村振兴、推动乡村全面振兴的道路上更加方向明、道路清、方法对。

（三）加强研究，以科研促进教学，以教学提升科研

由于党的理论在创新中不断丰富发展，思政课教材几乎每隔两年甚至一年就要更换新版本，因此，在重视脱贫攻坚精神融入思政课教学的过程中，不仅要加强脱贫攻坚精神的理论研究，而且也要加强以下问题的研究：一是研究思政课教材的主要内容、逻辑结构与关联关系；二是强化研究脱贫攻坚精神融入思政课教学的重点、难点、疑点问题；三是加强对青年学生思想状况和接受心理的研究；四是加强对脱贫攻坚精神融入思政课教学经验的总结，研究和提炼好的教学经验，分析存在的问题，提出改进之策；五是加强脱贫攻坚精神融入教学成果的凝练，以科研支撑教学，以科研促进教学，提高脱贫攻坚精神融入思政课教学的科学性，形成有见地的教学研究成果，不断提升科学研究水平，促进教师成长发展。

（四）构建立体化教学体系，提升融入实效性

教学体系是由教学主体设计的，使各种教学要素朝向实现教学目标的合理组合。高校思想政治理论课教学体系，实质就是以教学观点、教学话语、教学方式方法为主体内容，以教材和教师队伍建设为支撑，以课堂教学为主渠道，贯彻思想政治理论课教学目标的教学系统。[①] 作为一个教学系统，高校思政课教学体系除了要加强教材建设、教师队伍建设、教学内容与教学话语的研究外，在脱贫攻坚精神融入思政课教学中，要立足校情、学情、课情，探寻合适的教学模式，把教学方式改革与教学环节、教学手段的创新结合起来，把脱贫攻坚精神融入思政课课堂教学、实践教学与网络教学中，形成立体多样化教学体系。课堂教学上，根据教学内容和学生特点，选择案例式教学、探究式教学、体验

---

① 刘伟，陈锡喜．高校思想政治理论课教学体系建设论析［J］．思想教育研究，2018（2）：92-96．

式教学、互动式教学、专题式教学、分众式教学等方式方法，注意发挥教师和学生两个主体的积极性。课堂教学之外，邀请当地脱贫攻坚英模进行宣讲，让大学生深入基层开展采访调研等实践活动，亲身体悟中国八年脱贫攻坚战给中国贫困地区带来的巨变，深刻理解脱贫攻坚精神的内涵价值。运用现代信息技术手段服务智慧课堂建设，充分利用互联网新媒体，报刊、广播、电视、图书、录音录像资料为网络化教学服务，重视利用青年大学生比较喜爱的各种网络平台，对主题存在明显迎合性、内容比较低级、观点存在非主流错误导向的网络资源，要及时明辨是非、加以引导，积极占领舆论阵地，形成全方位、立体化的脱贫攻坚精神教育布局。

# 第五章

# 脱贫攻坚精神融入高校思政课整体教学设计

　　设计是寻找美的形式与好的功能相统一的解决办法的过程，它的本质是创新。教学设计是教师根据社会要求、教学内容和学生特点，对教学目标、内容、方法、环境、评价等要素进行系统谋划，形成教学思路和方案用以指导教学、促进学习的过程。① 教学设计内含分析教材、确定教学目标、制订教学流程、选择适当的教学方法，采用有效的教学手段，及时做教学评价与反思等基本任务，是教师为完成一定的教学任务对教学活动进行的规划，是教师创造性劳动的表现。根据教学内容的不同，教学设计可分为课时教学设计、单元教学设计和课程整体教学设计。无论哪种教学设计，精心设计、充分利用现代化教学媒体，创造更加良好的教学情境和学习环境，均有助于增加学生的学习兴趣，提高学习效果，落地落实"立德树人"育人目标。古希腊学者普罗塔戈说："头脑不是一个要被填满的容器，而是一束需要被点燃的火把。"② 脱贫攻坚精神是中国共产党人精神谱系的重要内容，是民族精神和时代精神的集中体现。脱贫攻坚精神在高校思政教学中的有机融入，必须通过思政课教师"有目的"的教学活动来实施，即围绕立德树人这一根本任务，服务学生全面成长成才，有针对性地在高校思政课五门主干课程中做好脱贫攻坚精神课程融入的教学设计，讲好脱贫攻坚故事，精准阐释脱贫攻坚精神的科学内涵和重大价值，让青年大学生进一步明确：只有坚定不移听党话、跟党走，用党的科学理论武装头脑，用党的初心使命激励自我，怀抱梦想又脚踏实地，敢想敢为又善作善为，在奉献中实现人生价值，才能让青春焕发夺目光彩。

---

① 张大均. 教育心理学 [M]. 北京：人民教育出版社，2015：7.
② 姜彦新，席国强，梅险. 活跃课堂气氛优化教学效果 [J]. 黑龙江教育（高教研究与评估），2008（Z2）：123-124.

# 第一节　脱贫攻坚精神融入"思想道德与法治"课整体教学设计

## 一、脱贫攻坚精神融入课程教学设计基础

### （一）课程简介

"思想道德与法治"是一门政治性、理论性、实践性比较鲜明的思想政治理论课。学习本课程，有助于大学生正确理解人的本质、个人与社会的关系，更加明确坚定理想信念、锤炼道德品格、提升法治素养的重要意义，更加自觉地投身崇德向善的道德实践、旗帜鲜明地反对错误人生观、自觉担当复兴大任、弘扬中国精神、成就出彩人生。

### （二）教材分析

本课程使用的教材是高等教育出版社出版的马克思主义理论研究和建设工程重点教材《思想道德与法治》。这本教材是教育部指定统编教材，教材逻辑严谨、内容丰富，是学生学习的主要依据。普通本科高校使用的 2023 年版新教材由绪论和正文 6 章组成，内容反映了党的理论创新的最新成果，体现了党的十九届六中全会精神、党的二十大精神、中国特色社会主义建设中的新的重大变革和标志性成就，主要讲授马克思主义的人生观、价值观、道德观和法治观，帮助学生扣好人生的扣子、坚定理想信念，传承中华传统美德，弘扬中国精神，提升思想道德素质和法治素养，自觉尊法学法守法用法、维护宪法法律权威，成为能担当民族复兴大任的时代新人。

### （三）学情分析

本课程学习对象为大一学生。在知识基础方面，他们已经在中学阶段学习过一些理想信念、道德和法治方面的内容，有一定的知识基础，但还不够系统化，在课程的讲授过程中应注重概念的准确性和知识的系统性强化学习；在认知能力与学习动机方面，"00 后"尤其"05 后"的学生，有较丰富的网络知识和体验，能够比较容易地开展线上线下混合式教学；在学习动力方面，大一新生刚进入大学，对大学充满好奇，求知欲望强，渴望在朋辈当中脱颖而出，而且多数学生还保留高中时期刻苦用功的学习劲头和主动学习的好习惯，加之本课程内容与大学生学习生活等密切相关，课堂互动良好，学习动力和学习需求在教师的带动下能呈现出较为强烈的向上态势。

（四）教学目标

一是知识目标。引导大学生深入了解和感悟新时代的内涵，树立正确的人生观，确立新目标，开启新征程；树立崇高的理想信念，自觉将个人理想与实现中华民族伟大复兴的中国梦结合起来，理解以爱国主义为核心的民族精神和以改革创新为核心的时代精神的内涵和要求；掌握社会主义核心价值观的显著特征；理解道德的功能、作用，领会公民道德准则和不同领域社会公德的内涵和要求，全面领会习近平新时代中国特色社会主义法治思想，掌握必备法律知识。

二是能力目标。能理性分析现实生活中的道德和法律问题，坚定理想信念，形成一定的善恶判断力，自觉砥砺品行，做一个"有道德"的人；树立对待人生历程中各种矛盾的正确态度，掌握和运用科学的处理办法；形成爱岗敬业的职业观念，落细落实社会主义核心价值观，树立社会主义法治观念，自觉维护法律权威，正确处理成长成才过程中遇到的法律问题，做新时代的忠诚爱国者，做改革创新的生力军。

三是价值观目标。培养学生的科学人文素养、批判思维和创新精神，使大学生对形形色色的价值观具有独立的思考能力和判断能力，具有认真、严谨、求实、敬业的工作态度和学习态度，具有互利共赢的合作精神和廉洁自律、爱岗敬业的职业素养，具有更好地行使法律权利、履行法律义务、做尊法学法守法用法好公民的意识和能力，能够自觉把个人利益和集体利益结合起来，把实现个人的成才梦与实现中华民族伟大复兴的中国梦结合起来，在知行合一中放飞青春、追逐梦想、实现价值。

## 二、脱贫攻坚精神融入该课程的教学整体设计

"思想道德与法治"课的基本逻辑是，以人生观为核心，内形于理想信念、中国精神、价值准则的引导，外practise于道德品格的锤炼、法治素养的提升，让学生清晰了解新时代大学生的历史使命、大学生的职业成才目标，争做有家国情怀、有理想信念、有社会责任感、始终保持积极进取人生态度的时代新人。脱贫攻坚精神是中国共产党人践行"不负人民"初心使命的生动写照，是千千万帮扶单位和扶贫工作者甘于奉献的生动写照，是中华民族"开拓创新"伟大创造精神的再现，是党领导全国人民为实现全面建成小康社会目标"攻坚克难"奋斗精神的生动写照，是"上下同心""尽锐出战"社会主义制度优势的生动反映。脱贫攻坚精神与"思想道德与法治"课程联系紧密，大一新生的世界观、

人生观、价值观具有很强的可塑性，精心设计融入的知识点，科学设计教学流程，高效利用网络化教学工具和身边丰富的案例资源，合理选择教学手段和方法，充分发挥学生的主体地位，提高过程性评价在课程成绩的比重，能够达到帮助大学新生"扣好大学生活第一粒扣子"进而"扣好人生第一粒扣子"的教育目的。

（一）融入思路

注重教学团队建设，立足课情和学情，对课程教学大纲、教案进行修订和完善，重视集体备课，找准融入切口，将融入目标与教学目标有机结合，将脱贫攻坚精神有机融入课程，形成"一体化"课程整体教学设计。

注重发挥师生双主体作用，借助超星学习通、对分易等网络教学平台开展互动教学，运用互动式、情景式、沉浸式等教学方法，激发学习兴趣、培养自学能力、引导创新思维，实现知识传授、价值引领和能力培养的紧密融合。

结合学生专业，布置课前任务和课后作业，重视学生的日常表现和实践动手能力，确定科学有效的课程考核方式和考核标准，注重脱贫攻坚精神弘扬传承教学效果评价，实现对课程目标达成及教学成效的有效评价。

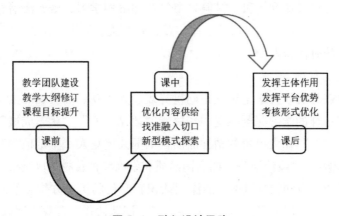

**图 5-1 融入设计思路**

（二）融入目标

1. 总目标

通过脱贫攻坚精神融入课程的教学，养成良好的思想道德素质、法律素质和职业素养，自觉弘扬脱贫攻坚精神，以脱贫攻坚时代楷模为榜样，自觉践行社会主义核心价值观，尊重和维护宪法法律权威，识大局、尊法治、修美德，增强使命担当，矢志不渝听党话跟党走，成为德智体美劳全面发展的社会主义合格建设者和可靠接班人。

2. 分目标

（1）知识目标

成才观教育：带领刚迈入大学校园的大学生进入人生新阶段，明确课程的性质和目的，明确新时代的内涵和意义，确立新目标，开启新征程，学习脱贫攻坚典型英模事迹，坚定理想信念，将个人理想与对祖国的高度责任感、使命感结合起来，做德智体美劳全面发展的社会主义建设者和接班人。

思想观教育：在人生观、价值观、理想信念、中国精神、社会主义核心价值观等专题教学的学习中体悟脱贫攻坚精神的科学内涵，提升思想政治素质，坚定信仰信念信心，坚持个人理想与社会理想的有机结合，做新时代的忠诚爱国者，做改革创新主力军，积极传播正能量，做社会主义核心价值观的积极践行者。

道德观教育：通过对脱贫攻坚英模的学习，理解以为人民服务为核心和以集体主义为原则的社会主义道德，以脱贫攻坚英模为榜样，陶冶道德情感，增强道德意志，坚定道德信念，确立道德理想，积极投身崇德向善的道德实践。

法治观教育：在了解中国特色社会主义法律的特征及其运行等相关知识的基础上，通过对脱贫攻坚和乡村振兴中的典型案例学习，培养法治思维，依法行使权利与履行义务，积极参加法律实践，做尊法、学法、知法、懂法、守法、用法、护法的时代新人。

（2）能力目标

英模事迹是引导大学生树立正确世界观、人生观、价值观的生动标杆。通过脱贫攻坚精神的学习深刻感受中华民族"团结一心""众志成城""艰苦奋斗""苦干实干"伟大可贵的精神品质；中国共产党人"坚定信念""践行宗旨""拼搏奉献""廉洁奉公"的高尚品质和崇高精神；脱贫攻坚楷模身上所承载的优秀道德品质和精神风格。能深刻认识新时代的历史方位和新时代大学生的历史使命，主动提高积极学习、自主思考、团队协作、自我心理调节的能力，注重养成创新思维、实践思维、分析能力和实践能力，能正确处理"大我"与"小我"关系，自觉将自身的职业理想与国家民族发展需要结合起来，做德智体美劳全面发展的时代新人。

（3）价值观目标

通过脱贫攻坚融入课程的学习，逐步提高面向社会发展所需要的思想、文化、身心、法律、职业等方面的综合素质，培养理想信念、家国情怀、价值素养、职业道德、法治思维等，提升做人、做事、求知、创新等综合素质，促进成长成才。

## （三）脱贫攻坚精神融入课程的单元教学模块设计

**表5-1　脱贫攻坚精神融入"思想道德与法治"课单元教学模块设计**

| 课程模块 | | 授课要点 | 融入切入点和融入内容 | 融入方式 |
|---|---|---|---|---|
| 绪论 | 担当民族复兴大任，成就时代新人 | 中国特色社会主义新时代的历史方位；新时代青年大学生使命、责任与要求；课程学习的内容、要求与方法 | 新时代青年大学生使命、责任与要求：中国特色社会主义新时代下涌现了一大批优秀的脱贫攻坚时代楷模：黄诗燕、张桂梅、赵亚夫、姜仕坤等脱贫攻坚先进典型人物的责任与担当，牺牲奉献精神；时代新人的使命责任与成长要求 | ①教师讲解，关注学生学习过程，创设真实情境，把脱贫攻坚时代楷模视频分享学生。②自主、合作、探究式学习：对分课堂自主学习、讨论与分享 |
| 第一章 | 领悟人生真谛，把握人生方向 | 人生观的主要内容；人生价值的标准、评价及实现条件；辩证对待人生矛盾 | 本章用黄文秀先进事迹作为教学案例，结合理论学习，启发学生：①结合黄文秀的事迹，分析她在脱贫攻坚第一线奉献自我的行为如何体现正确的人生观。②启发学生思考：如何看待黄文秀的人生选择？作为新时代的大学生如何进行人生选择？③结合黄文秀的事迹，说明人生价值的评价标准是什么？如何辩证对待人生矛盾 | ①学生课前查阅黄文秀事迹资料。②课中对分课堂亮考帮合作、探究式学习。③小组讨论与辩论：人生价值评价标准，如何对待人生矛盾，做有理想、敢担当、能吃苦、肯奋斗的新时代好青年 |
| 第二章 | 追求远大理想，坚定崇高信念 | 理想、信念的内涵及特征；增强信仰信念信心；理想与现实的关系及如何处理；个人理想与社会理想的关系及如何处理 | ①本章全章可用健康扶贫专家李桓英的事迹阐释理想与信念、理想与现实、个人理想与社会理想的关系。②在第一章第二目中，用脱贫攻坚故事教育学生、鼓舞学生、激励学生。用脱贫攻坚战的全面胜利，诠释信念对理想的支持作用。③用贵州望谟第二高中刘秀祥的案例，说明大学生"成才之梦"与中华民族"复兴之梦"的结合 | ①"一案到底"案例教学法（李桓英事迹）。②启发式与互动式教学法。③情景教学法：望谟第二高中毕业生用亲身经历分享刘秀祥老师教育扶贫事迹 |

| 课程模块 | 授课要点 | 融入切入点和融入内容 | 融入方式 |
|---|---|---|---|
| 第三章 | 继承优良传统，弘扬中国精神 | 中国精神是兴国强国之魂；中国精神的传承与价值；做新时代的爱国者；让改革创新成为青春远航的动力 | ①第一节在理论学习部分，讲解中国精神的内涵与"四个伟大"精神，中国共产党人精神谱系与脱贫攻坚精神的关系：伟大脱贫攻坚精神是中华民族精神的生动写照，是中国共产党人精神谱系的重要组成部分，是中国精神的时代体现。②第二节中，理论阐释：伟大脱贫攻坚精神是爱国主义的集中展示。广大扶贫工作者立足岗位，将热爱党、热爱人民、热爱祖国的高尚情怀熔铸在完成一项项具体的扶贫任务当中。③第三节可选择新时代大学生"返巢"创业，带领乡亲走上致富路相关案例，引导大学生培育创新意识，积极做改革创新的领航人 | ①以黄大发修天渠案例为切入点，开展议题研学式教学。②理论阐释、启发互动式教学。③案例教学（张桂梅）大学生返乡创业脱贫致富案例分享：分享学生课前收集的案例，讨论，提升。案例：点燃大山女孩希望的张桂梅校长，爱生如子、呕心沥血、扎根教育扶贫一线。对新时代中国青年大学生来说，热爱祖国是立身之本、成才之基 |
| 第四章 | 明确价值要求，践行价值准则 | 价值观与社会主义核心价值观；社会主义核心价值观的基本内容和显著特征；积极践行社会主义核心价值观 | ①第一节理论教学中，以脱贫攻坚精神为例，讲清楚社会主义核心价值观与中国精神的关系：任何一种精神都内含一种价值取向，任何一种精神的生成都离不开一种价值的规范和引导。社会主义核心价值观凝结着全体人民共同的价值追求，在中国精神的建构中发挥着价值引领作用，中国精神为培育和践行社会主义核心价值观提供内生动力。②第二节中，通过阐述脱贫攻坚中蕴含的价值取向，来理解社会主义核心价值观的基本内容和显著特征。③第三节中，通过脱贫攻坚典型案例分析，发挥脱贫攻坚英模榜样力量，引导大学生积极践行社会主义核心价值观 | ①翻转课堂：学生课前分组准备24字核心价值观的内涵（ppt或者手抄报形式），课前20分钟分享。②教师讲解启发：以脱贫攻坚精神为例，讲解核心价值观是当代中国精神的核心内涵和集中体现。③启发互动：中国脱贫攻坚战中蕴含了哪些价值取向？如何体现社会主义核心价值观的基本内容和显著特征？④对分课堂：脱贫攻坚楷模践行社会主义核心价值观案例分享，讨论与提升 |

续表

| 课程模块 | 授课要点 | 融入切入点和融入内容 | 融入方式 |
|---|---|---|---|
| 第五章 | 遵守道德规范，锤炼道德品格 | 社会主义道德的核心和原则；吸收借鉴优秀道德成果；投身崇德向善的道德实践 | ①第一节中，社会主义道德的核心和原则。脱贫攻坚取得历史性成就，是一批批高扬集体主义情怀、践行全心全意为人民服务宗旨、扎根中国大地、在基层无私奉献的扶贫工作者创造的，他们将最美的年华无私奉献给了脱贫事业，充分体现了社会主义道德为人民服务的核心和为人民服务的原则。②本章第二和第三两节中，用脱贫攻坚英模案例，阐述社会主义道德的基本内容，引导大学生学习英模道德品质，在现实生活中积极崇德向善 | ①对分课堂：贵州作为脱贫攻坚主战场，学生课前调研家乡基层干部带领群众整体脱贫事例（产业扶贫、电商扶贫、旅游扶贫等），课前20分钟，小组成员相互分享案例，提炼、总结，推荐一个典型案例全班分享，体现社会主义道德为人民服务和集体主义原则。②教师讲解道德的起源与本质、传承。③案例教学：无数脱贫攻坚英模同时是道德模范的代表，通过案例体现社会主义道德的基本内容，引发大学生共鸣 |
| 第六章 | 学习法治思想，提升法治思维 | 社会主义法律的特征和运行；坚持全面依法治国；维护宪法权威；自觉尊法学法守法用法 | 本章融合主要从两个方面进行：①社会主义法律维护人民的根本利益、巩固中国共产党的领导地位，体现了党的主张和人民意志的统一。《脱贫攻坚责任制实施办法》《中华人民共和国乡村振兴促进法》《中国共产党农村工作条例》《中国共产党农村基层组织工作条例》明确规定，对脱贫攻坚工作和乡村振兴工作成效显著的部门和个人，给予表彰奖励；对不负责任、造成不良影响的，依纪依法追究相关部门和人员责任。②收集脱贫攻坚战中正反两方面的案例来提升大学生法治意识和法治观念 | 学生提前收集脱贫攻坚战中违反法律法规案例（微腐败案例）或者村干部在扶贫中的微腐败表现，课前分享，互动，讨论。引导学生尊法、学法、用法、守法 |

（四）教法设计

针对具体教学内容，选择恰当教学方法。根据本课程课情（教学内容与学生成长成才密切相关）、学情（大一新生刚步入大学，新鲜感、求知欲、表现欲等强烈），社情（贵州作为脱贫攻坚主战场，学生们对脱贫攻坚很熟悉，都能切实体会到脱贫攻坚给当地带来的深刻变化），在教学中采用线上线下混合型教学，以学生为中心，充分发挥教师学生双主体作用。在教学实践中可以运用对分课堂教学法、案例教学法、翻转课堂、沉浸式教学、情景式教学等，把脱贫攻坚精神融入人生观、理想信念、中国精神、社会主义核心价值观、道德观等章节中，帮助大学生树立正确的人生观、价值观、道德观，坚定理想信念，提高综合素质。

（五）考核方案设计

"思想道德与法治"课程教学的直接目标是帮助学生掌握人生观的基本理论，明辨"消极避世"与"积极进取"人生态度，补足理想信念精神之"钙"，认清西方普世价值的虚伪性、欺骗性、迷惑性和鲜明的政治倾向性实质，自觉讲道德、尊道德、守道德，不断提升法治素养，切实做到"勤学、修德、明辨、笃实"，不断增强实现人生价值的能力和本领。相比其他几门课程，"思想道德与法治"课的教学目标符合大一学生的认知特点，教学内容与现实问题联系较为密切。脱贫攻坚精神融入课程考评体系的构建，应逐步提高学生实践能力和平时表现在总成绩中的比重，以求得到更符合该课程目标且反映学生实际德育水平的考评结果。

注重过程性评价，充分体现脱贫攻坚精神融入课程效果。拓展考评场域和主体，将学生的课上课下、校内校外、日常品行作为重要的考评依据，建立学生自身、朋辈群体（同学）、学院教师（班主任或辅导员）等多元主体参与的考评体系。具体来说，要创新课堂教学考核方式，创设更多样、更新颖的脱贫攻坚精神相关讨论话题，开发线上线下更具弹性的参与空间，布置课前课后脱贫攻坚精神相关任务，提供更多更公平的机会，设置合理化的过程性考核成绩比重，激发学生主动"学"的自觉性，让学生在"充分忙起来"中加深对"步入人生新阶段""处在新时代""放飞人生新梦想"的理解和认同。

## 第二节　脱贫攻坚精神融入"马克思主义基本原理"课整体教学设计

### 一、脱贫攻坚精神融入课程教学设计基础

#### （一）课程简介

"马克思主义基本原理"课程（简称"原理"课）是系统阐述马克思主义哲学、马克思主义政治经济学和科学社会主义基本原理的一门公共必修课程。课程系统讲授马克思主义的基本理论，阐述马克思主义的世界观、方法论和科学社会主义的一般原则，讲清开创中国特色社会主义的历史逻辑、理论逻辑和实践逻辑，阐明"马克思主义为什么行"的问题，帮助学生深刻领会、准确把握马克思主义的根本性质和整体特征，正确认识自然界、人类社会、人的思维的一般规律，学习掌握贯穿其中的马克思主义立场观点方法，提升运用马克思主义基本原理观察和分析世界的能力，增强对人类社会发展规律，特别是中国特色社会主义发展规律的认识和把握，更加明确我国社会发展的方向和原则，坚定共产主义远大理想和中国特色社会主义共同理想。

#### （二）教材内容

"原理"课使用的教材，是高校思想政治理论课统编统审统用教材。《马克思主义基本原理（2023 年版）》由导论和正文七章构成，教材体系完整、结构严谨、逻辑严密，每章开篇均设置了学习目标、学习要点提示，每章末均布置思考题、推荐阅读文献，章节内容均针对性融入了习近平总书记最新讲话内容，及时展现了马克思主义中国化时代化最新理论成果，全面体现了习近平总书记对马克思主义基本原理的原创性贡献。第一章至第三章，主要讲授马克思主义哲学的基本原理，如世界的物质性、物质世界的存在方式、实践基础上人的认识的发展规律、人类社会的发展规律等。第四至七章，实质是马克思、恩格斯在《共产党宣言》中所提出"两个必然"和"两个决不会"理论的详细展开，是马克思主义科学方法论在社会领域的应用。

#### （三）学情分析

学生仍处于大学一年级，有热情有进取心，已经学习了"思想道德与法治"和一学期的"形势与政策"课，对人的本质、人与社会的关系、大学生活的特

点、理想信念、共产主义远大理想与中国特色社会主义共同理想、家国情怀、职业道德、家庭美德、社会公德、法治理念、法治思维、国家大政方针等有了比较全面地认识。尽管这种认识还比较粗浅，尽管在践行方面还存在许多稚嫩、短视甚至偏激的行为表现，但无疑，这些比较丰富直接的社会化"校园生活"体验，为开展马克思主义世界观和方法论教学提供了"迫切需要"这个最大的前提。大学生希望通过"马克思主义基本原理"课程的学习，掌握马克思主义这个看家本领，提升自己的抽象思维能力、辩证思维能力，能够明辨各类世界观、人生观、价值观，对一切"是非""真假""善恶""美丑"能够做到洞若观火、明察秋毫。

（四）课程目标

马克思主义是一个博大精深的理论体系，是对人类思想成果和社会实践经验的科学总结。通过课程教学，可以帮助学生正确认识自然、社会和人类思维发展一般规律，切实掌握矛盾分析、历史分析、阶级分析等马克思主义方法论，牢牢站稳"人民性"的马克思主义基本立场，从而为学习其他课程、观察当代世界变化、健全人格、不断增强服务社会的本领提供正确的世界观、人生观、价值观规范和方法论指导。

1. 知识目标

能够认识马克思主义的科学内涵、产生与发展的过程以及马克思主义的鲜明特征与当代价值；能够认知辩证唯物主义和历史唯物主义基本原理、实践观、认识论、价值论，运用唯物辩证法和唯物史观分析和解决问题；能够认识并理解劳动二重性理论、剩余价值论、资本主义经济危机理论，分析和把握资本主义经济制度、政治制度和意识形态的本质，把握资本主义制度灭亡的历史必然性；能够理解社会主义的理论与实践以及对共产主义的展望，分析把握社会主义发展道路的多样性和建设社会主义的长期性，认识社会主义代替资本主义的历史必然性。实践教学部分，能够通过阅读马克思主义的经典著作，能够深入领会马克思主义哲学、马克思主义政治经济学和科学社会主义的基本原理及其当代价值。

2. 能力目标

本课程以讲授马克思主义的基本理论和相关概念为重点，注重理论与实际结合，培养学生分析、解决问题的理论思维能力。帮助学生学会用辩证法对待成功与失败、荣与辱、个人价值与社会贡献，学会用发展的眼光看待新事物、迎接新挑战，主动从落后的传统观念和僵化的教条的束缚中解放出来，勇于为旧问题寻找新的解决方案，敢于创造新事物、新理念、新价值，善于从诸多问题解决思路中选择效率最高、成本最低的路径，从而为能力的全面发展奠定世界观和方法论基础。

3. 价值观目标

价值观，是一种精神追求，一种思维习惯，是人认定事物、辨定是非的一种思维或取向，对人们自身行为的定向和调节起着非常重要的作用。通过本课程的教学，能帮助学生掌握客观公正、全面有效的评价方法，对好与坏、对与错、善与恶、美与丑、先进与落后、正确与错误、积极与消极能形成科学的价值评价，对应该做什么和不应该做什么的判断充满理论和方法论自信，实践中能把握好真理与价值的辩证统一关系，坚定地信仰真理、捍卫真理，善用马克思主义理论之"矢"射中国社会实践之"的"，努力把马克思主义看家本领学到手，提高分析问题和解决问题的能力。

## 二、脱贫攻坚精神融入该课程的教学整体设计

### （一）融入原则

#### 1. 整体性融入

整体性是马克思主义理论内容和理论体系的固有属性，不仅包括马克思主义三大组成部分的逻辑整体性、方法整体性和历史整体性，还包括马克思主义理论整体性、马克思主义理论学科整体性、思想政治理论课教学整体性。[①] 教育部《关于调整增设马克思主义理论一级学科及所属二级学科的通知》中明确要求，要"从整体上研究和把握马克思主义科学体系"的学科定位，注重"把马克思主义三个组成部分有机结合起来""揭示它们的内在逻辑联系""给学生以马克思主义的完整概念"[②]。因此，把握整体性是马克思主义基本原理的理论体系、学科体系对教材体系的要求，也是脱贫攻坚精神融入"原理"课程的基本原则。这首先要求教师要读懂弄通脱贫攻坚精神的科学内涵，在讲课中联系地而不是孤立地、系统地而不是零散地、全部地而不是局部地理解脱贫攻坚精神；教学团队在进行教学设计时要善于运用脱贫攻坚精神阐释马克思主义基本原理的整体性关系，既能整体把握脱贫攻坚精神的内涵又能抓住重点融入教学，使脱贫攻坚精神有机融入整个教学体系中，体现整体性和说服力，避免碎片化。

---

[①] 龙晓菲. 论"原理"课教学内容的整体性建构：以人类社会发展规律为主线 [J]. 高校马克思主义理论教育研究，2023（2）：105-114.

[②] 国务院学位委员会 教育部. 关于调整增设马克思主义理论一级学科及所属二级学科的通知（学位〔2005〕64 号）[EB/OL]. 中国政府网，2005-12-23.

这既是马克思主义基本原理的基本观点，又符合"原理"课的教学规律。

2. 针对性融入

针对性融入原则要求脱贫攻坚精神的课程融入，要用马克思主义的立场、观点和方法，观察全球贫困问题、分析中国脱贫攻坚的独特魅力，引导学生独立思考，在中西方贫困治理道路和成效的比较分析中，坚定对马克思主义的理论自信。中国特色反贫困理论内容极其丰富，有机融入"原理"课教学，既不能一应俱全、走马观花式的面面俱到，也不能浮光掠影、蜻蜓点水式的随意撷取，必须有重点和针对性。在教学设计中，要把握的原则之一就是把脱贫攻坚精神融入"原理"课的教与学，是为了提升"原理"课教学的亲和力和说服力，实现价值性与知识性、学理性和政治性的相统一。因此，在融入过程中，不仅要重视中国反贫困理论内容的融入，还要重视发挥脱贫攻坚精神的涵养作用，要把脱贫攻坚的伟大历史性成就展示出来，把中国人的志气、骨气、底气讲出来，以增强对新时代大学生的精神感召力。

3. 灵活性融入

在教学目标导向下系统而科学地将教学内容、教学条件以及学生条件等各种因素有机地进行整合，创设极具感染力的教学情境，选择容易启迪学生并引发学生共鸣的融入内容和切入点，灵活运用各种有效的教学方法，让学生在潜移默化中沐浴熏陶，是脱贫攻坚精神有机融入"原理"课的必然选择。就"融入"方式而言，可以采用分散嵌入和设置专题两种不同的方式来实现。结合学生实际，对融合路径的优化选择应坚持以下原则：一是注重在"大思政"课视域下发挥思政课程对课程思政的引领作用，结合学生专业寻找中国特色反贫困理论的切入点，确保对中国反贫困理论的讲解能够贴近学生生活实际和专业领域，在学生专业实践中切实发挥育人作用。二是在融入方式上，构建多维立体化教学体系，在教学实践中，根据具体实际把理论与实践、课内与课外、线上与线下结合起来。

（二）融入目标

1. 总目标

通过脱贫攻坚精神在"原理"课中的融入，进一步讲深讲透讲活马克思主义哲学原理、资本主义的本质及规律、科学社会主义的真理性、中国特色社会主义的巨大优越性，更好地引导学生紧密结合习近平扶贫重要论述，加强习近平新时代中国特色社会主义思想的学习，把握好、运用好、坚持好贯穿其中的立场观点方法，引导学生学会观察分析中国特色反贫困理论和脱贫攻坚精神所蕴含的科学世界观和方法论，加深对"马克思主义行""归根到底是中国化时代化的马克思主义行"的理解，加深对资本主义制度下无产阶级贫困化的规律、造成无产阶级贫困积累和贫困程度日益加深制度顽疾的认识，从而在比较中更加突出在解决困扰中华民族几千年绝对贫困问题上取得的伟大历史性成就，彰显中国脱贫攻坚伟大胜利的世界意义，凸显中国特色社会主义道路、理论、制度和文化的优越性，更加坚定学生走中国特色社会主义道路，实现共同富裕目标的信心。

2. 分目标

（1）知识目标

将中国特色反贫困理论和脱贫攻坚精神所彰显的一般世界观和方法论作为教学的主线，帮助学生深刻认识脱贫攻坚精神产生的时代背景，站在唯物主义立场回答脱贫攻坚精神的生成逻辑，依据马克思主义基本原理正确分析脱贫攻坚精神的核心要义。能够借助脱贫攻坚资料加深对马克思主义基本原理的理解，能够从脱贫攻坚精神的科学内涵中读懂马克思主义的强大生命力、创造力和感召力。

（2）能力目标

能够运用马克思主义基本原理分析中国特色反贫困道路、理论、制度和文化，学会客观理性全面地观察和分析当代世界变化，养成科学的思维方式，形成解决实际问题的能力。尤其是学会观察和分析其他发展中国家解决贫困问题的对策中，有哪些属于同一性的问题和思路？有哪些属于国别性的治理方案？对中国具有有效参考价值的解决对策有哪些，理由是什么？发达国家多样化的反贫困治理道路中的主要成功经验是什么？这些都需要发现和提炼。这些抽象的过程，均有助于能力培养目标的实现，而且这种能力不仅仅包括理论分析能力，还包括了实实在在的服务经济社会发展的能力。

（3）价值观目标

社会基本矛盾是人类社会发展的基本动力，生产力是人类社会发展的根本动力，改革是社会主义发展的直接动力。人是生产力三要素中最活跃的因素，人类社会的本质是人与人在社会实践中形成并呈现的社会关系的总和，社会发展的动力系统也是以人的实践活动和实践关系为内容的。人民群众是历史的创造者、社会物质财富和精神财富的创造者以及推动社会变革的决定性力量。脱贫攻坚战略发自对人民群众的深厚感情。脱贫攻坚，群众动力是基础，必须正确处理外部帮扶和贫困群众自身努力的关系，激发脱贫内生动力。打赢脱贫攻坚战，必须立足贫困地区和贫困户实际，坚持实事求是、守正创新，努力实现理论创新与实践创新的良性互动。脱贫攻坚战的胜利，依靠的是全社会的共同努力和上下同心的强大合力，是社会各方主体内在认同和主动参与的结果。脱贫攻坚精神的"原理"课程融入，有强大的方法论基础也有丰富的群众画面，有利于价值观目标的实现。

（三）脱贫攻坚精神融入课程的单元教学模块设计

5-2　脱贫攻坚精神融入"原理"课单元教学模块设计

| 课程模块 | 授课要点 | 融入切入点和融入内容 | 融入方式 |
|---|---|---|---|
| 导论 | 马克思主义的含义；马克思主义的创立和发展；马克思主义的基本特征与当代价值；学习马克思主义的态度与方法 | ①在第二目"马克思主义的创立与发展"第三点"马克思主义中国化时代化"中，讲清楚中国共产党在"两个结合"中不断推进马克思主义中国化时代化的基本过程、理论成果与精神支撑，讲清楚脱贫攻坚精神如何体现了"实践发展没有止境，党的理论创新也没有止境"的科学内涵。②在第三目"马克思主义的基本特征"上，讲清楚"脱贫攻坚精神体现了马克思主义的科学性、人民性、实践性和发展性，集中体现了马克思主义的世界观和方法论" | 教师讲解；对分课堂，学生互动讨论：请举例说明，脱贫攻坚精神如何体现了马克思主义的基本特征 |
| 第一章 世界的物质性及发展规律 | 辩证唯物主义物质范畴；世界的物质统一性；主观能动性与客观规律性的辩证统一；联系和发展的基本规律；唯物辩证法是科学的认识方法；在实践中不断增强思维能力 | ①在第一章第一节"物质与意识的辩证关系"中讲清楚脱贫攻坚精神属于"意识"范畴，是脱贫攻坚实践的产物，是党的宝贵精神财富，能够转化为强大物质力量，是充分发扬历史主动精神，遵循客观规律与发挥主观能动性相统一的典范，为我们党夺决战胜前进道路上的一切困难和风险提供强大精神动力。②内因是事物发展的根据，外因是事物变化发展的重要条件，外因通过内因起作用。通常意义上的扶贫主要是"输血式"的物质扶贫，是一种外在力量；扶智和扶志是"造血式"的精神扶贫，重在激发内生动力 | 教师讲解并案例分享：①脱贫攻坚始终注重把外部帮扶和贫困群众自身努力相结合的哲学基础。②学生结合身边人身边事谈谈：激发贫困人口脱贫致富内生动力，对于防止返贫的重要意义 |

续表

| 课程模块 | | 授课要点 | 融入切入点和融入内容 | 融入方式 |
|---|---|---|---|---|
| 第二章 | 实践与认识及其发展规律 | 科学实践观及其意义；实践的本质与基本结构；认识的本质和发展规律；真理的客观性、绝对性和相对性；真理与价值的辩证统一；认识论与思想路线；实现理论创新和实践创新良性互动 | ①讲清社会生活的实践本质。中国共产党人在分析贫困及相关问题时，始终以客观事实为依据，立足贫困地区的实际情况，在遵循当地发展规律的基础上，因地制宜解决贫困问题，寻找消除绝对贫困的良方。②实践的主体、客体和中介是实践活动的三项基本要素，贫困户自身努力、社会各界帮扶、党的坚强领导、社会主义制度缺一不可，否则不可能打赢脱贫攻坚战。③贫困是人类社会顽疾，对贫困治理规律的认识，体现了真理的绝对性和相对性 | 教师讲授、案例分享、师生互动：①"六个精准""五个一批"怎样体现了实践的客观实在性、自觉能动性和社会历史性特征。②引导学生明白，乡村振兴难度更大，需要积极探索符合中国国情的乡村振兴道路 |
| 第三章 | 人类社会及其发展规律 | 社会存在与社会意识的辩证关系；社会基本矛盾及其运动规律；世界历史的形成发展；社会进步与人的发展；文明及其多样性；社会历史发展的动力；人民群众和个人在社会历史中的作用；群众、阶级、政党、领袖的关系 | 把讲授人民群众的历史主体地位与脱贫攻坚精神、脱贫攻坚英模故事结合起来，在阐释好人民群众作为物质财富和精神财富创造者，决定社会历史基本趋势和走向的同时，引导大学生明晰其作为社会主义事业建设者和接班人的历史角色，增强"主人翁"意识和责任感 | 教师讲授、案例分享、师生互动：资源变资产、资金变股金、农民变股东农村"三变"改革探索的贵州、重庆等模式，成就经验与启示，体现的开拓创新精神，人民群众是推动社会变革和社会改革发展的根本动力 |

| 课程模块 | | 授课要点 | 融入切入点和融入内容 | 融入方式 |
|---|---|---|---|---|
| 第四章 | 资本主义的本质及规律 | 劳动价值理论及其意义；剩余价值理论；资本主义经济危机；资本主义政治制度；资本主义意识形态 | ①生产资料私有制以及由此所造成的劳动与财富的分离是一切贫困问题产生的根源，资本主义世界一切现实的危机的最终原因始终是群众贫穷和群众的消费受到限制。②共同富裕是社会主义的本质要求，是我们党矢志不渝的奋斗目标，打赢脱贫攻坚战，全面建成小康社会，为促进共同富裕创造了良好条件 | 教师讲授、案例分享、师生互动：①脱贫攻坚战取得全面胜利，标志着我们党在团结带领人民创造美好生活、实现共同富裕的道路上迈出了坚实的一大步。②党的坚强领导和社会主义制度的优越性，是实现中国式现代化的坚强保障 |
| 第五章 | 资本主义的发展及其趋势 | 私人垄断资本主义的形成及特点；国家垄断资本主义的特点及实质；经济全球化的表现及其影响；第二次世界大战后资本主义的变化及其实质；当代资本主义变化的新特征；世界大变局下资本主义的矛盾与冲突；资本主义的历史地位及其为社会主义所代替的历史必然性 | ①资本主义在一定程度上促进生产力发展的同时，却不断加大对劳动人民的剥削和掠夺，而且剥削方式也更加隐蔽和残酷，更加剧了资本主义无限制扩大生产的趋向和人民群众有限的消费之间的矛盾，导致周期性危机与结构性危机交织频发，产生了更多的贫困人口，造成了两极分化和社会对立呈加剧态势，资本主义的弊端与困境不断暴露且难以克服。②在资本主义狭隘的生产关系范围内，不但资本主义国家自身的贫困问题根本无从解决，反而因为其频繁转嫁危机、输出贫困会更加加剧全球贫困问题。只有过渡到社会主义阶段，进而实现共产主义，全人类才能彻底摆脱贫困、获得真正解放 | 教师讲授、案例分享、师生互动：①资本主义为追逐更多剩余价值而力图发展起来的生产力并没有也不可能成为解放人民的力量，反而使整个社会性的贫困问题更为突出。②在消解贫困道路上的中国之治为全球贫困治理提供了强有力的科学方法和实践依据 |

续表

| 课程模块 | 授课要点 | 融入切入点和融入内容 | 融入方式 |
|---|---|---|---|
| 第六章 | 社会主义的发展及其规律 | 社会主义五百年的历史进程；科学社会主义基本原则；科学社会主义基本原则与中国特色社会主义；社会主义建设过程的长期性；社会主义发展道路的多样性；社会主义在中国焕发出蓬勃生机 | ①社会主义从理想到现实、从一国到多国，在中国焕发出蓬勃生机。社会主义制度的根本优越性就在于能够不断解放生产力和发展生产力，而且使社会的发展与人的发展相统一。②社会主义将为解决世界贫困问题不断提供更多证明。中国特色社会主义扶贫治理尤其脱贫攻坚成就用事实证明了"社会主义制度优于资本主义制度" | 教师讲授、案例分享、师生互动：①社会主义对消解贫困问题具有制度上的根本优越性。②中国特色脱贫攻坚制度体系为脱贫攻坚提供了坚实制度保障。③脱贫攻坚是一场必须打赢打好的硬仗，是我们党向全国人民做出的庄严承诺，中国共产党人是最讲诚信的 |
| 第七章 | 共产主义崇高理想及其最终实现 | 预见未来社会的方法论原则；共产主义社会的基本特征；共产主义理想实现的必然性；共产主义理想实现的长期性；共产主义远大理想与中国特色社会主义共同理想的关系 | ①展望未来社会，不能依靠猜测和想象，不能抽象地、随意地谈论未来，要坚持科学的立场观点方法，学会在剖析旧世界的过程中阐发未来新世界的特点，善于从过去的实践中，从出现的新社会因素中，发现和预测未来社会的特点。②实现共产主义是历史发展的必然，是人类最伟大的事业，实现共产主义是一个长期而艰难的历史过程，必须经历许多历史阶段，需要相当长的历史时期。共产主义是理想，也是实践。实现共产主义最高理想，需要一代又一代人接力奋斗。③脱贫摘帽不是终点，而是新生活、新奋斗的起点。美好生活的实现，中国式现代化目标任务的顺利完成，需要一代又一代有志青年坚定理想信念，接续奋斗，投身新时代中国特色社会主义伟大事业，将全国各族人民的共同理想变为现实 | ①胜非其难也，持之者其难也。对于中国共产党人而言，为人民谋幸福只有起点，永远没有终点。②共同富裕本身就是社会主义现代化的一个重要目标。③理想是奋斗目标，也是动力之源。大学生应该怎样把握远大理想与共同理想的关系 |

**（四）教法设计**

以小组研学方式研读习近平总书记关于打赢脱贫攻坚战的系列经典论述，以小组课堂分享方式展示所学知识、形成知识互补，以教师点评、补充讲解的方式查漏补缺、引向深入，进一步加深学生对于原理的理解。教师要明确要求学生联系习近平总书记在不同时间、不同场合发表的扶贫重要论述，撰写格式规范的小论文，以提高学生学习经典原著的实际效果。要明确要求学生从某个马克思主义基本原理出发，带着任务去观察经济社会问题，主动去收集蕴含该原理的脱贫攻坚案例并做出恰当性选择。此教学法有一定难度但更容易强化理论基础学习，提高学生联系实际的能力，较好地做到"三贴近"。

**（五）考核方案设计**

"原理"是一门大学生必修思想政治理论课，课程集中讲授马克思主义"大道理"，这些道理对我们理解世界、认识世界、指导实践具有重要意义，必须"真学""真懂""真信""真用"。考核的直接目的是"测度优劣"，最终目标是助力"提升核心素养"。对脱贫攻坚精神课程融入的考核，分为平时考核和期末考核两种，平时考核依据脱贫攻坚精神相关话题的讨论表现、课程作业的完成质量、节假日校园活动的参与度来评定，方式可以是线上也可以是线下，此为过程性评价。期末考核注重把马克思主义基本原理与脱贫攻坚故事有机结合起来，以主观题或客观题的方式灵活出现，前提是教研室要加大考核方案集体备课力度，逐个发言、逐题讨论，确保客观题无歧义，主观题能展得开，而且讨论的过程也是教师自身提高教学质量，感染脱贫攻坚精神力量的过程。

## 第三节　脱贫攻坚精神融入
## "中国近现代史纲要"课整体教学设计

### 一、脱贫攻坚精神融入课程教学设计基础

**（一）课程简介**

"中国近现代史纲要"（简称"纲要"）课是全国高等学校本科生必修的一门思想政治理论课。注意总结、借鉴、汲取历史经验，是中华民族的优良传统。重视对历史的学习、研究、宣传，实现以史鉴今、资政育人目标，是推进党和国家事业发展的现实需要。大学生是祖国未来各条战线的生力军。"纲要"课旨在通过国史、党史、党情的教学，帮助大学生更加了解中国的昨天、今天和明

天，引导学生坚定"四个自信"，形成对中国共产党和中国特色社会主义道路的政治认同、历史认同和文化认同，不断增强做中国人的志气、骨气、底气。

（二）教材内容

《中国近现代史纲要（2023年版）》以习近平新时代中国特色社会主义思想为统领，坚持马克思主义立场、观点、方法，全面完整、科学准确地体现了党的理论创新、实践创新和制度创新成果，充分体现了党的十九届六中全会和二十大精神。教材第一章至第七章，为中国近现代史内容；教材第八章至第十四章，是1949年中华人民共和国成立以来的历史，属于中国现代史部分。教材体系围绕"红色政权来之不易""新中国来之不易""中国特色社会主义来之不易""今天的幸福生活来之不易"四个主题展开，综述了中国共产党领导人民经过社会主义革命、建设、改革，把极度贫穷落后的中国逐步改变成持续走向繁荣富强、充满生机活力的社会主义中国的历史。

（三）学情分析

大二学期初的学生整体已适应大学生活，对自己的专业也有了比较清晰的认识，缺点是对未来发展方向仍然比较迷茫，学习积极性、集体热情比大一有所下降。部分同学循规蹈矩、被动前行，也有部分同学视野触角已开始向校外延伸，主动与老师交流讨论专业问题和社会热点，但由于专业基础知识积累较少，对社会问题缺少必要的直接体验，与任课老师的互动难深入，往往浮于表面，难以产生共鸣。因此，初入大二的学生，仍然较好地保持了对大学生活的向往，对专业未来的憧憬，同时也开始尝试利用所学专业知识来答疑解惑社会热点问题。因此，"纲要"任课老师务必结合教育教学要求，创新教学形式，史论结合、谈古论今，鼓励学生从专业角度讨论问题；教师要加强正向引导，以更加坚定其在中国共产党坚强领导下为实现中华民族伟大复兴而不懈奋斗的理想信念。

（四）课程目标

1.总体目标

学习本课程的主要目的是认识近现代中国社会发展和革命、建设、改革的历史进程及其内在规律，深刻领会历史和人民是怎样选择了马克思主义、选择了中国共产党、选择了社会主义道路、选择了改革开放，深刻领会中国共产党为什么能、马克思主义为什么行、中国特色社会主义为什么好，更加坚定地在中国共产党坚强领导下为实现中华民族伟大复兴而不懈奋斗。①

2. 具体目标

通过对中国近现代历史的系统教学，大学生在学习过程中获得丰富的历史知识，逐步实现三大目标。

第一，全面了解近代以来中国共产党率领中国人民为争取民族独立、人民解放和实现国家富强、人民富裕这两项历史任务的奋斗历程；深刻认识马克思主义中国化时代化的历史进程和理论成果；准确把握近现代中国社会发展和革命、建设、改革的内在规律；懂得中国共产党领导中国人民走上社会主义道路的历史必然性；了解中国特色社会主义新时代的伟大变革和里程碑意义；清楚没有共产党就没有新中国、只有社会主义才能救中国、只有中国特色社会主义才能发展中国的事实和道理。

第二，通过对有关历史进程、事件和人物的分析，丰富学生的历史知识，帮助学生进一步明晰中国近现代历史发展的脉络，掌握科学的评价历史事件和历史人物所必须坚持的阶级分析方法和历史分析方法，提高学生汲取历史智慧、明辨历史是非、增强历史洞察力、科学判断社会发展方向的能力。

第三，具备良好的政治素养，对爱国主义精神和革命传统、马克思主义、中国共产党、社会主义道路、改革开放形成积极的情感态度和价值取向。明确中国近现代历史的主题主线、主流本质，充分理解实行改革开放和搞好现代化建设的重大意义。警惕和反对历史虚无主义，坚定对马克思主义的信仰、对中国共产党的信任、对社会主义的信心，达到对中国特色社会主义理念高度认同、信心更加坚定、行动更加自觉的素质教育目的。

## 二、脱贫攻坚精神融入本课程的教学整体设计

### （一）融入原则

将脱贫攻坚精神融入"纲要"课，作为思政课教师首先要学深悟透脱贫攻坚精神的科学内涵，对中国共产党领导人民反贫困的历史，对脱贫攻坚精神的形成背景和发展过程，对中华民族伟大复兴的意义以及对全人类反贫困的世界意义有一个总体把握。此外，需要坚持以下原则：

1. 政治性原则

"纲要"课不是普通的历史课，而是一门集政治性、价值性、理论性、实践

---

① 《中国近现代史纲要》编写组．中国近现代史纲要［M］．北京：高等教育出版社，2023：11.

性等诸多属性为一体的思政课。其中，政治性是高校思政课的首要属性，将脱贫攻坚精神融入"纲要"课，首先要坚持政治性原则。教师要用正确党史观、唯物史观、大历史观解读脱贫攻坚精神。在融入的过程中讲清楚："一部中国史，就是一部中华民族同贫困作斗争的历史"的意蕴；脱贫攻坚战的决定性胜利，在全面建成小康社会和中华民族伟大复兴的历史地位；脱贫攻坚与共同富裕的关联性关系；脱贫攻坚与"四个选择"的契合性关系。帮助学生深刻理解"我国脱贫攻坚战取得了全面胜利，是中国人民的伟大光荣，是中国共产党的伟大光荣，是中华民族的伟大光荣！"这句话的深刻内涵，教育引导学生坚定不移听党话、跟党走，立志做有理想、敢担当、能吃苦、肯奋斗的新时代好青年。

2. 比较性原则

在中西方的横向比较中，讲清楚中国减贫治理是中国共产党领导的减贫治理，既是全球减贫治理的重要组成部分，更有基于自己国情的中国特色。改革开放以来，中国对全球减贫贡献率已超过70%，是世界上减贫人口最多的国家，赢得国际社会广泛赞誉。通过数据对比展现中国脱贫伟大成就，进而体现中国特色社会主义的扶贫道路正确和制度优势。此外，党和国家承诺要积极开展国际减贫合作，履行减贫国际责任，为发展中国家提供力所能及的帮助，做世界减贫事业的有力推动者。① 在中国历史发展，特别是进入近代以来的历史发展的纵向比较中，讲清楚"中国共产党为什么能"的道理。

3. 系统性原则

重视精神力量是中国共产党从胜利走向新的胜利的根本底色，厘清一百年来党在领导革命、建设、改革和新时代伟大奋斗中构建起的精神谱系，对于新时代凝聚和感召人民实现中华民族伟大复兴意义重大。② 在庆祝中国共产党成立一百周年大会上，习近平总书记指出："一百年来，中国共产党弘扬伟大建党精神，在长期奋斗中构建起中国共产党人的精神谱系，锤炼出鲜明的政治品格。"③ 脱贫攻坚精神作为中国共产党人精神谱系鲜活而具体的"坐标"之一，在融入"纲要"课时，要从中国共产党人精神谱系的整体性上来系统把握。为此，需要讲清楚几大关系：一是既要讲清楚脱贫攻坚精神是中国共产党人精神谱系的重要组成部分，又要讲清楚脱贫攻坚精神与伟大建党精神的"流与源"

---

① 习近平. 在全国脱贫攻坚总结表彰大会上的讲话［N］. 人民日报，2021-02-26（2）.

② 李丹，徐晓风. 中国共产党人精神谱系融入"中国近现代史纲要"课教学探析［J］. 思想政治教育研究，2022，38（2）：110-116.

③ 习近平：在庆祝中国共产党成立100周年大会上的讲话［EB/OL］. 求是网，2021-07-01.

的关系；二是既要讲清楚党在不同历史时期围绕完成不同历史任务，形成了一系列伟大精神，又要讲清楚这些伟大精神之间的联系，尽管他们的内涵不尽相同，但其本质内容和精神实质是相通的、统一的、一致的。例如，既要讲清楚"纲要"课教材中提到的红船精神、长征精神、遵义会议精神，又要讲清楚脱贫攻坚精神与这些精神的传承关系。三是既要讲清楚这些伟大精神同中国精神的关系，又要讲清楚这些伟大精神同实现中华民族伟大复兴中国梦的关系。因此，在脱贫攻坚精神融入"纲要"课教学中，要从整体上把握这几大关系，不能孤立讲脱贫攻坚精神，而应坚持系统的、联系的原则阐述中国共产党人的精神谱系，阐述清楚这些伟大精神。如此，一部中国革命史、中国共产党人的奋斗史、中国特色社会主义的建设史便生动展现在我们面前，脱贫攻坚精神的内涵与价值也因之变得更容易被学生理解和把握。

（二）融入目标

"纲要"课是一门从历史角度对大学生进行思想政治教育的思政课。把脱贫攻坚伟业铸就的伟大脱贫攻坚精神有机融入"纲要"课教学的总体目标，是在历史视野、理论视野、文化视野、国际视野中强化理论分析，综合运用讲故事、讲历史、讲理论的方式，在史论结合中讲好中国脱贫攻坚故事、讲清楚脱贫攻坚战略的来龙去脉，帮助大学生总体把握中国近现代党领导人民践行初心和使命的主题和主线、主流和本质，深刻领悟中国共产党的领导是中国特色社会主义最本质的特征、是中国特色社会主义制度的最大优势，引导当代大学生胸怀"国之大者"，把实现个人价值同党和国家前途命运紧紧联系在一起，① 坚信只有坚持中国共产党的领导，坚持走好中国特色社会主义道路，中华民族伟大复兴梦想才有可能变为现实；坚信只有把个人理想置于中国式现代化道路上，与中国命运同向同行，才有可能成就出彩人生。

（三）融入内容

要从中国近现代史的社会性质、社会矛盾和社会任务的角度出发，讲清楚中华民族从站起来、富起来到强起来的历程和伟大飞跃。（1）落后就要挨打。半殖民地半封建社会的旧中国，中国的广大人民尤其是农民日益贫困化以至大批地破产，过着饥寒交迫和毫无政治权利的生活。（2）中国共产党一经诞生，就把为中国人民谋幸福、为中华民族谋复兴确立为自己的初心使命，领导人民浴血奋战、百折不挠，建立了新中国，确立了社会主义基本制度，为中国人民

---

① 刘爱章. 将脱贫攻坚伟大斗争融入"中国近现代史纲要"课教学的内容分析 [J]. 思想理论教育导刊，2021（3）：77-83.

摆脱贫困创造了制度前提。（3）进入改革开放和社会主义现代化建设新时期，为了使人民摆脱贫困、尽快富裕起来，党带领全国各族人民，解放思想、锐意进取，实现了从温饱不足到总体小康、奔向全面小康的历史性跨越。（4）新时代以来，以习近平同志为核心的党中央带领人民群众全面建成了小康社会，实现了党的第一个百年奋斗目标，开启了全面建设社会主义现代化国家的新征程。

脱贫攻坚精神的融入，要遵循历史逻辑、体现实践逻辑、讲清理论逻辑，贴合"纲要"课程特点，坚持详略得当，不追求面面俱到，但要抓紧主线索。中国人民面对空前严重的灾难，中华民族面对极其深刻的生存危机，没有屈服，而是挺起脊梁、奋起抗争，传承以爱国主义为核心的民族精神，发扬百折不挠、英勇顽强的革命精神、批判精神、战斗精神、大无畏精神、革命乐观主义精神、革命忠诚精神、热情和崇高的创造精神，缔造了伟大建党精神（第四章第三节）和以伟大建党精神为源头的中国共产党人精神谱系，如长征精神（第五章第二节）、延安精神（第六章第四节）、抗战精神（第六章第五节）、抗美援朝精神（第八章第一节），形成了历久弥新的时代精神，如大庆精神、铁人精神、焦裕禄精神、雷锋精神、"两弹一星"精神（第八章第五节）。中国特色社会主义新时代，发展任务更加艰巨，社会矛盾更加多元复杂，各种风险挑战交织叠加，但中国人民的前进动力、奋斗精神更加昂扬，必胜信念更加坚定，历史自觉和主动精神更为强烈。脱贫攻坚精神是中国共产党人精神谱系的新内容，是一代共产党人接续奋斗的新成果，更是支撑未来奋斗之路上砥砺前行的新精神力量。脱贫攻坚精神在"纲要"课的融入，要对标"学史明理""学史增信""学史崇德""学史力行"的党史学习教育总要求加强教学融入设计，做到既有历史厚度，又有现实温度，使脱贫攻坚精神始终保持精神感召力。

（四）融入设计

根据课程内容和融入切入点，教材中涉及的中国精神比较分散，而中国共产党人精神谱系具有系统性、内涵的统一性和传承性。因此，融入方式设置专题式教学比较恰当，可设计两个专题教学：中国共产党人精神谱系专题教学和脱贫攻坚专题教学。因受教学时间限制，可进一步融合为一个专题，结合脱贫攻坚期间锻造形成的脱贫攻坚精神延展讲解中国共产党人的精神谱系，或者做中国共产党人精神谱系专题讲解时，着重讲授脱贫攻坚精神的形成基础、科学内涵与时代价值。

## 5-3　脱贫攻坚精神融入"纲要"课单元教学模块设计

| 教学主题 | | 中国共产党人精神谱系；脱贫攻坚的历史成就与中国智慧 |
|---|---|---|
| 教学目标 | | 　　以扶贫脱贫事业为切入点，讲好中国共产党为中国人民谋幸福、为中华民族谋复兴的历史过程和历史贡献，体现中国共产党人始终保持艰苦奋斗的优良作风和为人民服务的宗旨意识，理想信念坚定，敢于斗争、敢于胜利的优良风格，充分展示中国扶贫开发道路的丰富内涵和鲜明特色，展示脱贫攻坚精神对伟大建党精神的继承性、对共产党人精神谱系的延展性、对世界扶贫减贫事业的价值引领作用，使大学生能从一个又一个人间奇迹的事实中，真正感悟中国共产党的"能"，真正体会到今天的美好生活来之不易的道理，以厚植家国情怀，增强大学生责任感与使命感。 |
| 教学内容 | 中华文明发展史角度 | 　　脱贫攻坚精神是对中华民族精神的传承与弘扬。在五千多年连绵不断的文明历史中，中华民族创造了博大精深的中华文化，为人类文明进步做出了不可磨灭的贡献。中华文明历尽沧桑始终绵延不断、传承不绝，表现出顽强的生命力。中国传统文化中的讲仁爱、崇正义思想，自强不息、守望相助、扶贫济困、孝老爱亲、厚德载物等传统美德，承载着中华伦理文化的基因，潜移默化地影响着中国人的行为方式，是中华民族发展壮大最基本的文化基因，为脱贫攻坚精神提供了丰厚滋养，具有永不褪色的价值。 |
| | 中国反贫困史角度 | 　　习近平总书记在党史学习教育动员大会上指出，要树立大历史观，从历史长河、时代大潮、全球风云中分析演变机理、探究历史规律，提出因应的战略策略，增强工作的系统性、预见性、创造性。因此，要从大历史观出发，阐述脱贫攻坚与全面建成小康社会的关系，脱贫攻坚与共同富裕目标实现以及中华民族复兴的关系，对中国共产党领导的扶贫脱贫事业做出历史性总结。介绍鸦片战争后，中国人民食不果腹、衣不蔽体的悲惨生活，中华民族内无民主、外无主权毫无尊严的苦难处境。全面梳理中国共产党成立以来，尤其中华人民共和国成立以来，党和国家开展贫困治理的重点阶段和主要成就，全景式记录不同时期中国扶贫脱贫的重大决策、方针政策、具体措施、实际效果、进展状况和典型案例，重点讲好党的十八大以来脱贫攻坚的历史壮举和主要经验，在宏大的历史视野中审视、解读，讲深、讲透、讲活伟大的脱贫攻坚精神。 |
| | 全球减贫史角度 | 　　消除贫困是全人类共同追求的社会理想，摆脱贫困是中国人民孜孜以求的梦想。2020年全面建成小康社会，中国提前10年实现联合国2030年可持续发展议程减贫目标，历史性地解决了绝对贫困问题，创造了人类减贫史上的奇迹，向世界提供了一份解决贫困问题的中国方案。从脱贫攻坚的国际减贫贡献中感受中国之治，从国际减贫合作中彰显构建人类命运共同体理念，从全球减贫成效对比中彰显中国制度优势；在理论阐释、数据分析、故事体验中实现"纲要"课"三个了解"和"四个选择"的教学目标，培养担当民族复兴大任的时代新人。 |

| 教学主题 | 中国共产党人精神谱系；脱贫攻坚的历史成就与中国智慧 |
|---|---|
| 教学方法 | 　　要注重第一课堂和第二课堂相结合。第一课堂以教材讲授、参考文献研读、视频观看、小组讨论相结合的方式进行，要突出重点讲清难点，结合现实需求把课程讲活、讲深、讲透，让课堂流畅生动，呈现风格和特色，提升课堂教学的科学性和艺术性，提高育人有效性和教学实效性。第二课堂需要充分利用本地红色资源作为鲜活的思政课素材，利用重大节假日组织学生到红色纪念馆、革命遗址实地考察、参观体验，与革命英雄、建设标兵、道德模范访谈学习。此外，网络资源能够有效突破现实资源限制，文本导读、翻转课堂、对分教学、课前案例推送、小组讨论、项目学习等方式有利于发挥学生创造性和主动性，学习通、对分易和智慧树等平台以及微信、QQ互动方式均有助于提高学生学习兴趣，对学生学习情况及时开展考核评价的过程性考核有助于压实学习责任。 |
| 教学资源 | 著作资源、案例资源、视频音频资源、设备资源，革命旧址、革命博物馆、纪念馆、脱贫攻坚模范村、乡村振兴示范村等实践基地 |
| 学生合作互学 | 预习课程资源、分组研学、线上线下观点分享 |
| 教师教学反思 | 教学效果、特色创新、诊断改进 |

# 第四节　脱贫攻坚精神融入"毛泽东思想和中国特色社会主义理论体系概论"课整体教学设计

## 一、脱贫攻坚精神融入课程教学设计基础

### （一）课程简介

"毛泽东思想和中国特色社会主义理论体系概论"（以下简称"概论"）是对大学生进行思想政治理论教育的必修课。通过课程教学帮助学生系统把握马克思主义中国化时代化的历史进程及其理论成果；深刻认识中国共产党领导中国人民进行的革命、建设、改革的历史进程、历史变革、历史成就；透彻理解中国共产党为什么能，中国特色社会主义为什么好，归根到底是马克思主义行，是中国化时代化的马克思主义行的道理；坚持正确的历史观，具备足够宽的历史视野，牢固树立国情意识和问题意识，提高联系中国实际和自己思想实际分析和解决问题的能力，坚定在中国共产党的领导下走中国特色社会主义道路的

理想信念，为实现中华民族伟大复兴做出自己应有的贡献。

（二）教材内容

本课程使用的教材是高等教育出版社出版的马克思主义理论研究和建设工程重点教材《毛泽东思想和中国特色社会主义理论体系概论》。2023 版"概论"教材体系新颖、逻辑严密，在结构上除了导论和结束语外，共由八章组成。其中，第一章主要阐述毛泽东思想形成发展的历史条件和过程，毛泽东思想的主要内容、活的灵魂与历史地位，是第二章、第三章、第四章的统领或"纲"；第五章"中国特色社会主义理论体系的形成发展"承前启后，前接毛泽东思想部分后起中国特色社会主义理论体系的具体内容。因习近平新时代中国特色社会主义思想在《习近平新时代中国特色社会主义思想概论》教材中系统阐述。因此，与 2021 版教材相比，2023 版新教材的教学重点是阐述毛泽东思想、邓小平理论、"三个代表"重要思想和科学发展观。

（三）学情分析

整体来看，大二年级课程较多、业余活动较多。大二下学期的学生，对专业课尤其专业核心课的重视程度进一步上升，对影响综合量化的班级和校园活动重视程度较高，对通识课的重视程度有所下降。文科学生认为，思想政治理论相关课程稍微用心即可轻松应对，理工科的学生认为只要平时听听课、考前强化重难点记忆也能应付。原因多样，但主要原因是课程教学未能有效联系经济社会热点问题，未能有效贴近学生能力提升需求，缺乏情感共鸣。"概论"课程开设的总体目标是通过学习掌握马克思主义中国化时代化的历程和理论成果，了解党的路线、方针和政策，帮助大学生能自觉运用马克思主义的立场、观点和方法，提高分析解决现实问题的能力，确立中国特色社会主义的共同理想信念。因此，区别于上学期的"纲要"课程，本课程要坚持以史论今、重点在今的原则，做好"三贴近"，讲清理论逻辑、历史逻辑、实践逻辑，更要讲清楚发展逻辑。

（四）课程目标

1. 课程总体目标

一是系统掌握中国化时代化马克思主义理论成果及其一脉相承又与时俱进的关系，增强大学生"四个自信"，提升大学生运用马克思主义理论、观点和方法认识问题、分析问题和解决问题的能力。二是突出思想政治理论课的教育功能，学生能从百年党史历程中更加坚信中国化时代化的马克思主义真的行，对中国特色社会主义的思想认同、政治认同、理论认同和情感认同得到进一步增强，能够自觉践行社会主义核心价值观，树立正确的世界观、人生观、价值观，成为具有坚定信念的社会主义建设者。三是通过本课程的学习学生更加明确理论创造是为了服务现实，是为了解决和回应现实问题的。马克思主义中国化时代化既是马克思主义理论本身发展的内在要求，又是解决中国实际问题的客观需要。带着责任学、带着思考学，带着问题学，做到学有所思、学有所悟、学有所得，才能够自觉把理论与实践、理想与现实、主观与客观、知与行有机结合起来，不断提高分析问题和解决问题的能力。

2. 课程具体目标

（1）知识目标

全面理解马克思主义中国化时代化理论成果的科学内涵，深刻认识马克思主义中国化时代化理论成果之间既一脉相承又与时俱进的理论品质。充分认识到，简单套用马克思主义基本原理、照搬外国经验，没有解决中国革命、建设、改革的问题，也不可能解决中国式现代化道路上的任何新问题。实践没有止境，理论创新也没有止境。坚持和发展马克思主义、不断推进马克思主义中国化时代化的过程，是一个持续追求真理、揭示真理、笃行真理的过程，要读原著、学原文、悟原理，系统性把握中国化时代化理论成果所蕴含的马克思主义立场、观点、方法。

（2）能力目标

正确分析评价马克思主义中国化时代化理论成果以及党的基本路线、基本方略的历史地位和意义；能运用马克思主义中国化时代化理论，分析评价中国共产党领导人民进行革命、建设、改革的历史进程、历史变革、历史经验、历史成就；充分认识理论联系实际是马克思主义的基本原则，实事求是是我们认识问题、解决问题的根本方法，在生活及工作实践中能自觉使用这一方法论把握中国国情、认识社会状况和自己所处环境，在已有知识和经验的基础上形成科学认知，对未来发展中可能出现的问题能有基本判断并形成系统的解决预案。

（3）价值目标

通过教学，学生能在理论认同的基础上进一步增加政治认同、思想认同、情感认同。深刻认识到，马克思主义深刻改变了中国，中国也极大丰富了马克思主义，中国化时代化的马克思主义从理论和实践相结合上深入回答了关系中国发展的重大时代问题，是我们站稳人民立场、把握时代大势、推进伟大事业、实现伟大梦想的思想和行动指南；实事求是的思想路线是马克思主义中国化时代化理论成果的精髓，也是马克思主义中国化时代化理论成果的哲学基础，更是我们认识问题、解决问题所应遵循的方法和原则；要自觉培养并提升世界视野、国情意识和问题意识，牢固树立中国特色社会主义的理想信念，增强社会责任感与使命感，形成正确的世界观、人生观、价值观，养成不怕困难与挫折，善于沟通与合作，诚实守信、团结互助、勇往直前的优秀品格，坚信在知行合一中成就精彩人生。

### 二、脱贫攻坚精神融入本课程的教学整体设计

（一）融入原则

1. 忠实于教材和权威文献

2023 年版"概论"教材同样及时融入了党的十九届六中全会通过的《中共中央关于党的百年奋斗重大成就和历史经验的决议》、党的二十大报告和二十大新修订的《中国共产党章程》，以及 2021 年版教材出版以来习近平总书记最新讲话内容。"概论"课教学的基本要求是，围绕一个"主题"，紧扣一个"主线"，讲好一个"重点"。即坚持理论逻辑、实践逻辑、历史逻辑相统一，以中华民族伟大复兴为主题，讲清中国共产党在不同时期的主要任务和面临的重大时代课题；以马克思主义中国化时代化为主线，讲清马克思主义中国化时代化的提出及其历史进程；以中国化时代化马克思主义为重点，讲透中国化时代化马克思主义理论成果及其一脉相承又与时俱进的关系；以中国百年巨变为根据，全面展示中国化时代化马克思主义的实践逻辑；以坚持和发展中国特色社会主义为方向，全面展示中国特色社会主义的历史逻辑，让学生掌握贯穿毛泽东思想和中国特色社会主义理论体系中的立场、观点和方法。① 脱贫攻坚精神的本课程融入，要体现教学大纲要求，紧跟教材内容的变化，忠实于教材和权威文献，把党的理论创新最新成果贯穿到课程教育教学之中。例如，讲好脱贫攻坚精神，需重点结合习近平总书记在全国脱贫攻坚总结表彰大会上的讲话原文，紧密结合党的百年奋斗重大成就和历史经验。

2. 科学把握脱贫攻坚精神的发展性视角

脱贫攻坚精神是中华民族五千多年优秀传统文化的沉淀，是中国共产党奋斗史的延伸，是伟大建党精神的最新体现。不同时代产生不同精神，如新民主主义革命阶段有五四精神、红船精神、长征精神、遵义会议精神等，社会主义革命和建设时期有抗美援朝精神、北大荒精神等；改革开放和社会主义现代化建设新时期有改革开放精神、特区精神；中国特色社会主义新时代有抗疫精神、脱贫攻坚精神等。科学把握、精准融入、系统讲好脱贫攻坚精神，要坚持必需

---

① 秦宣. 毛泽东思想和中国特色社会主义理论体系概论（2023 年版）修订说明和教学建议［J］. 思想理论教育导刊，2023（3）：10-16.

的历史逻辑，保持大历史的视野，讲好中国共产党成立以来的革命故事，讲好中华人民共和国成立以来兴修水利、发展文化教育和医疗卫生事业等的成就，讲好改革开放以来的家庭联产承包责任制为核心的农村经济体制改革以及系统化有组织的扶贫事业，讲好党的十八大以来的精准扶贫脱贫攻坚故事。脱贫攻坚故事的讲解，要紧扣"概论"课程特点，把历史作为背景资料，以历史逻辑呈现理论逻辑，重点讲好脱贫攻坚精神在中国扶贫治理过程中的实践展开，让学生充分理解"中国特色社会主义为什么好"，以增强学生对马克思主义反贫困理论的认同，进一步增强学生对中国特色扶贫理论的自信，更加坚定走中国特色社会主义贫困治理道路，续写好马克思主义中国化时代化的新篇章。

3. 说理和陈情结合

说理和陈情结合是所有思想政治理论课的基本要求。思政课的本质是讲道理，马克思强调："理论只要说服人，就能掌握群众；而理论只要彻底，就能说服人。"①"概论"课要从伟大建党精神出发，从初心和使命的角度，深入研究和讲解马克思主义反贫困理论中国化时代化的历史进程和伟大成就，以讲清楚道理为宗旨讲好贫困治理故事和脱贫攻坚精神。陈情偏重于通过讲故事、看电影等喜闻乐见的形式把道理讲生动、讲活泼，让学生愿意听、听得进。精神不是抽象的，它产生于特定历史时期，总是与具体的重大事件、重要会议、重要人物关联，是中国革命、建设、改革和新时代各阶段生动实践的精神写照。小故事时间灵活、短小精悍、内容丰富，学生觉得有意思，一部好的扶贫题材影视剧可以把学生的思维延伸到课堂之外，剧中故事不再仅仅是课本上的白纸黑字，而是变得有血有肉、灵魂饱满。可以围绕脱贫攻坚精神24个字、六大方面的重要内容，突出一点，凝练一个个生动的小故事或情境短剧。需要注意的是，讲扶贫故事，既要讲成功的故事也要讲失败的故事，讲模范人物故事也讲普通百姓的故事，讲青年人的励志故事也要讲老年人的奋斗故事。扩大讲故事的主体，请学生结合家乡家庭变化自演自拍自讲，请脱贫攻坚模范人物、稳定脱贫致富贫困人员现场讲，或网络收集资料虚拟仿真模拟。多层面多维度的故事内容，多元化的讲述主体，多风格的讲解场域，有助于脱贫攻坚精神深入青年学子内心，既能理解脱贫攻坚精神实质，又能吸收其蕴含的磅礴力量。但需要注意的是，理论讲解要通俗，学生需要的是鲜活、生动、具体的理论，只有贴近实际、贴近生活、贴近青年，用通俗化的方式阐释，才能把小故事讲出大道理，

---

① 中共中央马克思恩格斯列宁斯大林著作编译局. 马克思恩格斯文集：第 1 卷［M］. 北京：人民出版社，2009：11.

才能使抽象化理论变得深入浅出、通俗易懂、入脑入心。陈情要坚持正能量为主，符合历史真实和生活真实，体现真知灼见和真情实感。

（二）融入目标

作为高校思政必修课，"概论"课集中反映了马克思主义中国化时代化的历史进程和理论成果，推动脱贫攻坚精神融入是讲好讲活这门课程的政治要求和现实需要。2023 年版教材中的毛泽东思想、中国特色社会主义理论体系两大板块内容主要对应百年党史的新民主主义革命时期、社会主义革命和建设时期、改革开放和社会主义现代化建设新时期。脱贫攻坚精神融入的主要目标是让学生明白：脱贫史是中国共产党为实现人民群众对美好生活的向往而矢志不移的奋斗史，脱贫攻坚精神是千千万万中国共产党人带领人民大众，历经千辛万苦，甚至牺牲生命，矢志不渝践行初心和使命的结果；脱贫攻坚战的胜利是中国特色反贫困理论、道路、制度和文化的胜利，今天的全面小康是未来美好生活的前序，今天的幸福生活是昨日脱贫攻坚的续集；心中有信仰是克服一切困难、战胜一切强敌、夺取一切胜利的强大精神力量。创新、奋斗与奉献是中国共产党人的基本精神遵循，是脱贫攻坚精神的基本内涵。新时代青年要向模范学习，积极把这种精神永久传承发扬下去，把它内化为砥砺初心、激发奋斗的不竭动力，主动担负时代责任，乐观迎接挑战，勇敢渡过每一个难关。

（三）脱贫攻坚精神融入课程单元教学模块

1. 理论教学模块

表 5-4　脱贫攻坚精神融入"概论"课单元教学模块设计

| 课程模块 | | 授课要点 | 融入切入点和融入内容 | 融入方式 |
|---|---|---|---|---|
| 导论 | 马克思主义中国化时代化的历史进程和理论成果 | ①马克思的整个世界观不是教义，而是方法。②马克思主义中国化时代化各阶段对应的国情、时代特点和理论成果 | ①精准识别、精准帮扶、精准退出扶贫治理的方法创新。②中国共产党成立以来的扶贫理论演进和扶贫治理重大成就 | 系统讲授课件演示主题讨论 |

续表

| 课程模块 | 授课要点 | 融入切入点和融入内容 | 融入方式 |
|---|---|---|---|
| 第一章 | 毛泽东思想及其历史地位 | ①毛泽东思想活的灵魂：实事求是、群众路线、独立自主 ②毛泽东思想是中国共产党和中国人民宝贵的精神财富 | ①扶贫不吊高胃口、不搞花拳绣腿，设置合理过渡期，扶上马、送一程。②尊重群众首创精神，小康路上不能丢下一个贫困群众，不能简单给钱给物，首先靠的是贫困地区广大群众齐心干。③毛泽东思想永远是中国人民敢于斗争、善于斗争、攻坚克难、行稳致远的指导思想 | 系统讲授案例讲授主题讨论 |
| 第二章 | 新民主主义革命理论 | ①近代中国国情：中国人民尤其是广大农民日益贫困化以致大批破产，过着饥寒交迫和毫无政治权利的生活。②新民主主义革命的基本纲领 ③新民主主义革命的三大法宝 | ①不负人民：新民主主义革命时期，"打土豪、分田地"，实行"耕者有其田"，帮助穷苦人翻身得解放；脱贫攻坚时期，我们党领导广大人民"脱贫困、奔小康"。②新形势、新实践呼唤新理论，面对贫中之贫、困中之困，必须采用超常规办法，习近平新时代中国特色社会主义扶贫理论符合理论、历史和实践逻辑。③完善社会动员机制，搭建社会参与平台，采取攻坚作战方式，形成了党员带头、组织堡垒、人人愿为、人人可为、人人能为、人人敢为、人人善为的社会帮扶格局 | 视频教学学生体会教师总结 |
| 第三章 | 社会主义改造理论 | ①三大改造与农业集体化。②积极引导、稳步前进的基本经验 | ①农业合作化运动与新型农业合作社的联系与区别 ②脱贫攻坚楷模、先进集体、示范村评选介绍；"瞎折腾"扶贫案例介绍 | 图片展示比较分析案例分享小组研讨 |

| 课程模块 | | 授课要点 | 融入切入点和融入内容 | 融入方式 |
|---|---|---|---|---|
| 第四章 | 社会主义建设道路初步探索的理论成果 | ①独立自主探索适合中国情况的社会主义建设道路，在综合平衡中稳步前进。②充分调动一切积极因素为社会主义事业服务 | ①六个精准、五个一批工程、四看法。②坚持党的领导，举国同心，时不我待，"功成不必在我""功成必定有我"，合力攻坚，共同向贫困宣战 | 系统讲授 学生举例 教师引导 |
| 第五章 | 社会主义建设道路初步探索的理论成果 | ①中国特色社会主义理论体系形成发展的社会历史条件。②优良传统的恢复和发扬 | ①中国特色社会主义反贫困理论与毛泽东扶贫相关思想一脉相承。②中华民族守望相助、和衷共济、扶贫济困的传统美德。③精准施治脱贫攻坚中的形式主义和官僚主义问题 | 系统讲授 案例分享 师生互动 |
| 第六章 | 邓小平理论 | ①社会主义本质，改革开放，两手抓、两手都要硬。②解放思想、实事求是。③发展是硬道理、社会主义初级阶段基本路线 | ①用发展的办法消除贫困根源。②精神物质双帮扶。③真扶贫、扶真贫、脱真贫。④脱贫摘帽不是终点，而是新生活、新奋斗的起点 | 案例教学 小组研讨 师生互动 |
| 第七章 | "三个代表"重要思想 | ①发展是党执政兴国的第一要务。②始终代表中国最广大人民的根本利益。③发展先进文化：一个民族，物质上不能贫困，精神上也不能贫困，只有物质和精神都富有，才能自尊、自信、自强 | ①2020年全面建成小康社会，向人民做出的承诺不能打任何折扣。②得民心者得天下，对所有的贫困群众，都要关爱，这是共产党人的情怀。③在贫困地区和贫困群众中广泛传播社会主义核心价值观，广泛弘扬文明新风，艰苦奋斗、苦干实干，用自己的双手创造幸福生活的精神已在广大贫困地区蔚然成风 | 经典阅读 情景模拟 小组讨论 系统讲授 |

| 课程模块 | 授课要点 | 融入切入点和融入内容 | 融入方式 |
|---|---|---|---|
| 第八章　科学发展观 | ①推动经济社会发展，加快转变经济发展方式，推进生态文明建设。②推进社会主义文化强国建设，构建和谐社会。③总揽全局、科学筹划、系统协调、相互推进 | ①坚持把发展作为解决贫困的根本途径，"输血""造血"相结合，着力改善外在发展条件制约，着力增强贫困地区和贫困农户内生发展动力，以形成可持续发展的合力，为消除贫困、创造幸福生活奠定稳定基础。②易地搬迁、生态补偿，搬得出、留得住、能就业、能致富。③治贫先治愚，扶贫必扶智，脱贫致富贵在立志，救穷不救懒 | 案例分享小组讨论系统讲授 |
| 期末考核 | 一是把正确理解、积极弘扬脱贫攻坚精神作为课程考核方案的重要内容，落实到具体章节。二是可重点选择脱贫攻坚精神24个字的某一方面在综合运用题型如材料分析题和论述题中进行考核，细化评分标准 | | |

## 2. 实践教学模块

理论教学时运用实践案例，实践教学时有理论支撑，把实践经验总结上升为理论，在理论指导下深化实践，推进理论教学与实践教学深度融合，是教育教学的基本规律，是新时代教育改革发展的要求，许多高校正在构建完善适合本校实际、独具特色的实践教学体系。思政课实践教学，兼具课程育人和实践育人的双重功能，已拓展有勤工俭学岗位、节假日纪念日校园文化活动、大学生讲思政课比赛、青年志愿者活动和公益活动、暑期"三下乡"社会实践、"行走的思政课"红色研学活动等类型。脱贫攻坚精神主题的实践教学可采用四种类型的社会实践形式：

第一类是内含在第一课堂中的实践。为充分发挥学生的创造性，提高学生的上课兴趣，体现学生的主体地位，要充分利用重大节假日节点开展形式多样化的第一课堂实践教学，依据教学进度和教材内容，提前布置实践内容、提出实践形式建议，如阅读党和国家领导人关于扶贫的经典论述，观看脱贫攻坚题材的影视剧，收集国内外扶贫案例，由学生做课前分享，也可结合自身的经历、结合家庭或乡村在脱贫攻坚前后的变化谈体会。

第二类实践形式是校内课外实践。指导教师可引导学生以"弘扬脱贫攻坚精神"为主题，组织参与"扶贫帮困、志愿同行"校内志愿服务活动，进行微电影制作或情景剧拍摄等形式的实践活动，以深化对脱贫攻坚精神内涵的理解，提高对中国共产党人精神谱系的认同。

第三类是寒暑假校外实践。教师结合课程的知识点，给出需要学生调查研究的社会实践选题，要求学生以团队协作的形式组成社会实践小组，通过社会实践寻找真知，最后形成社会实践终结成果。需要注意的是，寒暑假校外实践教学不是单纯的学生实践，而是师生的互动实践，学生通过亲身感受脱贫攻坚给贫困乡村和贫困农户带来的巨大变化，深刻领会脱贫攻坚精神的内涵，达到学以致用、锻炼能力、坚定"四个自信"的目的，教师在指导过程中，也实现了育人与育己的相统一。

第四类是虚拟实践形式。虚拟实践是以网络为平台的实践教学活动，如远程学习、在线课堂等，教师在虚拟空间中开展实践教学，学生在虚拟空间中完成实践体验，是一种新型的实践教学形式，有助于节约经费，也有利于弥补传统实践教学场地的不足，如学生可以远程访问脱贫攻坚样板村，预约脱贫模范代表访谈等。

实践教学的评价。校内实践，学生可独立完成也可以小组形式合作完成，但无论何种形式，学生都需要上交实践成果，如演讲稿、PPT、微视频或心得体会等，教师都要对每次活动进行指导和总结，成绩计入平时成绩或折算计入分段考核成绩。校外实践，需要独立或小组合作完成一份调研报告。调研报告要有明确的调查主题、调查时间、调查地点、调查对象、调查方法、调查人员、调查分工等，要求独立完成、不得抄袭。

## 第五节　脱贫攻坚精神融入"习近平新时代中国特色社会主义思想概论"课整体教学设计

### 一、脱贫攻坚精神融入课程教学设计基础

（一）课程简介

"习近平新时代中国特色社会主义思想概论"课是全国普通高等院校思想政治理论课程中的必修课程。习近平新时代中国特色社会主义思想是"主题明确、体系完整、内涵丰富、意义重大"的思想理论体系，是当代中国马克思主义、

21世纪马克思主义，开辟了马克思主义中国化时代化新境界。通过该课程的学习，可以帮助学生全面认识习近平新时代中国特色社会主义思想的时代意义、理论意义、实践意义、世界意义，深刻把握其中贯穿的马克思主义立场、观点和方法，不断提高马克思主义理论水平，提高分析和解决新时代中国特色社会主义建设过程中出现的现实问题的能力，切实做到学、思、用贯通，知、信、行统一，努力成长为担当复兴大任的时代新人。

（二）教材分析

《习近平新时代中国特色社会主义思想概论》教材出版之前，"习近平新时代中国特色社会主义思想概论"课教学以《毛泽东思想和中国特色社会主义理论体系概论（2021年版）》第八至十四章内容作为教材依据，使用教育部社科司培训中心的课件和讲义。中宣部会同教育部组织编写的《习近平新时代中国特色社会主义思想概论》教材，是第一部全面系统阐述习近平新时代中国特色社会主义思想的统编教材，是高校思想政治理论课的权威用书，2023年8月，由高等教育出版社、人民出版社联合出版，在全国发行。《习近平谈治国理政》第一卷、第二卷、第三卷、第四卷，中共中央宣传部编写的《习近平新时代中国特色社会主义思想三十讲》《习近平新时代中国特色社会主义思想学习纲要（标准版）》和《习近平新时代中国特色社会主义思想学习问答》（2022年版、2023年版），党的十九届六中全会通过的《中共中央关于党的百年奋斗重大成就和历史经验的决议》，党的二十大报告《高举中国特色社会主义伟大旗帜，为全面建设社会主义现代化国家而团结奋斗》等是重要的教学依据和参考。教材由导论、17章和结语构成，涉及习近平新时代中国特色社会主义思想概述，新时代坚持和发展中国特色社会主义，以中国式现代化全面推进中华民族伟大复兴，坚持党的全面领导，坚持以人民为中心，全面深化改革开放，"五位一体"总体布局的拓展，坚持和发展中国特色社会主义的主要内容、重要保障和根本条件等，教材内容全面反映了马克思主义中国化时代化最新成果，归纳了新时代伟大实践和伟大变革。

（三）学情分析

"习近平新时代中国特色社会主义思想概论"是本科阶段新开设的一门思政必修课。通过"思想道德与法治"课程的学习，大学生提升了自己的道德修养，培养了自觉守法、遇事找法、解决问题靠法的思维习惯和行为方式。通过"马克思主义基本原理"课程的学习，大学生对世界是什么、物质的世界怎样存在、人类社会的发展规律有了全面认识，世界观、人生观、价值观正确，并掌握了观察分析解决问题的正确方法论工具。通过"中国近现代史纲要""毛泽东思想和中国特色社会主义理论体系概论"课程的学习，大学生对"中国共产党为什么能""马克思主义为什么行""中国特色社会主义为什么好""归根到底是中国化时代化的马克思主义行"有了更全面深刻的理解。大学生活过半，大学生已经完全熟悉高校学习和生活方式，世界观、人生观、价值观趋于稳定，对未来的发展目标亦是基本确定，更有兴趣关注前沿理论，也有基础能力支撑解决实践问题。思政课程与课程思政同向同行，及时回应、务实指导、有效解决大学生迫切的发展需求显得尤为重要。基于学情变化，"习近平新时代中国特色社会主义思想概论"课教学应善于找准理论与青年交互的共鸣点，善于从当代青年大学生的发展需求出发，把理论普及同生动具体的学习生活实践有机结合起来，用青年话语、时代话语、生活话语阐释理论、解释现实，采用案例式、探究式、体验式、互动式、专题式、分众式等多种教学形式激发学生学习热情。

（四）课程目标

总体目标：习近平新时代中国特色社会主义思想科学回答了中国之问、世界之问、人民之问和时代之问，创造性地研究和解决了新时代条件下党和国家事业发展中的一系列重大理论和现实问题，是全党全国人民为实现中华民族伟大复兴而接续奋斗的行动指南。通过本课程教学，系统掌握习近平新时代中国特色社会主义思想的主要内容和科学体系，把握这一思想的世界观、方法论和贯穿其中的立场观点方法，学思用贯通、知信行统一，做有理想、敢担当、能吃苦、肯奋斗的新时代好青年。

具体目标：一是全面学习习近平新时代中国特色社会主义思想的主要内容，整体把握住这一思想的科学体系，深刻领悟蕴含其中的道理、学理和哲理，用心领会这一思想的真理力量和实践伟力，启发学生从中汲取前进的智慧和力量。二是领悟习近平新时代中国特色社会主义思想蕴含的马克思主义立场观点方法，体会习近平新时代中国特色社会主义思想体现的战略思维、创新思维、辩证思维、法治思维、底线思维、历史思维，全面提高学生的思想理论水平，提高分析问题和解决问题的能力。三是通过阐述新时代中国特色社会主义建设所面临的世情、国情、党情的新形势，帮助学生更加全面地认识中国式现代化的基本特征和价值归旨，更加明确自己所肩负的历史重任，更加坚定建设富强民主和谐文明美丽的社会主义现代化强国的决心，积极投身新时代中国特色社会主义伟大实践，争做堪当民族复兴重任的时代新人。

## 二、脱贫攻坚精神融入课程教学整体设计

### (一) 融入原则

#### 1. 坚持全面融入

习近平新时代中国特色社会主义思想内涵十分丰富,党的十九大、十九届六中全会提出的"十个明确""十四个坚持""十三个方面成就"概括了习近平新时代中国特色社会主义思想的主要内容,党的二十大提出的"六个必须坚持"是习近平新时代中国特色社会主义思想的世界观、方法论和贯穿其中的立场观点方法的重要体现。① 习近平新时代中国特色社会主义思想是完整的科学体系,涵盖了经济、政治、文化、教育、科技、人才、民生、民族、宗教、社会、生态文明、国家安全、国防和军队、"一国两制"和祖国统一、统一战线、外交、党的建设等各方面。这一科学体系秉持人民至上,彰显了深邃的历史观照、深厚的历史情怀、强烈的历史担当,展现了当代中国共产党人的政治品格、价值追求、精神风范。脱贫攻坚中,党中央坚持集中统一领导、强化中央统筹、省负总责、市县抓落实的工作机制,把脱贫攻坚纳入"五位一体"总体布局、"四个全面"战略布局,统筹谋划、系统推进,五级书记抓扶贫、全党动员促攻坚、物质精神双帮扶,因地制宜实施了发展生产脱贫一批、易地搬迁脱贫一批、生态补偿脱贫一批、发展教育脱贫一批、社会保障兜底一批的"五个一批"工程。脱贫攻坚精神源于产业、交通电力通信基础设施、医疗、教育、科技、文化等系统性综合性扶贫开发实践,是在党的坚强领导之下全社会发扬中华民族扶危济困优良传统,在新时代接续与贫困作斗争的结果。所以,脱贫攻坚精神的课程融入,必须坚持系统观念、保持开放心态,全面融入经济、政治、文化、社会、生态文明建设各专题,通过系统融入达到全面育人的目的。

#### 2. 强调真实性

贫困是人类社会的顽疾,也是困扰了中华民族几千年的大事。一部中国史,就是一部中华民族同贫困作斗争的历史。与贫困作斗争,为人民谋幸福是中国共产党百年党史的"一个主题",精准扶贫脱贫攻坚是党的扶贫治理伟大事业在新时代新阶段的新任务。如果说,党的十八大之前的扶贫是历史,党的十八大以来的脱贫攻坚一定是发生在身边的事情,案例俯首可拾,变化随处可见,许多学生本人就是教育扶贫的受益者,有部分大学生自幼儿园开始就享受国家扶

---

① 习近平新时代中国特色社会主义思想概论 [M]. 北京:高等教育出版社、人民出版社,2023:6.

贫救助，不但学杂费全免，而且还有营养午餐。更有许多大学生的家人因产业帮扶、就业帮扶获得了稳定收入，实现了稳定脱贫致富，许多贫困乡村通过"旅游+""文化+"实现了从闭塞落后到美丽富裕乡村的蜕变。事实胜于雄辩，一个案例胜过一沓文件，一个真实的、有说服力的案例往往起到"此地无声胜有声"的效果。以讲事实为抓手，既要防止刻意拔高杜撰，也要防止出现戏说胡说、矮化丑化事实的言行，可以让学生结合亲身经历讲，也可结合全国脱贫攻坚楷模荣誉称号获得者、全国脱贫攻坚先进个人和先进集体代表等的事迹讲，更提倡有条件的学校到脱贫攻坚示范村开展现场教学。以事实为依据，强调真实性，是该课程讲好脱贫攻坚精神的首要抓手。

3. 发挥学生主体作用

坚持问题导向是马克思主义的鲜明特点，突出的问题导向是习近平新时代中国特色社会主义思想的鲜明品格。精准扶贫脱贫攻坚期间，我们党把问题作为研究制定政策的起点，直面"贫中之贫、困中之困"人数众多且主要集中于连片贫困地区的贫困形势，建立与全面建成小康社会相适应的区域协调发展新机制，确保革命老区、民族地区、边疆地区、贫困地区与全国同步实现全面建成小康社会。经过全党全社会的共同奋斗，甚至牺牲生命，最终啃下了"硬骨头"，打赢了脱贫攻坚战。脱贫攻坚对贫困乡村和贫困人口的幸福贡献，师生有目共睹，对脱贫攻坚精神的科学内涵，老师有很大的解释权，学生也有很大的发言权。走出理论之囿回归生动现实，发挥学生的主体性，让学生讲述自己所见所闻的扶贫干部的无私奉献的感人事迹，讲述乡村和家庭在脱贫攻坚前后的变化，能够更好地在学生中间产生情感共鸣，使脱贫攻坚精神的内涵变得更加易懂易学且接地气。

（二）融入目标

伟大事业孕育伟大精神，伟大精神引领伟大事业。脱贫攻坚，取得了物质上的累累硕果，也取得了精神上的累累硕果。在全国脱贫攻坚总结表彰大会上，习近平总书记深刻总结了脱贫攻坚的光辉历程，深情回顾了脱贫攻坚英模的感人事迹，对脱贫攻坚精神做了精辟概括。习近平总书记强调："全党全国全社会都要大力弘扬脱贫攻坚精神，团结一心，英勇奋斗，坚决战胜前进道路上的一切困难和风险，不断夺取坚持和发展中国特色社会主义新的更大的胜利！"①2021 年 4 月 8 日，习近平总书记对深化东西部协作和定点帮扶工作做出重要指示。习近平强调，"全党要弘扬脱贫攻坚精神，乘势而上，接续奋斗，加快推进

---

① 习近平：在全国脱贫攻坚总结表彰大会上的讲话［EB/OL］.中国政府网，2021-02-25.

农业农村现代化，全面推进乡村振兴。"① 一切伟大成就都是接续奋斗的结果，一切伟大事业都需要在继往开来中推进。全面推进乡村振兴，需要弘扬上下同心、尽锐出战的脱贫攻坚精神，以汇聚乡村振兴发展力量；需要发扬好精准务实、开拓创新的脱贫攻坚精神，以推进乡村振兴高质量发展；更需要保持攻坚克难、不负人民的脱贫攻坚精神，保持"为人民"本色、擦亮奋斗底色、真抓实干到底。②

以教材为根本遵循，结合经济社会热点，讲好脱贫攻坚精神，可以帮助大学生更加坚定"四个自信"，对乡村振兴充满信心，激励更多更优秀的青年大学生深入农村一线，在农业农村的广阔天地中苦干实干、成就精彩人生，也激励青年大学生以脱贫攻坚精神为指引，发扬不怕苦、不怕累、甘奉献、勇创新的优良作风，积极投身工业化、信息化、城镇化以及农业农村现代化的其他领域，为中国式现代化贡献智慧和力量。

（三）脱贫攻坚精神融入课程单元教学模块设计

脱贫攻坚精神融入课程的途径，主要是课堂教学和实践教学两条途径。学生学习的渠道主要有课堂学习、线上学习、课内和课外实践等渠道。教师教学方法主要有讲授法、启发法、互动法、案例分析法、课堂讨论法、探究法等方法。

1. 理论教学

本课程理论教学包括导论和 17 章内容，其中，导论部分对习近平新时代中国特色社会主义思想创立的时代背景、创立的途径、其科学体系、历史地位和"两个确立"的意义等进行简要概述，从整体上了解和把握习近平新时代中国特色社会主义思想。第一章至第五章是基础性理论，分别围绕着习近平新时代中国特色社会主义思想回答的重大时代课题、人民立场和新时代坚持和发展中国特色社会主义的必由之路等进行展开，第六章至第十七章是习近平新时代中国特色社会主义思想在各领域各方面的具体开展。其中，第六至十二章是五位一体总体布局的拓展，是新时代坚持和发展中国特色社会主义必须统筹推进的七个方面。第十三至十七章分别从国家安全、国防和军队、祖国完全统一、中国大国外交和全面从严治党等展开，既是新时代坚持和发展中国特色社会主义的

---

① 适应形势任务变化，弘扬脱贫攻坚精神，加快推进农业农村现代化，全面推进乡村振兴 [N]. 人民日报，2021-04-09（1）.

② 顾仲阳，常钦. 弘扬脱贫攻坚精神 夺取新的更大胜利 [N]. 人民日报，2021-10-18（6）.

主要内容，又是重要保障和根本条件。习近平新时代中国特色社会主义思想中蕴含鲜明的人民至上理念，对马克思主义的崇高信仰，对社会主义和共产主义的坚定信念，具有鲜明的历史自觉、问题导向、斗争精神、天下情怀等理论品格和思想风范。脱贫攻坚充分彰显了中国特色社会主义制度优势，脱贫攻坚精神能够在每一章理论教学中找到融入的切入点和关联内容。

表5-5　脱贫攻坚精神融入"习近平新时代中国特色
社会主义思想概论"课单元教学模块设计

| 课程模块 | | 授课要点 | 融入切入点和融入内容 | 融入方式 |
|---|---|---|---|---|
| 导论 | | ①习近平新时代中国特色社会主义思想创立的社会历史条件、创立的过程、核心要义和主要内容、蕴含的世界观和方法论、"两个确立"的决定性意义。②习近平新时代中国特色社会主义思想的历史地位和指导意义。 | ①习近平精准扶贫思想形成的主客观条件、生成过程与实践成效。②习近平精准扶贫思想对马克思主义反贫困理论的贡献，对全面建成小康社会的贡献。 | 讲授、视频、专题研讨、互动交流 |
| 第一章 | 新时代坚持和发展中国特色社会主义 | ①中国特色社会主义是历史和人民的选择，是党和人民取得的根本成就。②中国特色社会主义是社会主义而不是其他什么主义。③中国特色社会主义是实现中华民族伟大复兴的必由之路。 | ①中国特色减贫道路。②如期全面建成小康社会，极大彰显了中国特色社会主义制度的优势。 | 讲授、视频、案例、互动交流 |
| 第二章 | 以中国式现代化全面推进中华民族伟大复兴 | ①中国式现代化的中国特色、本质要求和重大原则。②推进中国式现代化需要正确处理的重大关系。③中国式现代化创造了人类文明新形态。 | ①全面建成小康社会是中国式现代化道路上的重要里程碑。②从全面小康到共同富裕：中国式现代化新使命。③为人类摆脱贫困、实现现代化提供了新的选择。 | 讲授、视频、专题研讨、互动交流 |
| 第三章 | 坚持党的全面领导 | ①为什么要坚持党的领导？②怎样理解党的领导是全面的、系统的、整体的？③怎样才能做到自觉在思想上政治上行动上同党中央保持高度一致。 | ①新中国成立以来党领导人民反贫困的历史进程与基本经验。②精准脱贫：党领导人民摆脱贫困的时代赓续。③党的领导在脱贫攻坚中的作用及体现。 | 讲授、视频、案例、互动交流 |

续表

| 课程模块 | | 授课要点 | 融入切入点和融入内容 | 融入方式 |
|---|---|---|---|---|
| 第四章 | 坚持以人民为中心 | ①为什么必须坚持以人民为中心？<br>②如何理解不断实现人民对美好生活的向往？<br>③怎样推动人的全面发展、全体人民共同富裕？ | ①以人民为中心：中国共产党推动共同富裕的历程与经验。<br>②"以人民为中心"思想在脱贫攻坚中的实现路径。 | 讲授、视频、案例、互动交流 |
| 第五章 | 全面深化改革开放 | ①为什么要全面深化改革？<br>②怎样推进全面深化改革？<br>③如何构建对外开放新格局？ | ①中国特色脱贫攻坚制度体系建设的历史逻辑。<br>②扶贫领域的全面深化改革与创新。<br>③中国贫困治理的国际合作，中国扶贫经验与模式的国际传播。 | 讲授、视频、案例、互动交流 |
| 第六章 | 推动高质量发展 | ①如何把握新发展阶段、贯彻新发展理念、构建新发展格局？<br>②如何理解我国经济转向高质量发展？<br>③如何坚持和完善社会主义基本经济制度？ | ①高质量发展是能够很好满足人民日益增长的美好生活需要的发展。<br>②构建新发展格局是新发展阶段推动高质量发展的战略基点，要着力发展实体经济，着力加快科技自立自强，着力推动产业链供应链优化升级，要兜住民生底线，加快补齐农村发展和民生短板，激发农村资源要素活力，全面推进乡村振兴。<br>③大力发展特色文化产业走可持续减贫之路。 | 讲授、视频、案例、互动交流 |
| 第七章 | 社会主义现代化建设教育、科技、人才战略 | ①如何理解新时代科教兴国战略的重大意义？<br>②怎样加快建设教育强国？<br>③怎样加快建设科技强国？<br>④怎样深入实施新时代人才强国战略？ | ①教育扶贫的减贫机理、减贫效果。<br>②科技创新助推精准扶贫的实践。<br>③贫困地区农村劳动力转移与人才回流。 | 讲授、讨论、案例分析、专题研讨 |

| 课程模块 | 授课要点 | 融入切入点和融入内容 | 融入方式 |
|---|---|---|---|
| 第八章 | 发展全过程人民民主 | ①什么是全过程人民民主?②全过程人民民主好在哪里?③如何进一步发展全过程人民民主? | ①农村基层协商民主是农村实现人民当家作主的重要形式,农村协商民主、民主监督为在精准识别、精准帮扶、精准退出、精准考核等环节建立更有效的工作机制提供了制度保障。②脱贫攻坚战中的话语赋权政策与推进路径。③乡村振兴背景下农村基层民主治理转型政策与路径。 | 讲授、讨论、案例分析、专题研讨 |
| 第九章 | 全面依法治国 | ①为什么要走中国特色社会主义法治道路?②如何理解全面依法治国的总目标?③如何建设法治中国? | ①反贫困法治的中国道路:中国的反贫困法治注重保障贫困人口的生存权和发展权。②乡村的规范困境与法治应对。③《乡村振兴促进法》。 | 讲授、讨论、案例分析、专题研讨 |
| 第十章 | 建设社会主义文化强国 | ①为什么要坚持马克思主义在意识形态领域指导地位的根本制度?②为什么要用社会主义核心价值观凝心聚力?③如何提升国家文化软实力和中华文化影响力? | ①精神贫困的表现与成因。②中国特色文化扶贫:先进理念、成熟经验与未来方略。③文化建设赋能乡村振兴的价值意蕴与实现路径。 | 讲授、讨论、案例分析、专题研讨 |
| 第十一章 | 以保障和改善民生为重点加强社会建设 | ①怎样增强人民获得感、幸福感、安全感?②怎样推进社会治理现代化? | ①民生优先:脱贫攻坚的庄严承诺与践行。②中国式基层社会治理现代化的"枫桥经验"。 | 讲授、讨论、案例分析、专题研讨 |
| 第十二章 | 建设社会主义生态文明 | ①为什么建设生态文明?②建设什么样的生态文明?③怎样建设美丽中国? | ①生态扶贫政策对农户生计策略和收入的影响。②生态脆弱地区农村的绿色发展困境与出路。③中国式现代化的生态意蕴。 | 讲授、讨论、案例分析、专题研讨 |

续表

| 课程模块 | | 授课要点 | 融入切入点和融入内容 | 融入方式 |
|---|---|---|---|---|
| 第十三章 | 维护和塑造国家安全 | ①什么是总体国家安全观？<br>②怎样推进国家安全体系和能力现代化？ | ①贫困村和贫困户的返贫风险。<br>②中国粮食安全、乡村生态安全、乡村文化安全。 | 讲授、讨论、案例分析、专题研讨 |
| 第十四章 | 建设巩固国防和强大人民军队 | ①怎样建设巩固国防和强大人民军队？<br>②人民军队怎样捍卫国家主权、安全、发展利益？ | ①解放军和武警部队支援地方脱贫攻坚工作纪实。<br>②坚持中国特色军民融合道路，推进军民融合深度发展。 | 讲授、讨论、案例分析、专题研讨 |
| 第十五章 | 坚持"一国两制"和推进祖国完全统一 | ①如何坚持"一国两制"？<br>②为什么说"一国两制"行得通、办得到、得人心？<br>③为什么说祖国完全统一的时和势始终在我们这一边？ | ①统一战线助推决胜脱贫攻坚的基本经验。<br>②绘就同心圆、共筑中国梦，实现中华民族伟大复兴，是海内外中华儿女的共同心愿。 | 讲授、讨论、案例分析、专题研讨 |
| 第十六章 | 中国特色大国外交和推动构建人类命运共同体 | ①世界怎么了？<br>②人类向何处去？<br>③中国怎么办？ | ①贫困是人类社会的顽疾，反贫困是古今中外治国安邦的一件大事。<br>②国际减贫合作，合力建设远离贫困、共享繁荣的美好世界。 | 讲授、讨论、案例分析、专题研讨 |
| 第十七章 | 全面从严治党 | ①为什么要全面从严治党？<br>②为什么十八大以来管党治党宽松软状况得到根本扭转？<br>③如何理解全面从严治党这场伟大自我革命？ | ①党的领导是打赢脱贫攻坚战的根本保证。<br>②把全面从严治党要求贯穿脱贫攻坚全过程和各环节，较真碰硬，才能确保真扶贫、扶真贫、脱真贫。<br>③必须坚持党对农村工作的全面领导，落实乡村振兴责任制，构建职责清晰、各负其责、合力推进的乡村振兴责任体系。 | 讲授、讨论、案例分析、专题研讨 |

## 2. 实践教学

实践教学是课堂教学的延伸和拓展。实践教学的目的是帮助学生巩固课堂理论学习效果，深化对教学重点难点问题的理解和掌握，引导青年学生在知行合一、学以致用上下功夫，在新征程中勇当开路先锋、争当事业闯将。"习近平新时代中国特色社会主义思想概论"课的实践教学，在实践主题上更加强调结合现实问题，尤其强调要紧密联系党中央和国家重要会议或最高领导人重要讲话精神，贴近重大经济和社会热点问题，贴近学生认知能力范围，贴近学生接受习惯。在实践方式上，更多采用的是假期校外社会调查的方式，鼓励组建团队。程序上一般包括实践布置、实践准备、实践展开、实践报告撰写、实践成果公开展示汇报、实践成绩评定、师生实践经验总结等 7 个环节。

　　脱贫攻坚精神融入该课程实践教学环节，在教学主题的设置上要体现脱贫攻坚精神，体现党和国家最新政策理论，体现第一个十五年现代化奋斗目标。例如，设置"传承弘扬脱贫攻坚精神、积极投身乡村振兴、建设美好家园，争做有理想、敢担当、能吃苦、肯奋斗的新时代好青年"为实践总主题，学生可依据总主题，深刻理解脱贫攻坚精神内涵，结合自己专业特点，从乡村振兴五个方面的振兴（文化振兴、产业振兴、生态振兴、人才振兴、组织振兴）中选择任一方面（或综合）作为调研主题，按照查阅相关文献→开展社会调查→撰写调查报告的基本流程完成实践教学各环节。

　　指导教师提供的参考文献包括但不限于：习近平总书记在全国脱贫攻坚总结表彰大会上的讲话；习近平总书记在庆祝中国共产党成立 100 周年大会上的重要讲话；习近平总书记在庆祝中国共产主义青年团成立 100 周年大会上的重要讲话；习近平总书记在中国人民大学考察时的重要讲话；《国务院关于支持贵州在新时代西部大开发上闯新路的意见》（国发〔2022〕2 号文件）；习近平总书记关于"三农"工作的重要论述；党的二十大报告，年度两会内容等。实践开始之前，指导老师要做好脱贫攻坚精神内涵以及相关文件精神和意义的讲解；实践期间，指导老师要定期与各小组或全班同学以腾讯会议、微信、QQ 等方式进行交流，及时解答学生实践中遇到的问题，引导学生掌握实践调研的基本技能，锻炼在小组学习中承担相应角色或组织小组学习的能力，提高口头或书面表达方式进行有效沟通交流的能力。实践后，要及时组织开展实践成果汇报，总结实践经验，发现需改进之处，做出成绩评定和教学反思。

第六章

# 脱贫攻坚精神融入高校
# 思政课教学的教学实践

　　根据教学目标和教学对象的特点，运用系统方法，对课程资源进行有机组合，对教学过程进行系统规划、选择、安排、确定的过程就是教学设计。教学设计如一幅建筑蓝图，为教学活动的开展提供了整体框架和具体路线。特定的教学设计为具体的教学实践服务，是教学活动有序高效开展的先导，并最终呈现为具体的教学实践过程。在理论研究和实践教学的基础上，本章以教学设计案例形式呈现脱贫攻坚精神融入高校思政课的具体教学实践。

## 第一节　脱贫攻坚精神融入"思想道德与法治"课教学实践

　　"思想道德与法治"课，是对大学生进行马克思主义的世界观、人生观、价值观、道德观、法治观教育的基础课程。在八年脱贫攻坚战中，无数生动案例和楷模人物为"思想道德与法治"课的各章节教学提供了丰富案例和生动素材，可进行多角度全方位融入。脱贫攻坚精神是中国共产党人精神谱系的重要组成部分，第三章"继承优良传统 弘扬中国精神"是对中国精神的系统教学，因此，本课程选择第三章中国精神专题作为教学设计样例，探究如何将脱贫攻坚精神有机融入课程。另外，为探索中学大学思政课一体化路径、提升思政课一体化教学效果，吸收了高中课程教学改革成果，通过设置与教学主题相关的议题组织本专题教学。同时，为体现高等教育学段思政课注重理论性和研究性的特色，在议题式教学中增加了"研学活动"环节。

### 一、议题式教学模式概述

　　《教育部关于一流本科课程建设的实施意见》（教高〔2019〕8号）强调要"强化课堂设计，解决好怎么讲好课的问题，杜绝单纯知识传递、忽视能力素质培养的现象。强化现代信息技术与教育教学深度融合，解决好教与学模式创新的问题，杜绝信息技术应用的简单化、形式化。强化师生互动、生生互动，解决好创新性、批判性思维培养的问题，杜绝教师满堂灌、学生被动听的现象。"① 议题式教学是教师依据教学内容与素养目标确定议题，并以议题为主线，创设结构化学习情境，设计序列化探究任务，组织学生通过自主、合作、探究等活动解决问题，促进核心素养落地的教学活动。② 议题式教学是强化师生互动、生生互动，杜绝"教师满堂灌、学生被动听"现象的重要抓手，是培养学生创新性思维和批判性思维的重要方式，带来了教师教学方式和学生学习方式的重大变革。

（一）议题研学式教学的核心

议题式教学通过问题任务以问题驱动学习，引导学生梳理知识、构建知识网络，围绕主题创设真实情境，引导学生思考、优化思维结构、提高分析和解决问题的能力，引导学生以历史分析、理论分析和实践为基础解决问题。议题由一系列与教学情境相关的问题构成，设置议题即是对情境的"问题化"的教学处理；明确了议题，学生才有自主思考、交流表达、共同探索的方向，也才能进入一种积极"探问"的状态，这种状态对于学生思想道德观念的形成和发展至关重要。③ 高校思政课在议题式教学法的基础上，应该更加强调大学生思维品质的培养和锻炼。议题研学式教学的最终目标在于培养和提升学生综合素质，促进学生身心健康、全面发展。议题确定后，教师要介绍"议题"的背景知识、研学目的、研学行为规范与评价标准，学生要围绕议题开展研究式学习，主动去查阅文献、筛选关联度高的文献，提炼核心观点，形成自己的逻辑和思维框架，这是学生能"议"的底气所在。在"议"的过程中，教师要及时引导学生深入思考议题问题，学会对自己的议题设计进行深入反思，修正自己的判断和思维方式。学生在"议"和"研"中增长了知识、体验了反思的力量、锻炼了辩证思维能力，教师也在不一样的思政课教学中达成了教学目标，有效避免了"教师热、学生冷""课上热、课下冷"的现象。

（二）议题研学式教学环节

议题式教学以议题为纽带，以情境为载体，以活动为路径，以任务为驱动，旨在培育学生学科核心素养。④ 因此，议题研学式教学要把握好四个环节：

---

① 教育部关于一流本科课程建设的实施意见［J］. 中华人民共和国国务院公报，2020（5）：57-62.

② 麦爱娣. 基于深度学习的议题式教学策略［J］. 中学政治教学参考，2023（6）：22-24.

③ 鲁洁，夏剑，侯彩颖. 鲁洁德育论著精要［M］. 福州：福建教育出版社，2016：166.

④ 杜秀娟，赵颖. 议题式教学课例研究［J］. 中学政治教学参考，2022（7）：42-44.

一是凝练设置议题。议题由问题构成，议题的凝练与分解要结合教学内容和重难点密切联系学生实际，学生对问题容易理解和把握，既能"议"起来也能"研"起来，能最大限度地引发学生参与热情，能够体现培养学生自主分析和解决问题的综合能力和团体合作精神的导向。

二是创设优化情境。创设恰当的议题研学式教学情境，有助于缩短书本理论与生活实际的距离，使枯燥的理论知识变得鲜活生动，提高学生的学习兴趣。情境可以是线上的，也可以是线下的，可以是虚拟的，也可以是实际的，依据条件，尽力而为。

三是科学确定任务。议题研学式教学的主要目的是让学生充分参与课堂，只有深入调研好学情，掌握学生现阶段的知识结构水平和身心差异，才能针对性地确定议题任务，确保学生主体地位的实现。

四是精心组织活动。议题研学式教学，本质上是一种以学生为主体的活动式教学方式。学生能参与到活动中去，能在教师引导下定位好自己的角色，在活动中能当好自己的角色，是衡量研学议题是否科学、活动方式是否恰当、教学目标达成度高低的判断依据。为此，要做好学情分析，集思广益分配小组活动内容，鼓励小组头脑风暴选择恰当活动形式，让学生在活动中体悟和理解理论、增强思辨与创新的意识和能力，养成团队合作精神。

### 二、脱贫攻坚精神融入中国精神专题议题研学式教学设计

（一）议题研学式教学设计步骤

本专题的议题研学活动紧密围绕"中国精神"教学专题设置分议题，既立足教材又超越教材，以脱贫攻坚精神为例开展"中国精神"议题研学活动。具体操作步骤如下：

一是研学活动议题的设置。教材第三章第一节重点阐述中国精神的丰富内涵和时代价值。根据教材内容和专题教学目的，本专题以"为什么说中国精神是兴国强国之魂"为总议题。以章题目为参考，本节的四个目分别对应四个分议题：为什么说人无精神不立，国无精神不强？中华民族靠什么在历史洪流中屹立不倒、奋勇向前？中国共产党人在百年奋斗中铸造了什么样的伟大精神？为何实现中国梦必须弘扬中国精神？教师需要根据章节教学目的、主要内容、学生学情拟定具体议题，选用相关案例。

二是议题研学活动的开展。议题研学活动要通过恰当问题情景来开展。教学中要充分利用习近平总书记在全国脱贫攻坚总结表彰大会上的讲话相关材料，

布置议题、组织研学、展开讨论，引导学生思考深层次问题，通过研学探寻科学答案、深化对本质的认识。教学中要把学生自主研学、合作研学和教师引领研学结合起来，做好课程导入、新课讲授和课堂总结。在教学小结时，应进一步突出教学主题，梳理教学内容重点，使学生通过脱贫攻坚真实案例，体悟中国精神的丰富内涵和时代价值，并内化为学生的观念、情感和行动意志。最后通过作业布置，强化议题研讨式教学"议"与"研"的结合，培养锻炼学生综合素养。

三是议题研学活动的评价，要做到过程评价与结果评价结合，课内表现与课外言行举止并重，理论成果与实践成果考核并行。课后研学是课内研学活动的延伸，要求学生单独或通过小组合作完成研学作业，提供研学记录，完成研学成果集中展示汇报，进行师生考评、生生互评。课后研学中，对脱贫攻坚精神的实践基地研学、校园或社区主题活动研学，是一种比较直接的现实性情感体验，能够与前期的理论研学形成一致性效应，更有利于加深学生对实践主题的认识，提高学生的课程学习兴趣。

（二）议题研学式教学设计展示

表6-1　脱贫攻坚精神融入"思想道德与法治"课议题研学式教学设计

| 总议题 | 如何理解中国精神是兴国强国之魂 | | |
|---|---|---|---|
| 对应章节 | 继承优良传统 弘扬中国精神<br>第一节 中国精神是兴国强国之魂 | | |
| 授课时间 | 　年　月　日第　周第　节 | 课时 | 2 |
| 授课类型 | 理论教学 | 地点 | |
| 教学目标 | 　　脱贫攻坚精神是第一批被纳入中国共产党人精神谱系的伟大精神之一，是中华精神的生动写照。通过教学，使学生深切感受脱贫攻坚战场上的感人事迹，引导学生了解脱贫攻坚精神的丰富内涵，体悟脱贫攻坚精神的思想实质和精神内核，脱贫攻坚精神与中国精神的关系，脱贫攻坚精神与中国共产党人精神谱系的关系，从脱贫攻坚伟大实践体悟中国共产党为什么能，中国特色社会主义为什么好，马克思主义为什么行，坚定大学生理想信念，从而达成本门课的教学目标。 | | |
| 教学重点 | 1. 讲清楚中国精神的内涵和重要意义<br>2. 讲清楚脱贫攻坚精神与中国精神的关系<br>3. 讲清楚脱贫攻坚精神与中国共产党人精神谱系的关系 | | |
| 教学难点 | 脱贫攻坚精神与伟大建党精神的"流"与"源"关系 | | |
| 教学方法 | 　　针对大一学生的认知结构、心理特征以及学习基础，采用议题研学式教学，通过设置情景、案例思考、小组讨论等方式设计，有效利用学习通、对分易技术平台开展信息化教学，提高学生参与度和课堂教学效果。 | | |

| 教学过程 | | |
|---|---|---|
| 教学环节 | 教学活动 | 设计意图 |
| 新课导入 | 播放视频《在全国脱贫攻坚总结表彰大会上的讲话》中关于脱贫攻坚精神的片段导入本课。<br>教师提问：视频播放结束，请同学们讨论并谈一谈何为"精神"？"脱贫攻坚精神"中"精神"的内涵及重要意义？<br>教师展示PPT中关于"精神"的不同语境，启发学生。<br><br>　　这个学生一上课就没了精神；<br>　　精神病；<br>　　有梅无雪不精神；<br>　　丹青难写是精神；<br>　　人是需要一点精神的；<br>　　领悟会议精神；<br>　　"三牛"精神；<br>　　……<br><br>学生互动：前后左右四人一组，讨论后发言。<br>教师总结：肯定学生的互动与发言，总结课程中"精神"的本质是一个民族和时代的价值取向、思维方式、道德规范、精神气质、思想观念、政治品格、精神风貌和社会风尚的体现，是一个民族和时代赖以生存和发展的支柱。<br>教师提问：除了脱贫攻坚精神外，在中华民族发展的历史长河中，大家还能列举出哪些比较熟悉的精神风貌？它们之间有何关系？中华文明何以五千多年绵延不绝、传承至今？中华民族靠什么穿越苦难、走向辉煌？<br>进入新课 | 借助视频导入所学内容，吸引学生的注意力；通过学生分组互动，明晰基本概念和课程教学意义，为课程学习奠定基础。<br><br><br><br><br><br><br><br>设置问题，引发学生回顾中学所学知识，导入新课。 |
| 新课讲授 | 议题一：为什么说"人无精神不立，国无精神不强"？<br>——崇尚精神是中华民族的优良传统<br>图片展示：2016年10月21日，习近平在纪念红军长征胜利80周年大会上的讲话。<br>　　人无精神则不立，国无精神则不强。精神是一个民族赖以长久生存的灵魂，唯有精神上达到一定的高度，这个民族才能在历史的洪流中屹立不倒、奋勇向前。<br>引发学生思考。<br>图片展示：黄大发——让学生谈谈自己所了解的有关黄大发的事迹。 | 以黄大发脱贫攻坚事迹为切入点，通过课下材料的收集、研读和课上学生的互动交流，让学生了解黄大发事迹中所蕴含的中国精神的基本内涵；通过真实的情境激发学生内心的情感共鸣；同时，培养学生交流合作能力和获取、解读信息的能力。 |

续表

| 教学环节 | 教学活动 | 设计意图 |
|---|---|---|
| 新课讲授 | 播放视频：全国脱贫攻坚楷模——黄大发。<br>学生互动：结合自己课前收集的有关黄大发脱贫攻坚的事迹谈一谈：<br>（1）支撑黄大发修天渠的动力和精神有哪些？<br>（2）黄大发脱贫攻坚事迹是如何体现中华民族精神和时代精神的？<br>教师总结：黄大发脱贫攻坚事迹所蕴含的民族精神和时代精神。精神对于个体和民族的重要性。中华民族历来有重视精神的优良传统。<br>图片展示：精神的作用。精神可以给我们提供追求理想、战胜困难的动力，克服诱惑、排除干扰的定力，超越死亡极限、实现"人生不朽"的意义。一个人没有精神犹如行尸走肉，一个民族没有精神，犹如建在沙滩上的大厦，随时都可能坍塌。<br>小组分享：学习通任务呈现。课前收集的在中华五千年历史长河中崇尚精神的人物和经典诗句。从《论语》《左传》、文天祥的正气歌到辜鸿铭演讲的《中国人的精神》，从屈原、岳飞经典爱国人物到黄文秀、张桂梅脱贫攻坚楷模等。<br>回归议题：从中华民族的历史长河中，感悟"人无精神不立，国无精神不强"；从中华民族崇尚精神的表现方面，体悟崇尚精神是中华民族的优良传统。<br><br>议题二：中华民族靠什么在历史洪流中屹立不倒、奋勇向前？——中国精神是中华民族生生不息的强大精神支撑<br>图片展示：2013年3月17日，习近平在第十二届全国人民代表大会第一次会议上的讲话。<br>实现中国梦必须弘扬中国精神。这就是以爱国主义为核心的民族精神，以改革创新为核心的时代精神。这种精神是凝心聚力的兴国之魂、强国之魂。爱国主义始终是把中华民族坚强团结在一起的精神力量，改革创新始终是鞭策我们在改革开放中与时俱进的精神力量。<br>情景一：中国精神的民族性与时代性<br>在历史长河中积淀—中国精神的民族性—民族精神在时代大潮中涌现—中国精神的时代性—时代精神<br>情景二：中国精神民族性与时代性的辩证统一<br>图片展示：中国人民在共同的生产生活实践中形成共同的思维方式、情感方式、行为方式、价值取向，呈现出独特的民族特性，此即中国精神的 | 通过理论阐释民族精神和时代精神的内涵和关系，结合脱贫攻坚实例，理解中国精神的丰富内涵。 |

续表

| 教学环节 | 教学活动 | 设计意图 |
|---|---|---|
| 新课讲授 | 民族性特征，表现为中华民族精神（是一个民族在长期共同生活和社会实践中形成的，为本民族大多数成员所认同的价值取向、思维方式、道德规范、精神气质的总和，是一个民族赖以生存和发展的精神支柱）。<br><br>　　中国精神在实践发展中与时俱进，并由于各个历史时期实践的不同特征而表现出不同的时代性特征，此即中国精神的时代性特征，表现为各个历史时期的时代精神（是一个国家和民族在新的历史条件下形成和发展的，体现民族特质并顺应时代潮流的思想观念、价值取向、精神风貌和社会风尚的总和）。<br><br>　　因此，中国精神既具有民族性，又具有时代性，是民族性和时代性的有机统一，也由此表现为民族精神与时代精神的统一。<br>小组互动：结合黄大发脱贫攻坚事例谈谈中国精神是民族性与时代性的辩证统一。<br>情景三：中国精神的丰富内涵<br>伟大创造精神：四大发明、中药、唐诗宋词……<br>伟大奋斗精神：大禹治水、愚公移山、精卫填海……<br>伟大团结精神：团结一心、同舟共济、守望相助……<br>伟大梦想精神：嫦娥奔月、大同社会、中国梦……<br>小组互动：以黄大发带领群众修天渠为例，谈谈脱贫攻坚精神是如何体现"四个伟大精神"的？<br>教师总结并回归议题：中国精神是中华民族生生不息的强大精神支撑，是中华民族在历史洪流中屹立不倒、奋勇向前的力量源泉。<br><br>议题三：中国共产党人在百年奋斗中铸造了什么样的伟大精神？<br>——中国共产党是中国精神的忠实继承者和坚定弘扬者。<br>情景一：伟大建党精神的科学内涵<br>图片展示：2021 年 7 月 1 日，在庆祝中国共产党成立 100 周年大会上的讲话：一百年前，中国共产党的先驱们创建了中国共产党，形成了坚持真理、坚守理想，践行初心、担当使命，不怕牺牲、英勇斗争，对党忠诚、不负人民的伟大建党精神，这是中国共产党的精神之源。 | |

续表

| 教学环节 | 教学活动 | 设计意图 |
|---|---|---|
| 新课讲授 | 教师沿着中共党史的发展脉络，分别阐释坚持真理、坚守理想，践行初心、担当使命，不怕牺牲、英勇斗争，对党忠诚、不负人民的内涵。并引发学生思考：为什么伟大建党精神是中国共产党的精神之源？<br>情景二：中国共产党人的精神谱系<br>图片展示：在百余年的非凡奋斗历程中，一代又一代中国共产党人顽强拼搏、不懈奋斗，涌现了一大批视死如归的革命烈士，一大批顽强奋斗的英雄人物，一大批忘我奉献的先进模范，形成了井冈山精神、长征精神、遵义会议精神、延安精神、西柏坡精神、红岩精神、抗美援朝精神、"两弹一星"精神、特区精神、抗洪精神、抗震救灾精神、抗疫精神、脱贫攻坚精神等伟大精神，构筑起了中国共产党人的精神谱系。<br>小组讨论：<br>①有人认为，现在处于和平时期，红船精神、长征精神等革命精神已经过时了。对此，你如何看待？<br>②以上精神与中国共产党人精神谱系是什么关系？<br>③对比以上精神，脱贫攻坚精神是如何继承和发展中国共产党人的精神谱系的？<br>教师总结：中国共产党人的精神谱系在各个历史时期有不同的表现形态和时代特征，但其精神主线一以贯之。例如：矢志不渝的理想信念，人民至上的价值追求，实事求是的思想路线，至诚报国的爱国情怀，不惧牺牲的革命精神。<br>议题四：为何实现中国梦必须弘扬中国精神？——伟大精神引领民族复兴伟业<br>图片展示：实现中华民族伟大复兴的中国梦，开启社会主义现代化国家建设新征程，必须大力弘扬中国精神。<br>情景一：凝聚中国力量的精神纽带<br>图片展示：伟大事业孕育伟大精神，伟大精神引领伟大事业。脱贫攻坚伟大斗争，锻造形成了"上下同心、尽锐出战、精准务实、开拓创新、攻坚克难、不负人民"的脱贫攻坚精神。脱贫攻坚精神，是中国共产党性质宗旨、中国人民意志品质、中华民族精神的生动写照，是爱国主义、集体主义、社会主义思想的集中体现，是中国精神、中国价值、中国力量的充分彰显，赓续传承了伟大民族精神和时代精神。因此，全党全国全 | 明确井冈山精神、长征精神等革命精神的时代价值，在当下我们要大力弘扬革命精神，增强民族凝聚力，驳斥革命精神过时论的错误观点，帮助学生提高价值辨识能力、辩证思维能力，培养学生的家国情怀；理清具体化的革命精神与中国共产党人精神谱系之间的关系，进一步了解脱贫攻坚精神与井冈山精神、长征精神、载人航天精神等是一脉相承，脱贫攻坚精神是中国共产党人精神谱系上鲜明的坐标，并在实践中丰富和发展了中国共产党人精神谱系。<br><br>通过合作探究，明确脱贫攻坚精神在当下的时代价值，进一步增强学生对中国精神的认同感，从而自觉地去学习和弘扬中国精神 |

续表

| 教学环节 | 教学活动 | 设计意图 |
|---|---|---|
| 新课讲授 | 社会都要学习和弘扬脱贫攻坚精神，团结一心，英勇奋斗，坚决战胜前进道路上的一切困难和风险，不断夺取坚持和发展中国特色社会主义新的更大的胜利！——习近平在全国脱贫攻坚总结表彰大会上的讲话（2021 年 2 月 25 日）<br>李保国、张桂梅、黄大发、黄文秀……<br>合作探究：结合脱贫攻坚时代楷模事迹和中国精神的相关知识，谈一谈"脱贫攻坚精神"的时代价值。<br>教师总结：中国精神的时代价值。实现中华民族伟大复兴的中国梦必须弘扬以爱国主义为核心的民族精神和以改革创新为核心的时代精神。<br>回归总议题：为什么说中国精神是兴国强国之魂？<br>学生互动分享，教师总结。 | |
| 课程小结 | 采用思维导图形式，总结教学内容，通过分议题的回顾，总结解决总议题。可以让学生总结，教师补充。 | 唤起学生回忆，锻炼学生的语言表达与知识概括能力。 |
| 作业布置 | 小组主题研学活动［通过第（三）部分具体展示］：<br>①分享典型案例，研讨脱贫攻坚精神如何彰显四个伟大精神？<br>②大学生作为新时代的"梦之队"，该如何在实现中华民族复兴的伟大征程中弘扬脱贫攻坚精神？ | 通过对上个环节——中国精神时代价值的探讨，已让学生深刻了解脱贫攻坚精神的重要意义以及脱贫攻坚精神与中国精神之间的关系，因此，通过该环节情感的碰撞，引导学生以自己的实际行动去培育和践行中国精神，并在实践中进一步增强学生对中国精神的认同；培养学生的爱国之情，增强政治认同，培养学生合作探究能力。 |

续表

| 教学环节 | 教学活动 | 设计意图 |
|---|---|---|
| 教学反思 | 　　本课设计的总思路是，以议题为引领，以情境为依托，以活动为载体，以问题为导向，实现教学内容和活动形式的有机统一，落实教学目标。<br>　　本课以"为什么中国精神是兴国强国之魂"为总议题，提炼四目以设问形式分为四个分议题，既注重知识的系统性、整体性，又不拘泥于教材内容。情境设计上，从黄大发脱贫攻坚的事迹到不同时期中国精神的展现，再到中国共产党人精神谱系和中国精神的时代价值，选择图片、视频等直观方式激发学生的兴趣，让学生试着从情境中感悟中国精神的基本内涵和伟大的脱贫攻坚精神，理解中国精神的时代价值，进而自觉地去践行伟大的中国精神；通过小组讨论，提高学生思考问题和实践能力的同时，不断增强学生对中国精神的认同感，自觉弘扬和践行中国精神。 | |

（三）课外主题研学式活动设计

议题研学式教学除运用于课堂理论教学外，也可设计成学期阶段性课外作业或以课外实践形式进行，教师可根据学情灵活运用。其中课外作业可用下面材料导入，实践教学可以设计为具体的实践方案，两者均可以研学手册形式呈现。下面以学期阶段性课外作业形式简要介绍具体操作步骤：

1. 基础材料

（1）习近平总书记在全国脱贫攻坚总结表彰大会上的讲话（文字版），《人民日报》，2021年02月26日第02版。

（2）习近平总书记在全国脱贫攻坚总结表彰大会上的讲话（直播回放），中央政府门户网站，2021-02-25。

（3）习近平报道专集：习近平深刻阐述伟大脱贫攻坚精神，新华网，2021-02-25。

（4）教育部认定的，且位于贫困县（原国家扶贫开发办公室认定）内的全国中小学生研学实践教育基地。如中国航发贵州黎阳航空发动机有限公司、贵州省黔东南州气象台、遵义会议纪念馆、中国天眼景区、全国青少年井冈山革命传统教育基地等。（线上线下资源）

（5）全国脱贫攻坚交流基地湖南湘西十八洞村、全国乡村治理示范乡村贵州遵义播州区花茂村、四川凉山"悬崖村"等。（线上线下资源）

2. 研学目的

历史川流不息，精神代代相传。作为新时代的大学生要继续弘扬光荣传统，赓续红色血脉，把脱贫攻坚精神继承下去，发扬光大。通过研学，使新时代大学生沉浸式理解脱贫攻坚精神的时代内涵，在学习生活中发扬脱贫攻坚精神，做有理想、敢担当、能吃苦、肯奋斗的新时代好青年，为中华民族伟大复兴中国梦贡献力量。

3. 研学主题

（1）分享典型案例，研讨脱贫攻坚精神如何彰显四个伟大精神？

（2）大学生作为新时代的追梦人，该如何在实现中华民族伟大复兴的征程中弘扬脱贫攻坚精神？

4. 研学要求

请同学们自由结组（根据班级人数 5~8 人），以小组为单位围绕研学主题，查阅资料，自拟题目，认真学习，参加研讨，形成研学报告，并最终填写完成研学手册（研学手册格式可参考本书附录一：《思想道德与法治》课程"脱贫攻坚精神"主题研学手册）。

5. 成绩评定

研学成果成绩由研学过程和研学报告两部分构成，研学过程占比 40%，研学报告占比 60%。研学成果成绩采取教师评分与小组自评相结合的方式进行，教师评分占此部分成绩的 70%，小组自评占此部分成绩的 30%。最后，计算出研学成绩，作为课程过程性考核的依据之一。

# 第二节　脱贫攻坚精神融入
# "马克思主义基本原理"课整体教学设计

## 一、问题链教学法

（一）问题链教学法概念

美国数学家哈尔莫斯（Halmos, Paul Richard）有一句名言"问题是数学的心脏"。20 世纪最伟大的科学家、物理学家爱因斯坦（Albert Einstein）曾说："提出一个问题往往比解决一个问题更重要。"问题链是教师按照教学目标和教学内容，根据学生已有的知识或经验，针对学生学习过程中可能产生的困惑，将教材知识转换为层次鲜明、具有系统性的一连串教学问题。① 问题链教学法是问题驱动教学的典型方式，即在教学过程中，教师基于广泛调研，将教学内容转换为问题导入—问题探讨—问题深入—问题解决等螺旋上升的开放式结构的教学方法。② 问题链教学法在思政课教学中的应用，旨在增强思政课的思想性、理论性和亲和力、针对性，通过激发学生思维活力推动思政课教学提质增效。③ 从"问题链"的教学功能角度看，课堂中常用的问题链主要有引入性问题链、递进式问题链、探究性问题链、弹性化问题链几种类型。其中，探究性问题链被视为"有效教学的核心"。基于学生思维水平螺旋上升发展规律，进行探究性问题链设计，是培养学生的探索精神和创新能力的有效途径。

（二）问题链教学法的实施关键

问题链教学法的关键是设置问题，并使问题成链，服务于教学目标实现。问题的设置，一是要贴近学生学习和生活实际。问题在生活中可观察，有一定的普遍性或特殊性，有教育价值开发意义，这些问题能够较快地吸引学生、打动学生，潜移默化地起到教育学生、引导学生的作用。二是问题之间要形成逻辑链。受教学时间不足的限制，问题设置不应过多，但也不能过少，否则不具有普遍价值的教育意义，一般认为二至三个问题即能达到教学目的，问题选择的要领在于使问题成链，问题与问题间、问题与答案间、问题内部各要素间有着清晰的内在逻辑关系，问题环环相扣、层层深入，让结论水到渠成，既锻炼了学生的逻辑思维能力，又达到润物细无声的教学效果。三是教师与学生围绕问题能够有效互动。教师要成竹在胸、悉心引导，学生要积极参与、用心回答。共同营造有思想性、理论性和亲和力、针对性的思想政治理论教学氛围。

（三）问题链教学法的特殊功能作用

教育有规律，教学无常法。每一种教学法都有其特殊魅力之处，也有其适用范围，此一地适合，彼一地可能不起任何作用甚至遭遇反对。就一般性而言，问题链教学法的功能、作用主要体现在以下几个方面：一是明显的问题意识，能够较好地引起学生的参与热情。任课教师精选问题的基本要求，是教学内容与学生的关切存在比较紧密的关系。问题成因与解决对策的互动过程，同时也是理论传授与现实困惑答疑的过程，高校思政课回归现实、贴近生活，学生们

---

① 周月红. 基于问题链的化学教学设计：以"化学反应速率"为例 [J]. 新课程（上），2013（5）：80-81.

② 文雅. 浅谈问题链教学法在"思想道德与法治"课程中的教学实施与启示 [J]. 高校马克思主义理论教育研究，2022（3）：79-84.

③ 何秀超. 问题链教学法让思政课活起来 [N]. 人民日报，2019-05-24（9）.

因感觉与自己相关、与现实相关，参与的积极性就会明显提高，分析和解决问题的能力也会随之提高。二是链条式的问题设计，有助于避免教学内容的碎片化。问题设置与教学目标紧密相关，服务于教学目标实现，问题链能起到提纲挈领的作用。学生需要拨开问题表象发现问题本质，抽丝剥茧探寻解决问题的答案，并从诸多答案中选择最优化对策。环环相扣、层层递进，在教学过程中不断展开的问题体系，是对教学主题的细化和分解，又是对教学主题的高度统一，问题起点明确，展开步骤明确，教学目标明确，逻辑递进关系严密，有助于保障教学连贯有序。

（四）问题链教学法的实施路径

问题式教学法，就是以提出问题、分析问题、解决问题为线索，并把这一线索始终贯穿整个教学过程的教学方法。问题链教学法遵循问题式教学法的一般实施路径，教师主导问题设计且使问题成链，学生在任务驱动或好奇心驱动下，从问题的现象出发去研究问题的本质，从一般问题出发递进发现深层次的矛盾，进而找到解决问题的基本方法。问题链教学法存在三个必要环节：

第一步，依据课程标准、教材内容、学情确定教学目标，明确教学重难点。这是问题链设置的重要依据。教学目标统摄教学内容，问题服务于教学目标实现。教师需要备教材、备现实、备学生，弄清教什么和教学重难点，弄清楚学生的基本情况，理论基本功要扎实，而且能够善用教学方法，掌握必要的沟通技巧。

第二步，发现素材、筛选素材、凝练问题、形成问题链。问题链不同于普通的问题，而是教师将一系列的问题通过一定的内在逻辑，需要有顺序、有层次地展现给学生的一系列被细化的问题或者线索。要结合教材体系找问题，紧扣教学目标找问题，从学生的学习生活中找问题，要找真问题、大问题，不能找孤立的小问题，更不能杜撰假问题。必要时让学生参与问题链建构，但思政课不是专业课，由于多数学生不是马克思理论与思想政治相关专业，学生对问题链构建的自主探索往往效果不太理想。

第三步，问题交锋、观点碰撞、对策头脑风暴。问题交锋环节，教师要注意师生关系的平等性，注意课堂氛围和谐，倡导敢问，提倡质疑，允许学生自由发言、畅所欲言。同时，教师要以中国为观照、以时代为观照，立足中国实际，有立场、有锋芒、有观点，旗帜鲜明、透彻明了、准确有力，及时回应学生的思想困惑，做好现实关切，帮助学生正确辨别、自觉防范与抵制各种错误观点与思潮，决不能含糊不清、态度暧昧、模棱两可。

## 二、脱贫攻坚精神融入"原理"课问题链教学实践

"马克思主义基本原理"课使我们认识到，世界是物质的，物质世界的存在状态是绝对运动与相对静止的统一，客观事物相互联系又相互斗争，矛盾有普遍性也有特殊性，有主要矛盾、次要矛盾也有矛盾的主要方面和次要方面，必须坚持两点论和重点论，矛盾是推动事物发展的动力，特定社会发展阶段的主要矛盾即该阶段经济社会发展重点解决的主要任务。内因是推动事物发展的根本，外因是事物变化发展的条件，外因通过内因发生作用，内因决定着事物发展的基本趋向。理论来自实践又指导实践，是进一步行动的先导，尊重人民首创精神，及时发现、总结、概括人民群众实践中形成的新鲜经验，使之上升为理论和政策，才能更好地指导中国特色社会主义实践。党的一切理论均来自人民群众的实践，改革开放以来每一个方面的创造和积累，无不来自人民群众的智慧。人民性是马克思主义的本质属性和鲜明品格，人民立场是我们党区别于其他政党的显著标志。在领导全党全国各族人民打赢脱贫攻坚战中，习近平总书记先后 7 次主持召开中央扶贫工作座谈会，50 多次调研扶贫工作，跋山涉水走遍 14 个集中连片特困地区，面对面同贫困群众聊家常、算细账，提出了精准扶贫、精准脱贫的基本方略。习近平总书记的讲话和战略部署处处体现马克思主义的世界观和方法论，蕴含着丰富的中国传统文化智慧。本部分以第一章为例探讨脱贫攻坚精神融入"马克思主义基本原理"课的主要教学步骤。

### (一) 教学主题设定

学习马克思主义基本原理，要着重理解马克思主义物质观，重点学习辩证唯物主义基本原理，把握好物质与意识的辩证关系以及事物联系和发展的基本规律，为观察、分析和解决问题奠定科学的世界观和方法论基础。学生普遍对唯物辩证法原理比较感兴趣，但对生活中处处可见的辩证法却往往无意识、无解释、无反思、无反应。本专题紧扣教材第一章，以"事物发展的基本规律与人的主观能动性"为总主题，将教学主题归纳为事物发展的基本规律与人的主观能动性，结合脱贫攻坚案例，设置递进式问题，问题一：物质与意识的辩证关系？帮助正确理解物质与意识的辩证统一关系。问题二：如何做到遵循客观规律与发挥主观能动性相统一？引导学生从脱贫攻坚整体布局和战斗典范故事中领会遵循客观规律与发挥主观能动性相统一的重要意义。问题三：辩证思维能力的内涵与意义？自觉培养主动运用唯物辩证法分析和解决问题的意识，提高战胜前进困难的信心，不断增强辩证思维能力。

（二）问题链设置

表 6-2　脱贫攻坚精神融入"马克思主义基本原理"课问题链设置

| 教学主题 | | 事物发展的基本规律与人的主观能动性 | |
|---|---|---|---|
| 教学方法 | | 问题链教学法 | |
| 问题一：物质与意识的辩证关系？ | 经典选读 | 观念的东西不外是移入人的头脑并在人的头脑中改造过的物质的东西而已。——《马克思恩格斯选集》第2卷，人民出版社2012年版，第93页。<br><br>人们首先必须吃、喝、住、穿，然后才能从事政治、科学、艺术、宗教等等；所以，直接的物质的生活资料的生产，从而一个民族或一个时代的一定的经济发展阶段，便构成基础，人们的国家设施、法的观点、艺术以至宗教观念，就是从这个基础上发展起来的，因而，也必须由这个基础来解释，而不是像过去那样做得相反。——《马克思恩格斯选集》第3卷，人民出版社2012年版，第1002页。<br><br>物质是标志客观实在的哲学范畴，这种客观实在是人通过感觉感知的，它不依赖于我们的感觉而存在，为我们的感觉所复写、摄影、反映。——《列宁选集》第2卷，人民出版社2012年版，第89页。<br><br>人在劳动过程结束时得到的结果，在这个过程开始时就已经在劳动者的表象中存在着，即已经观念地存在着。——《马克思恩格斯选集》第2卷，人民出版社2012年版，第93页。<br><br>世界不会满足人，人决心以自己的行动来改变世界。——《列宁全集》第55卷，人民出版社2017年版，第183页。<br><br>要学习掌握世界统一于物质、物质决定意识的原理，坚持从客观实际出发制定政策、推动工作。——习近平总书记在2015年中央政治局第二十次集体学习中的讲话 | 设计目的：通过阅读经典，理解物质与意识的辩证关系原理；通过脱贫攻坚案例，理解"世界的真正的统一性在于它的物质性"的科学内涵，明确"坚持一切从客观实际出发"的方法论意义 |
| | 案例1 | 2012年年底，我国还有9899万贫困人口，832个贫困县，12.8万个贫困村，其中相当一部分还处于深度贫困状态。而且全国各个贫困地区的实际情况不同，地区之间差异巨大。若是脱离实际以同一政策生搬硬套应对不同贫困地区，扶贫工作则难以切实开展。对此，习近平总书记多次强调，要加强顶层设计、摸着石头过河，要脚踏实地、实事求是、因地制宜、分类指导，在精准认识和把握扶贫对象、确定真正需要帮助的贫困群众基础上，从实际贫困对象出发，认识贫困群众的具体情况，摸清贫困人口数量、贫困程度状况，以及导致贫困的根本原因，按照贫困群众的实际情况制定相应的、切实可行的扶贫政策，要时刻牢记空谈误国、实干兴邦，不怕困难，攻坚克难，反对大水漫灌、走马观花、空喊口号、好大喜功的"假扶贫"，只有这样才能真正做到"扶真贫、真扶贫、真脱贫"。 | |

| 教学主题 | | 事物发展的基本规律与人的主观能动性 | |
|---|---|---|---|
| 问题二：如何做到遵循客观规律与发挥主观能动性相统一 | 经典选读 | 人们自己的社会行动的规律，这些直到现在都如同异己的、统治着人们的自然规律一样而与人们相对立的规律。那时就将被人们熟练地运用起来，因而将服从他们的统治。人们自己的社会生活一直是作为自然界和历史强加于他们的东西而同他们相对立的，现在则变成他们自己的自由行动了。一直统治着历史的客观的异己的力量，现在处于人们自己的控制之下了。——《马克思恩格斯选集》第3卷，人民出版社1972年版，第323页。<br><br>战争的胜负主要地决定于作战双方的军事、政治、经济、自然诸条件，这是没问题的。然而不仅仅如此，还决定于作战双方主观指导能力。红军指战员不应该是一个鲁莽家，而应该是一个"智勇双全的将军"，一个"勇敢而明智的英雄"，不但有压倒一切的勇气，而且有驾驭整个战争变化发展的能力。——《毛泽东选集》第1卷，人民出版社1991年版，第182页。<br><br>脱贫攻坚已经到了啃硬骨头、攻坚拔寨的冲刺阶段，必须以更大的决心、更明确的思路、更精准的举措、超常规的力度，众志成城实现脱贫攻坚目标，决不能落下一个贫困地区、一个贫困群众。激发内生动力，调动贫困地区和贫困人口积极性。"只要有信心，黄土变成金。"贫穷不是不可改变的宿命。人穷志不能短，扶贫必先扶志。没有比人更高的山，没有比脚更长的路。要做好对贫困地区干部群众的宣传、教育、培训、组织工作，让他们的心热起来、行动起来，引导他们树立"宁愿苦干、不愿苦熬"的观念，自力更生、艰苦奋斗，靠辛勤劳动改变贫困落后面貌。——中共中央党史和文献研究院：《十八大以来重要文献选编》（下），中央文献出版社2018年版，第34页、49页。 | 设计目的：在明确物质对意识的决定作用的基础上，通过阅读经典，进一步理解意识对物质的反作用，主观能动性和客观规律的辩证统一关系；通过脱贫攻坚案例，掌握"精神变物质、物质变精神"的辩证法，相信只要精神振奋、发愤图强，就可以创造出很多像脱贫攻坚一样的人间奇迹 |
| | 案例2 | 云南激发脱贫攻坚强大内生动力：云南省在脱贫攻坚中深入开展"自强、诚信、感恩"主题实践活动，针对一些贫困地区和贫困群众存在的等靠要思想和安贫守贫观念，采取多种方式，激发内生动力，促进脱贫攻坚健康发展。<br><br>一是组织新思想、新战略、党的好政策宣讲团。如保山市依托习近平新时代中国特色社会主义思想宣讲团和腾冲市艾思奇百姓宣讲团，组织1000余名"农民理论家"，组成500多支义务宣讲小组，围绕脱贫攻坚政策、乡村振兴战略、农业产业发展等内容，开展集中式、互动式、点对点宣讲，共宣讲1700多场次，8万余人次听取宣讲。<br><br>二是开展先进适用农技培训。以各级新时代农民讲习所为依托，结合农时、农情、农民迫切需要，组织致富能 | |

| 教学主题 | | 事物发展的基本规律与人的主观能动性 | |
|---|---|---|---|
| 问题二：如何做到遵循客观规律与发挥主观能动性相统一 | 案例2 | 人、专业合作社负责人、对口帮扶专家和技术人员到田间地头、到农家小院召开院坝会、板凳会、群众会、火塘会话农事、讲解特色农作物种植技术、传授科学养殖知识。怒江州先后培训羊肚菌种植技术、雪桃种植技术、中蜂养殖技术人才十多万人次。西双版纳州通过开设田间讲座，到田间地头帮助贫困户学实用技能、比致富路子，实现了"培训一人、签约一人、就业一人、脱贫一人"的基本目标，提高了农户自我发展能力。<br>　　三是重视传统文化传承、推动移风易俗，改善贫困地区和贫困人口精神风貌，推进自治德治法治"三治融合"的乡村治理体系建设。如临沧市凤庆县每一个村的村中道路和活动广场都有村史简介、少数民族传统文化、中华优秀传统文化内容的标识标语。昌宁县依据极度贫困户原型故事编排了小品《酒仙新生》，弥渡县推出了花灯说唱《扶贫之歌》、方言小品《精准扶贫》等一批脍炙人口、催人奋进的乡村文艺精品。普洱市镇沅彝族哈尼族拉祜族自治县副科级以上干部回到出生原籍地或挂包农户所在地讲国家发展新变化、农村新变化、家乡新变化、解读持续巩固拓展脱贫攻坚成果的利好政策。德宏傣族景颇族自治州开通乡村"巡回法庭"送法进农村，结合群众身边的案例广泛开展普法教育。此外，"靠人吃饭空米缸，下田流汗谷满仓"等励志标语在云南村寨随处可见，"知恩感恩报恩户""善行义举榜"表彰活动，家训家风家规名言、社会主义核心价值观、中国梦主题的文化墙设计，为脱贫户颁发脱贫光荣牌等活动，都有效激发了贫困群众不甘落后、诚实守信、依靠自强脱贫的意识，凝聚起了打赢脱贫攻坚战的强大思想共识和精神力量。 | |
| 问题三：辩证思维能力的内涵与意义 | 经典选读 | 　　辩证法在对现存事物的肯定的理解中同时包含对现存事物的否定的理解，即对现存事物的必然灭亡的理解；辩证法对每一种既成的形式都是从不断的运动中，因而也是从它的暂时性方面去理解；辩证法不崇拜任何东西，按其本质来说，它是批判的和革命的。——《马克思恩格斯选集》第2卷，人民出版社2012年版，第94页。<br>　　问题就是公开的、无畏的左右一切个人的时代声音。问题就是时代的口号，是它表现自己精神状态的最实际的呼声。——《马克思恩格斯全集》第40卷，人民出版社1982年版，第289—290页。<br>　　马克思主义的最本质的东西，马克思主义的活的灵魂，就在于具体地分析具体的情况。——《毛泽东选集》第1卷，人民出版社1991年版，第312页。<br>　　面对复杂形势和繁重任务，首先要有全局观，对各种矛盾做到心中有数，同时又要优先解决主要矛盾和矛盾 | 设计目的：通过阅读经典，理解辩证思维方式与形而上学思维方式的内涵和区别；通过脱贫攻坚案例，掌握唯物辩证法的根本方法，提高驾驭复杂局面、处理复杂问题的本领 |

| 教学主题 | | 事物发展的基本规律与人的主观能动性 | |
|---|---|---|---|
| 问题三:<br>辩证思维<br>能力的内<br>涵与意义 | 经典<br>选读 | 的主要方面,以此带动其他矛盾的解决。党的十八大以来,我们提出要协调推进全面建成小康社会、全面深化改革、全面依法治国、全面从严治党。在推进这"四个全面"过程中,我们既要注重总体谋划,又要注重牵住"牛鼻子"。……在任何工作中,我们既要讲两点论,又要讲重点论,没有主次,不加区别,眉毛胡子一把抓,是做不好工作的。——习近平:《辩证唯物主义是中国共产党人的世界观和方法论》,《思想政治工作研究》2019 年第 2 期。 | |
| | 案例 3 | 名句"穷则变,变则通,通则久"出自《周易·系辞下》,蕴含着我国古人朴素可贵的辩证法思想,对后世影响深远。以此古训为依据,司马迁在《史记》之《报任安书》中提出把"通古今之变"作为认识历史、理解历史、总结历史规律、寻找历代王朝兴衰成败之道理的要领。清末维新派基于"穷则变"古训提出了"变者,古今之公理也"的观点,主张"托古改制""兴西学""实业救国""练兵强天下""鼓民力、开民智、新民德"。改革开放以来,中国不断突破思想和体制束缚,准确识变、科学应变、主动求变、抓新机、开新局,世所罕见的经济快速发展奇迹和社会长期稳定奇迹。脱贫攻坚中,贫困人口精准识别、精准帮扶、精准退出,五级书记一起抓,扶贫与扶志扶智相结合、外界帮扶与自主发展相结合,扶贫开发与区域协调发展相统筹,长短期产业项目搭配、先进与实用技术相配套,有一般题也有加试题,有攻坚期也有巩固期、拓展期,标本兼治,加强农村基层党组织建设,因地制宜走特色化扶贫开发道路,大力弘扬"滴水穿石""弱鸟先飞"等精神,同步推进移风易俗,加强法治建设,使扶贫工作始终都在法治轨道上运行,使中国扶贫治理事业再上了一个新台阶。根据世界银行统计,中国有 8 亿人摆脱了贫困。改革开放 40 多年来,中国 7.5 亿人摆脱贫困,对世界减贫贡献率超过 70%。脱贫攻坚期间,平均每年脱贫人数相当于一个中等国家人口规模。 | |

## (三) 小组研讨与教师评析

### 1. 讨论主题

在脱贫攻坚伟大斗争中锻造形成了"上下同心、尽锐出战、精准务实、开拓创新、攻坚克难、不负人民"的脱贫攻坚精神。请结合本章物质和意识的辩证关系原理、客观规律性与主观能动性的辩证关系原理、辩证思维能力的内涵和体现,谈谈你对脱贫攻坚精神的理解。

2. 分组讨论

4~6 人一组，请同学们讨论 10 分钟，各组代表陈述本小组主要观点、小组成员可补充发言（略）。小组发言总结如下：

问题一：脱贫攻坚精神属于"意识"范畴，是脱贫攻坚实践的产物，是党的宝贵精神财富，能够转化为强大物质力量，是充分发扬历史主动精神，遵循客观规律与发挥主观能动性相统一的典范，为我们党坚决战胜前进道路上的一切困难和风险提供强大精神动力。

问题二：内因是事物发展的根据，外因是事物变化发展的重要条件，外因通过内因起作用。传统意义上的扶贫主要是"输血式"物质扶贫，是一种外在力量，扶智和扶志是"造血式"精神扶贫，重在激发内生动力。这是脱贫攻坚始终注重把外部帮扶和贫困群众自身努力相结合的哲学基础。

问题三：马克思主义的科学世界观揭示了世界的本质及发展规律，为我们提供了认识世界和改造世界的科学方法论，为我们确立科学的人生观和价值观奠定了坚实的基础。万事万物归根结底都统一于物质，我们无论在任何时候、任何地方和任何条件下，也无论从事任何工作和遇到任何复杂的问题，都要按照世界的本来面貌，从物质世界及其运动规律出发去认识世界和改造世界。"六个精准""五个一批"都体现了实践的客观实在性、普遍性、特殊性和自觉能动性的马克思主义辩证法原理。乡村振兴难度更大，需要积极探索符合中国国情的乡村振兴道路，提高历史思维、系统思维、底线思维、战略思维和创新思维能力。

3. 教师评析

世界上的万事万物归结起来无非是两大类现象，即物质现象和精神现象。人类的活动归纳起来无非也是两大类，即认识世界和改造世界。主观世界是人的认知、情感、意志的统一体，主体的观念、愿望、情感、意志、目的、信念等都是主观世界的不同表现形式。认识世界的最终目的是改造世界，认识越深刻，越接近事物本质，实践的盲目性越少。意识具有目的性、计划性、创造性，具有指导实践改造客观世界的作用，能够创造出世界上原来所没有的东西。精准扶贫脱贫攻坚期间，党中央制定的"两不愁三保障"扶贫开发工作目标（到2020 年，扶贫对象不愁吃、不愁穿，基本医疗保障、义务教育和住房安全保障），创新性提出的贫困人口精准识别方法，附加条件（条件可行）的精准帮扶手段，云南"靠人吃饭空米缸，下田流汗谷满仓"的励志标语，都体现了物质和意识的辩证关系，物质决定意识，意识反作用于物质生产，贫困有物资匮乏的原因，也有精神层面"认命"的原因，而且越是深度贫困乡村、极度贫困的人口，物质与精神双贫困现象越突出。

马克思指出："人在劳动过程结束时得到的结果，在这个过程开始时就已经在劳动者的表象中存在着，即已经观念地存在着。"① 人的整个实践过程，就是围绕意识活动所构建的目标和蓝图来进行的，人的意识可以对客观世界中的感性材料加工和建构，在思维中构造一个现实中没有的理想世界。在实践中形成观念，以这些观念为指导，通过实践使之变成客观现实。实践是客观规律性与主观能动性统一的桥梁。人们只有在认识和掌握客观规律的基础上，才能正确地认识世界，有效改造世界，满足自身需要。需要注意的是，人能够创造历史，但无法也不能随心所欲地创造历史，历史包括微观个体自身成长发展的历史，也包括整体意义上的人民创造的社会发展历史。人能够通过自觉活动去认识规律，遵循历史的规律和进程，按照客观规律去改造世界，把握时代的脉搏和契机，人才能真正成为历史的主人。贫困与人类相伴相生，全球贫困治理理论、道路、模式已经丰富多彩，在认识方面，对于历史、现实、生态、产业、文化、种族歧视等致贫原因的分析，以及对于摆脱贫困的个人家庭、社会、国家等措施的研究，可以说已比较接近真理性认知水平，贫困治理的全球实践经验已比较成熟。尤其是中国特色反贫困理论、道路和模式，为其他发展中国家和发展滞后国家的反贫困事业提供了全新的选择。

正确发挥人的主观能动性，要依赖于一定的物质条件和物质手段，但条件是可以改变的，经过努力，可以化不利条件为有利条件，推动事物的发展。同时要注意，改变和创造条件不是任意的，必须尊重事物发展的客观规律，不能强行去改变事物存在和发展的条件，否则就是揠苗助长。脱贫攻坚期间，贫困地区和贫困人口接受了国家和社会大量的物质帮扶，包括建立特色农产品培育基地，建立扶贫车间，改造农业设施打造设施农业，加强道路交通水电基础设施建设。巧妇难为无米之炊，物质帮扶为贫困乡村和贫困人口，尤其为交通基础设施落后的深度贫困地区的农村和农民的生计转型和发展提供了必要前提。

问题是时代的声音，是矛盾的集中体现，发现了问题就等于抓住了事物的矛盾。马克思指出："问题就是公开的、无畏的左右一切个人的时代声音。问题就是时代的口号，是它表现自己精神状态的最实际的呼声。"② 习近平指出："问题是事物矛盾的表现形式，我们强调增强问题意识、坚持问题导向，就是承

---

① 中共中央马克思恩格斯列宁斯大林著作编译局．马克思恩格斯文集：第5卷［M］．北京：人民出版社，2009：208.

② 中共中央马克思恩格斯列宁斯大林著作编译局．马克思恩格斯全集：第40卷［M］．北京：人民出版社，1982：289-290.

认矛盾的普遍性、客观性，就是要善于把认识和化解矛盾作为打开工作局面的突破口。"① 善于认识矛盾还要善于化解矛盾，毛泽东指出："辩证法的宇宙观，主要地就是教导人们要善于去观察和分析各种事物的矛盾的运动，并根据这种分析，指出解决矛盾的方法。"② 在《矛盾论》中，毛泽东又指出："马克思主义的最本质的东西，马克思主义的活的灵魂，就在于具体地分析具体的情况。"③ 同等援助条件下，贫困程度相近的地区和人口，其脱贫进程、脱贫质量、稳定脱贫致富的前景仍存在较大差异。在实际工作中，还要鼓励贫困人口主动去对接有利条件，学会利用有利条件，善于化不利条件为有利条件。

世界上的各种事物不仅是普遍联系的，而且是变化发展的，事物在相互联系中运动、变化和发展。"矛盾无处不在，矛盾无时不有"，经济的发展、社会的进步，人与自然的和谐，都是在不断解决矛盾的过程中实现的。世界上只有尚未被认识之物，没有根本上不可认识之物。新事物是社会上先进的、富有创造力的人们创造性活动的产物。劳动创造了人本身，把握时代、引领时代，在机遇面前主动出击，不犹豫、不观望，在困难面前迎难而上，不推诿、不逃避，在风险面前积极应对，不畏缩、不躲闪，是历史主动精神的现实表现。但事物的发展不是直线式前进，而是螺旋式上升的，人类社会历史发展是前进性与曲折性的辩证统一，要坚信发展的前进方向和进程，任何时候都不能失去开拓前进的信心和勇气，高度重视、认真对待前进中的曲折，正确把握事物的因果关系，敢于面对一些不可避免的问题，在对立中把握统一、在统一中把握对立，克服极端化、片面化。通过自觉努力防止坏的可能变为现实，同时善于创造条件，在求新、求变中消除不利原因，发现解决问题的办法，促使好的可能获得实现。在发展进程中，以前一切现实的东西都会成为不现实的，都会丧失自己的必然性、自己存在的权利、自己的合理性；一种新的、富有生命力的现实的东西就会代替正在衰亡的现实的东西。④

脱贫攻坚精神蕴含丰富的哲学基础，是习近平新时代中国特色社会主义思想的世界观和方法论的重要内容，是尊重贫困治理规律，始终发扬实事求是作风，结合新时代贫困实际，全社会大力弘扬创造精神的结果，体现了中国共产

---

① 中共中央文献研究室．习近平关于协调推进"四个全面"战略布局论述摘编［M］．北京：中央文献出版社，2015：86.

② 毛泽东选集：第一卷［M］．北京：人民出版社，1991：304.

③ 毛泽东选集：第一卷［M］．北京：人民出版社，1991：312.

④ 中共中央马克思恩格斯列宁斯大林著作编译局．马克思恩格斯选集：第4卷［M］．北京：人民出版社，2012：222.

党人特有的精神气质。在推进中国特色社会主义事业的进程中，只有坚持实事求是、精准务实的优良作风，守好"不负人民"的价值宗旨，保持攻坚克难、开拓创新的精神风貌，才能形成"上下同心"的凝聚力，形成"尽锐出战"的号召力，推动中国式现代化行稳致远。

## 第三节 脱贫攻坚精神融入"中国近现代史纲要"课教学实践

"思政课就要讲好中华民族的故事、中国共产党的故事、中华人民共和国的故事、中国特色社会主义的故事、改革开放的故事，特别是要讲好新时代的故事。讲故事，不仅老师讲，而且要组织学生自己讲。"① 内容决定形式、形式服务内容，二者相互依赖、相互影响，地位同等重要。合理的教学内容、合适的教学方法是高效课堂的两个基本维度，只注重教学内容或只注重教学方法，都不利于提高课堂效率、成就一堂好课。脱贫攻坚精神融入"中国近现代史纲要"课，要善用讲故事的方式讲道理，但要避免以历史"故事汇"代替革命与建设大道理的讲解，否则容易导致"抬头率"较高、吸引力和感染力较强，但整体实效性却较弱的虚假繁荣景象。

### 一、专题式教学模式概述

专题式教学的生命力在于"专"，难题也在于"专"。专题式教学有利于拓展教学内容的深度和宽度，深受学生喜爱，教师也在教研相长中提高了科研能力和教学水平，但由于教学时数少、内容更新快、教学任务重，相对专业课老师而言，思政课教师普遍存在知识面"广"而难"专"的问题。2015 年 7 月，中宣部和教育部印发的《普通高校思想政治理论课建设体系创新计划》（教社科〔2015〕2 号）明确指出，思想政治理论课改革创新的手段不多，制约思想政治理论课针对性实效性的瓶颈亟待突破，各地各高校要积极推进专题教学，凝练教学内容，强化问题意识，构建重点突出、贴近实际的教学体系。② 2019 年上半年，教育主管部门组织高校思想政治理论课教学指导委员会专家，编写了各门课程的专题教学指南。一线教师可在国家教育资源公共服务平台、学习通、

---

① 习近平. 思政课是落实立德树人根本任务的关键课程 [J]. 求是，2020（17）：4-16.
② 中央宣传部 教育部关于印发《普通高校思想政治理论课建设体系创新计划》的通知 [J]. 中华人民共和国教育部公报，2015（9）：22-28.

智慧树、学习思政课等教学资源平台上分享和学习专题教学案例。近年来，关于专题式教学的理论研究和实践经验总结已日益理性和丰富起来，形成了全课程专题教学、部分章节专题教学、重点内容补充式专题教学等各种专题式教学模式，有效拓展了思政课内容的深意和新意。

（一）专题教学概念

《汉语大词典》中"专题"指"专门研究或讨论的问题"①。戴月波认为，专题式教学是指教师依据教学大纲，结合社会现实、学生实际和教材内容，遴选几个主要问题，并围绕这些问题，分教师、按问题进行专题讲授的教学方法。② 专题教学打破了传统的按教材章节体系依序授课的方式，而是按照课程内容的内在逻辑关系对教材内容进行梳理和整合，形成既相互联系又相对独立的系列专题，进而围绕专题组织教学活动的一种教学模式。③ 专题化教学设计须遵循六个基本要求：一是专题凝练须有探究性和挑战性；二是资料选择须有权威性和代表性；三是观点概括须有规范性和准确性；四是理论阐述须有彻底性和科学性；五是教学组织须有互动性和参与性；六是价值导向须有原则性和政治性。④ 整体而言，学界关于专题教学内涵的论证已比较充分，普遍认为专题式教学必须以教材为基础，符合教学大纲要求，坚持问题导向，及时跟进学生成长成才过程中遇到的思想实际和新的社会现实问题，坚持政治正确和正向价值观引导，鼓励探索符合校情学情的多样化专题教学方法，整合、提炼、充实教材内容形成课程系列专题，并在教学过程中使用与专题教学内容相配套的教学方法与手段，不断提升思政课的亲和力、吸引力、感染力和说服力。

（二）专题教学的优势

专题教学具有问题指向性、启发性、探究性等优势。⑤ 专题教学最大的特点是整合，整合的过程是教材体系向教学体系的转化过程，也是实现教材内容、教学内容与教学法重新搭配的过程，富有创造性和创新性。专题教学不再简单关注零散性、平面化的知识点，更注重从知识的整体性和内容的逻辑性出发，

---

① 罗竹风. 汉语大词典：第2卷 [Z]. 上海：汉语大词典出版社，1990：1278.

② 戴月波. 高校思想政治理论课专题教学存在的问题与对策 [J]. 黑龙江高教研究，2013，31（5）：170-172.

③ 徐鲲，郭海成. 高校思想政治理论课专题教学理念与路径探究 [J]. 探索，2017（4）：182-186.

④ 陈红，米丽艳. 高校思想政治理论课专题教学设计的六大要素 [J]. 思想理论教育导刊，2019（9）：99-102.

⑤ 白夜昕. 高校思想政治理论课专题化教学中常见问题与对策研究 [J]. 思想理论教育导刊，2020（6）：106-109.

分析理论联系现实的切入点，考查学生分析问题、解决现实问题的能力。所以，专题教学有利于不断加强思政课教师团队建设和思政课教师教学科研能力建设，有利于整体提升思政课的教育教学质量和学生思政课的获得感。① 思政课的本质是讲道理，理论越彻底，道理讲得越清楚，思政课就越有说服力。相较于传统教学模式，专题教学需要把相关理论进行紧密关联，需要密切联系经济社会热点问题，教师要讲解，学生也要积极互动，这对教师的专业能力和专业素养提出了很高的要求。从这方面来讲，理论知识、专业知识、实践知识三者有效结合的专题教学有利于教师更新和重构自己的知识体系，也有利于培养学生的综合素质。而教研室主导或基层教学组织主导下的专题式教学，能够利用强大的人才优势和教学资源，快速形成优秀教学团队，从而达到远比教师个人"一枝独秀"更明显的教学效果。② 尤其密切结合专业学情的专题教学，更有助于学生深度吸收、迁移、整合新旧知识，贯通专业知识与公共知识，实现专业课程与思政课同向同行、协同育人。

（三）专题教学的难题

专题教学中专题的设置必须忠实于教材，符合教学大纲要求。无论是系列专题还是服务于某个知识点的单个专题，都必须以教学目标为主线展开，专题之间存在严密的逻辑关系，随意设置、自行其是的专题必然会导致教学内容碎片化和重复教学。这就对专题教学设计提出了较高的要求，需要基层教学组织负责人具备较高的理论素养和丰富的教学经验，把教材逻辑结构讲清楚，把每个专题的意图和侧重点讲清楚，根据任课教师的专业背景和教学经历分配好责任专题，比较费时费力。还需要专题授课教师必须紧紧抓住两个教学目标，一个是课程总体目标，一个是本专题的教学目标，授课内容要有深度还要有广度，教学方法要做到形散而神不散，这对教师提出了很高的要求。此外，专题教学的授课对象变动较大，授课教师实际上很难做到充分备课学生，甚至未来得及全面了解授课对象就需要更换班级，平时考核也无法有效实施。因此，专题教学也存在专题选择不当造成知识缺乏连贯性，对知识点拓展过度造成重复教学，教师安排不当造成教学组织混乱，教师变动过于频繁造成学情分析流于形式等典型问题。

---

① 张雷.地方高校思想政治理论课"问题导向+课题研究+专题讲授"链式教学改革 [J].教育观察，2018，7（23）：25-27.
② 龚德才.思想政治理论课专题式教学探讨 [J].教育评论，2013（1）：93-95.

**二、开展中国扶贫脱贫史专题教学的原因**

历史是最好的教学书，与历史对话，能从来时之路中汲取经验教训，发现规律，支撑走好未来之路。"纲要"课的教学目的是让大学生认识到，落后就要挨打，中国共产党成立之前也有各种的救国方案，但由于阶级局限性等各方面的原因不可能完成民族独立、人民解放、中国发展、中华民族伟大复兴的重任。中国共产党成立之后，历史和人民选择了马克思主义、选择了中国共产党、选择了社会主义道路、选择了改革开放，中国才创造了经济发展和社会长期稳定的两大奇迹。贫困是人类社会的顽疾，半殖民地半封建社会的中国人民，其贫困程度更是世所罕见，中国共产党成立后，致力于消灭封建土地所有制，解放农民，发展农业生产力，探索适应新时代农情民情的农业经营体制改革，先后带领贫困群众人民打土豪分田地，发动减租减息运动，开展农业社会主义改造，实施家庭联产承包责任制，实施扶贫开发，发起脱贫攻坚，创造了人类减贫史上的奇迹。中国扶贫脱贫史就是一部鲜明的党的百年奋斗史，大学生能够从身边事中比较容易地掌握"中国共产党为什么能，中国特色社会主义为什么好，归根到底是马克思主义行，是中国化时代化的马克思主义行"的道理，更好地认识和把握近现代中国社会发展和革命、建设、改革的历史进程及其内在规律，更加坚定在中国共产党坚强领导下为实现中华民族伟大复兴而不懈奋斗的理想信念。

（一）教材层面的考虑

以鸦片战争为起点，中国近代史分为从鸦片战争到五四运动前夕和从五四运动到中华人民共和国成立前夕两个历史阶段。1949 年中华人民共和国成立以来的历史属于中国现代史，包括社会主义革命和建设时期、改革开放和社会主义现代化建设新时期、中国特色社会主义新时代三个时期。中国近现代史中，发生的大事要事数不胜数，作为一门思想政治理论公共课，只能在有限的学时内提纲挈领地讲清历史逻辑、实践逻辑和理论逻辑，尽可能地把历史规律呈现给学生。

教师在教学中通常会面临以下要求或问题：一是把握好课程性质，绝不能把"纲要"课当作历史课程来讲，否则过多的饶有趣味的历史故事会喧宾夺主，导致教学严重偏离课程目标。二是中国近现代史时间跨度大，尽管择其纲要来讲，需要讲深讲透的重要历史事件仍然很多，可能出现历史事件回顾过多，前后事件内含逻辑梳理困难、主题不突出的问题，教师容易顾此失彼。三是除了

"第十章中国特色社会主义进入新时代"联系现实比较密切，其他章节要完全做到"从史实中引出理论""用史实说明理论""用理论分析和解决实际问题"的史论结合实际上非常困难，联系现实较远会导致学生不重视，教师必须自身具备较深厚的历史理论基础、较强的现实问题意识和历史自觉才能较好地调动学生的学习兴趣。教材有着合理严谨的体系结构，但教材不是讲义，需要将教材体系转化为教学体系。教材必须反映学科知识的系统性，但教学则要做到"少而精"，因此专题式教学就是一种很好的方法。①

中国扶贫脱贫史专题有一定理论深度和一定时间跨度，尤其精准扶贫脱贫攻坚故事发生在学生家乡，部分同学本身就是精准扶贫的受益者，更容易产生思想碰撞。中国扶贫脱贫史专题，紧抓"为人民服务"这一贯穿百年党史的红线，把不同历史时期的扶贫治理制度、政策、成就集中展现出来，有助于深化对党的性质宗旨、党的初心和使命、中国共产党人精神谱系的认识，有助于弥补教材对一些重大历史问题展开不够的不足，这也是新教材开发、新课程建设、有效教学组织和实施的内在要求。

（二）学生层面的考虑

学习历史的目的是鉴往知今，从历史中汲取智慧，从规律中把握趋势，自觉把个人理想融入国家和民族事业中，并能够始终保持未来必胜之信念。没有兴趣的学习是枯燥乏味的，不针对现实问题的教学设计是没有吸引力的。专题教学的一项基本要求是，要把历史重大问题与社会热点有效结合起来，把传授知识与思想教育结合起来。因此，在"纲要"课专题教学设计中，教师除了要紧跟党和国家领导人最新讲话，还要及时了解学生普遍关注或有困惑的热点、难点问题，警惕历史虚无主义也要避免历史复古主义，讲"真问题"，把"问题"讲"透"，要让学生弄清楚"问题"产生的历史、现在和将来，"问题"的现象和本质，"问题"的局部和整体，使"纲要"成为大学生"真心喜欢，终身受用"的课程。

中国扶贫脱贫史专题内设扶贫治理理论、中国扶贫开发政策演变、精准扶贫脱贫攻坚成效、巩固拓展脱贫攻坚成果与乡村振兴有效衔接四大板块，内容符合教学大纲，既依据教材又超越教材，讲述历史又映照现实，讲成绩也讲问题，老师主讲、学生参与讨论。贫困乡村和家庭变化随处可见，脱贫模范人物的事迹可信手拈来，因此，在小组讨论环节，学生更容易因话题熟悉而讨论热烈，因与自己贴近而更加关心，有助于培养他们的问题意识，锻炼他们的思辨

---

① 艾四林．新时代如何办好思想政治理论课［M］．北京：人民出版社，2019：69．

能力和表达能力，还可以帮助大学生尤其是农村大学生更加坚定实现农业农村现代化的信心。

（三）弘扬脱贫攻坚精神服务乡村振兴的现实需要

贫困的终极根源是能力贫困，连片贫困的根本原因是教育贫困，贫困地区乡村振兴的基础是人才振兴。在校大学生借助假期实践机会参与乡村振兴，依靠所学知识做田野调查、收集民意、反映困难和需求，并力所能及地提出合理化建议，他们与活跃在乡村振兴一线的已毕业大学生一起构成了贫困地区巩固拓展脱贫攻坚成果、衔接推进乡村振兴、推动乡村全面振兴的新生力量。

在"纲要"课中开展中国扶贫脱贫史专题，可以让学生充分明白：振兴乡村作为党的一项伟大事业，贯穿于社会主义革命、建设、改革开放全过程；改革开放以来，我国依照梯度发展、全面统筹、稳步推进原则，进行不间断顶层制度设计和体制改革，形成了中国特色乡村振兴道路和理论；曲折道路获得的历史经验，积累的对农村减贫治理规律、农业发展规律、党在农村基层执政规律的科学认识，形成的脱贫攻坚精神是进一步深化农村经济体制改革，产生农村新经济增长点，开启乡村全面振兴新征程的宝贵财富和基本遵循；传承弘扬好脱贫攻坚精神，青年大学生在新时代的新农村建设、农业农村现代化道路上可以大有作为，实现精彩人生。

## 三、脱贫攻坚精神融入"纲要"课专题教学设计课例
### 中国扶贫脱贫简史

（一）学习内容

系统回顾百年党史"四个历史时期"，党领导人民创造扶贫脱贫伟大事业的基本历程，介绍不同时期不同阶段中国扶贫脱贫的重大决策、方针政策、具体措施、实际效果、进展状况和典型案例，重点反映党的十八大以来脱贫攻坚的历史背景、实践逻辑、价值归旨、历史成就和世界意义。

（二）学习目标

通过充分展示中国共产党以贫困治理为重要抓手，切实为中国人民谋幸福、为中华民族谋复兴的历史贡献，加深学生对"中国共产党为什么能""马克思主义为什么行""中国特色社会主义为什么好"的认识，引导学生学会用历史的思维方法观察和分析问题，养成良好的史学素养和爱国情操，树立正确的世界观和人生观。坚信中国共产党永远与人民同呼吸、共命运、心连心，永远把人民对美好生活的向往作为奋斗目标，更加坚定地在中国共产党坚强领导下为实现

中国式现代化和中华民族伟大复兴而不懈奋斗。

（三）学习过程和要求

1. 作业布置

作业一：从图书馆或者知网上收集中国历史上的贫困问题与中国扶贫开发政策演变相关史料，总结改革开放以来中国扶贫脱贫的特点和经验。

作业二：2021 年 2 月 25 日，全国脱贫攻坚总结表彰大会在北京人民大会堂隆重举行，习近平总书记再次引用"胜非其难也，持之者其难也"这句古文，要求切实做好巩固拓展脱贫攻坚成果同乡村振兴有效衔接各项工作。请列举有可能导致脱贫人口规模性返贫的原因，并提出自己的对策。

要求：小组合作完成，形成研讨报告，制作成果展示 PPT。

2. 教师讲解

中国扶贫基本历程：中国共产党在成立初期就敏锐地意识到农村贫困问题事关中国革命的成败，故致力于以"革命共同体"推动"治贫共同体"。新民主主义革命本质上是中国共产党领导的以土地革命为中心的农民战争，即以革命手段分配土地、满足农民利益需求，农民阶级依靠中国共产党推翻整个反动阶级统治，最终保障自身的土地利益不再失去。新中国成立后，党领导农民开垦农田、兴修水利，大力培养乡村医生，村村通广播，开办农民识字班，农业、农村和农民的面貌有了较大改善，但由于脱离生产力实际、过高估计生产关系反作用力，导致农业农村长期落后，农民仍然普遍贫困。改革开放后，调整、巩固、完善农村基本经济制度和基本经营体制，优化农户经济行为，活跃涉农资本，升级农业产业链，畅通城乡市场，为农业农村农民现代化提供源源不断动力。[①] 在新时代，中国社会主要矛盾已发生历史性跃迁，中国的贫困情形也呈现出新的特征，党中央以全面建成小康社会为奋斗目标，基于剩余贫困人口都是贫中之贫、困中之困且集中连片的贫困新特点，实施精准作战、连续作战、攻坚作战、区域协调发展与扶贫开发联动作战，有效解决了区域性整体贫困问题和深度贫困人口的绝对贫困问题。

中国扶贫治理成效：中华人民共和国成立前，中国共产党在革命根据地建设、解放区的各项建设中，一直把满足农民土地要求，解决人民的吃饭穿衣难题，视为人民战争战略战术中的重要内容，带领贫困大众一边革命一边发展农业生产，实现了"天下劳苦人民都解放""农奴翻身做主人"的伟大目标。中

---

① 刘金新. 中国共产党领导的振兴乡村经济体制改革研究 [J]. 安顺学院学报，2021，23（6）：1-5.

华人民共和国成立至改革开放前，中国没有专门的扶贫机构和政策，中国政府主要通过推动制度变革、发展农业生产、改善农村教育医疗公共卫生条件、实施政府救济、对特困人员进行临时救助等措施来缓解普遍的生存性贫困问题，1949—1978 年，农村贫困发生率从 80% 下降到了 50%左右。① 改革开放以来的时期，是中国经济快速发展、社会全面进步的时期，也是中国贫困人口规模大幅下降，由绝对贫困为主向相对贫困为主过渡，逐步走向全面小康最迅速、最有效的时期。按照 2010 年的扶贫标准，农村贫困人口由改革开放初期的 77039 万人下降到 2016 年的 4335 万人左右，减少了 7.3 亿，同期农村贫困发生率从 97.5%下降到 4.5%，降低了 93%。② 党的十八大以来，党中央实施精准扶贫战略，汇聚起排山倒海的磅礴力量，发起脱贫攻坚战，依靠"上下同心、尽锐出战、精准务实、开拓创新、攻坚克难、不负人民"的脱贫攻坚精神，使 9899 万农村贫困人口全部脱贫、832 个贫困县全部摘帽、12.8 万个贫困村全部出列、28 个人口较少民族全部实现整族脱贫、8500 万残疾人同步迈入小康，区域性整体贫困得到解决，提前 10 年实现联合国 2030 年可持续发展议程减贫目标。

3. 师生互动

小组观点分享：

A 组：党的领导是中国取得反贫困"历史奇迹"的根本政治保证，中国特色社会主义制度是打赢脱贫攻坚战的制度保障。脱贫攻坚战集中体现了党全心全意为人民服务的根本宗旨、实事求是的工作作风、密切联系群众的优良传统。脱贫攻坚中，基层党组织有效发挥了战斗堡垒作用，党支部很好起到了脱贫"主心骨"的作用，为夺取脱贫攻坚战的全面胜利提供了坚强的组织保证。农村富不富，关键看支部。巩固拓展脱贫攻坚成果与乡村振兴有效衔接时期，要充分发挥好党员的先锋模范作用，进一步加强基层党组织建设，让战斗堡垒更强起来。

B 组：中国共产党成立以来在"三农"领域的百年奋斗史，就是一部党带领农民逐步实现共同富裕的光辉历史。毛泽东认为共同富裕是社会主义的根本特征，要摆脱贫穷、改善生活，只有联合起来，走合作化的道路，才能达到共同富裕的目的。东西部协作帮扶是先富带动后富、先发地区带动落后地区，最终实现区域协调发展和共同富裕的有力举措。

---

① 周彬彬. 人民公社时期的贫困问题 [J]. 经济研究参考，1992 (Z1)：821-837.
② 国家统计局住户调查办公室. 2017 中国农村贫困监测报告 [M]. 北京：中国统计出版社，2017：13.

C组："胜非其难也，持之者其难也"出自《吕氏春秋·慎大览·慎大》，意思是说，取得胜利并不是最难的事情，保持住胜利、巩固胜利成果才是最难的。中国贫困人口规模大，致贫原因复杂，贫困消除和返贫现象并存一直是中国反贫困治理中的难题。1999年，河北省温饱脱贫118万人，当年返贫8.6万人，2000年年底，返贫人口310.9万，返贫率高达45.06%，还有243万人处于温饱线边缘。① 2003年全国脱贫1460万人，返贫1540万人，返贫人数超过脱贫人数。② 其中河南、安徽、陕西和黑龙江四省份返贫人口超过了两百万人。③ 当前来看，脱贫户内生发展动力不足，农民精神贫困和权利贫困，农村集体资产存量不足、质量不高，自然灾害、教育、医疗、婚丧嫁娶都有可能导致脱贫户返贫。

教师点评：

中国始终坚持综合性扶贫治理。坚持以经济建设为中心，在实施全面减贫战略的同时，主攻贫困重点地区，逐年增加财政投入用于改善贫困地区和贫困人口生产生活条件，开展教育和职业技能培训、普及科技知识，鼓励贫困人口以市场为导向开发当地资源，增强自我积累、自我发展能力。

开发式扶贫方针是中国特色减贫道路的鲜明特征，精准扶贫是打赢脱贫攻坚战的制胜法宝，只要坚持精准的科学方法，落实精准的工作要求，保持实事求是的工作作风，贯彻党的群众路线，保持创新精神和奋斗精神，坚持系统思维，用发展的办法解决发展中的新问题，就一定能够为经济社会发展和民生改善提供科学路径和持久动力。

边干边学边总结，以不断创新的理论指导新的实践，是中国共产党人的优良传统。中国共产党在百年奋斗史中形成了党管农村、农村为基、农民利益为上，以经济体制改革为基本动力，稳步振兴乡村的基本经验。这些经验是进一步坚定走好中国特色乡村振兴道路的宝贵精神财富。

（四）师生反思

1. 学生反思

课前资料查阅、小组讨论、归纳观点、制作课件，课堂上的观点陈述，讨论环节的师生互动，有助于提高同学们学习的主动性和积极性。通过这一专题

---

① 刘玉森，范黎光，吴敏，等. 河北省贫困地区返贫现状及返贫因素分析 [J]. 承德石油高等专科学校学报，2002，4（4）：1-4.

② 返贫成了中国消除贫困的最大难点 [J]. 经济刊导，2005（5）：6.

③ 彭俊. 扶贫开发形势依然十分严峻 去年未解决温饱的贫困人口增加了80万人 [N]. 人民日报，2004-07-17（5）.

的学习，我们充分认识到，解决农村贫困问题，不仅关涉革命前途、民族独立与国家富强，更与党的命运紧密相连。中国共产党自成立以来就高度关注农民阶级的生存境况，践行初心和使命，科学谋划农村治贫政策策略，创造了人类减贫史上的奇迹。减贫成就来之不易，巩固拓展脱贫攻坚成果、衔接推进乡村振兴、全面实现乡村振兴任重道远，青年大学生当责无旁贷，学好专业知识、培养好优良品质，在知行合一中为农业农村现代化建设贡献力量。

2. 教师反思

课前让学生紧扣教材内容，围绕一个特定主题主动搜集资料，要求学生加工信息时务必坚持问题意识、做到理论联系实际并在有限时间内完成任务，课中教师讲解、师生互动，课后师生共同反思，提高了学生应用书本知识解决现实问题的能力。对"中国共产党为什么能""马克思主义为什么行""中国特色社会主义为什么好"主题的理解因直观、具体、深刻的"扶贫脱贫史"专题而生动起来，加深了学生对中国特色反贫困制度、理论、文化和道路的自信，增强了他们对"中国道路是历史和人民的正确选择""中国特色社会主义道路历史必然性、非凡意义与广阔前景"问题的认识。

## 第四节　脱贫攻坚精神融入"毛泽东思想和中国特色社会主义理论体系概论"课教学实践

2015年，中央宣传部、教育部印发的《普通高校思想政治理论课建设体系创新计划》提出，要注重发挥教与学两个积极性，形成理论教学与实践教学相互支撑，理念手段先进、方式方法多样的思想政治理论课教学体系，形成形式新颖、效果良好、受学生欢迎的优秀思想政治理论课教学方法改革项目。[1] 2016年12月，习近平总书记在全国高校思想政治工作会议上强调：做好高校思想政治工作，要因事而化、因时而进、因势而新。"要运用新媒体新技术使工作活起来，推动思想政治工作传统优势同信息技术高度融合，增强时代感和吸引力。"[2] 创新教学方式方法，对于提高育人效果非常重要。情景剧普遍运用新媒体新技术，内容简洁、形式新颖、易于创新，小组情景剧还可以增强同学之间

---

[1] 中央宣传部 教育部关于印发《普通高校思想政治理论课建设体系创新计划》的通知[J]. 中华人民共和国教育部公报，2015（9）：22-28.

[2] 习近平在全国高校思想政治工作会议上强调：把思想政治工作贯穿教育教学全过程，开创我国高等教育事业发展新局面[N]. 人民日报，2016-12-09（1）.

的合作意识、提高人际交往能力、锻炼表达能力。情景剧教学法能够充分发挥教与学的两个积极性，是高校思政课提升思想政治教育亲和力和针对性的新形式。本节以教研形式呈现如何运用情景剧教学法把脱贫攻坚精神融入"概论"课的教学实践。

## 一、情景剧教学法及其价值

### （一）情景剧教学法

情景剧，是指"以文字剧本为依托，通过演员扮演人物角色、表演对话与动作来表现的一种艺术形式"[①]。情景剧教学法作为高校思政课的一种新的教学形式，是在教师的全面指导下，学生组成团队通过自编、自导、自排、自演、自拍与教学内容相关的情景短剧，以实现"理论教学与实践教学"相互支撑和融合的教学方法。在情景剧中，学生以剧中人的角色沉浸式参与到教学实践中，有助于深化对理论知识的理解，真正将教学内容内化于心、外化于行，增强教学效果，提升综合素养。

### （二）情景剧教学法在高校思政课教学中的应用价值

1. 情景剧教学法契合大学生个性特点

习近平在北京大学师生座谈会上指出："大学是立德树人、培养人才的地方，是青年人学习知识、增长才干、放飞梦想的地方。"[②] 高校思政课是全面贯彻党的教育方针、落实立德树人根本任务的主渠道和核心课程。情景剧教学契合大学生的个性和需求，是增强思政课教学实效的有效载体。新时代大学生个性鲜明，思维活跃，兴趣爱好广泛，具有较强的问题意识和创新能力，善于接受新生事物，敢于应对复杂挑战，更倾向于积极主动探索，对"灌输式"教学尤其理论知识"填鸭式"教学存在一定抵触心理，教学效果不理想。情景剧教学具有直观形象、生动活泼、真实感人、手段先进、引人入胜的特点，这对于主体意识凸显、个性张扬、善于表现、思维活跃、动手能力强、喜欢网络、反感简单说教的新时代大学生而言，具有更强烈的吸引力，能够极大地激发大学生的学习兴趣，调动大学生参与的积极性和主动性。高校思政课教师要因事而化、因时而进、因势而新，紧紧把握时代脉搏，掌握学生认知规律，了解学生专业背景，尊重学生个性特点，切合学生发展需求，把情景剧教学法引到课程

---

① 顾晓乐，黄芙蓉，王松．合作学习与情景剧表演：大学英语口语教学讨论［J］．国外外语教学，2004（2）：57-63.

② 习近平．在北京大学师生座谈会上的讲话［N］．人民日报，2018-05-03（2）．

教学中来，可以将一些看起来深奥、讲起来枯燥的知识点让学生自己用生动、有趣的语言以直观、活泼的形象表现出来，在亲临其境般的教学环境中升华情感、参透生活、强化理论、巩固认识、获得成长。

2. 情景剧教学法有利于培养大学生团队精神

培养大学生团队精神是社会发展的需要，是高校落实素质教育的重要举措，是大学生成长成才的内在需求，也是培养大学生集体主义精神的重要途径。大学生团队精神的培养离不开团队成员间的相互沟通、相互信任、相互协作和相互配合。一部完整精彩的情景剧，是团队所有成员向心力和凝聚力的集大成制作。情景剧题目的凝练与定题、场景的设置与转化、剧本的创作与编写、角色的分配与表演、视频的拍摄与剪辑等等，都需要团队所有成员积极出谋划策、集体商议、分工配合和协同合作。在情景剧的创作、编排、演出和拍摄过程中，每个团队成员不仅要明确自身在情景剧中的任务和角色定位，同时要了解整个剧情的发展走向，要与其他团队成员配合。在每个环节中，学生既要学会表达自己的观点，又要学会与别人合作，要善于倾听、合理采纳他人的建议，当出现较大矛盾或发生重大意见分歧时，更要学会如何求同存异、统一思想、升华主题。情景剧创作完成的整个过程，是团队成员相互学习、相互磨合、相互包容、相互提高的过程，学生增强了合作意识，集体责任感和荣誉感得到了强化，团队合作精神也得到培养和提高。

3. 情景剧教学法能有效提升思政课教学效果

2019 年 3 月 18 日，习近平总书记出席学校思想政治理论课教师座谈会发表重要讲话并指出："思政课教学离不开教师的主导，同时要坚持以学生为中心，加大对学生的认知规律和接受特点的研究，发挥学生主体性作用。""要高度重视思政课的实践性，把思政小课堂同社会大课堂结合起来，在理论和实践的结合中，教育引导学生把人生抱负落实到脚踏实地的实际行动中来，把学习奋斗的具体目标同民族复兴的伟大目标结合起来，立鸿鹄志，做奋斗者。"[1] 情景剧教学法凸显"以学生为主体"的教育理念，把教学由课堂内延伸到课堂外，打通了抽象理论知识与鲜活现实生活之间的壁垒，有助于实现理论体系向实践体系转变、教材体系向教学体系转变、知识体系向信仰体系转变，有助于提升学生的思想素质、政治素质、道德素质和法律素质。[2] 情景剧以贴近生活、寓教于

---

① 习近平. 思政课是落实立德树人根本任务的关键课程 [J]. 求是，2020（17）：4-16.

② 蓝波涛，陈淑丽. 运用情景剧增强"思想道德修养与法律基础"课教学吸引力的探索 [J]. 思想理论教育导刊，2017（12）：118-121.

乐、参与性强、互动性强、启发性强等特点，能够极大地激发学生参与的兴趣，发挥学生的主体性和创造性。学生在自编、自导、自演、自拍的过程中，能自觉把思政小课堂同社会大课堂结合起来，把理论内涵与实践要求结合起来，加深对理论的认识、理解、消化、吸收与巩固，并逐步"内化于心，外化于行"，实现从认知、认同到践行的转变，在思政课中真正学有所得、学有所获。

## 二、脱贫攻坚精神融入"概论"课运用情景剧教学法应坚持的原则

八年脱贫攻坚战创造了无数看似不可能的奇迹，涌现出一批脱贫攻坚楷模，有数百万的扶贫干部，更有各行各业无数的普通人，在默默无闻中铸就了感人肺腑的先进事迹。伟大事业孕育伟大精神，伟大精神引领伟大事业。新时代大学生运用情景剧展现脱贫攻坚伟大事业孕育凝练的伟大脱贫攻坚精神，通过脱贫攻坚情景剧创作进行沉浸式体验，是教学方法的创新，有助于实现教学目标。在运用情景剧教学法进行脱贫攻坚精神课程融入时，应坚持"三个结合"的原则。

### （一）坚持第一课堂与第二课堂相结合的原则

脱贫攻坚精神源自伟大的脱贫攻坚实践，运用情景剧把脱贫攻坚精神融入"概论"课教学要坚持第一课堂与第二课堂相结合的原则。第一课堂，指传统意义上的教室上课，偏重教师主导、理论讲授。广义的第二课堂，泛指第一课堂以外的所有教学资源，偏重学生主体、实战实用。狭义的第二课堂，指的是第一课堂以外的校内教学资源。此外，还有第三课堂（校外境内社会大课堂）、第四课堂（境外社会大课堂）的概念。应用较多的是广义的第二课堂概念，它是学生素质教育的重要载体，是高等院校育人的重要渠道，是大学生丰富实践经验的主要阵地。[1] 第一课堂的理论教学为第二课堂的实践活动提供理论指导，学生参加社会实践第二课堂，有助于深化理论认知，实现实践自觉。第一课堂与第二课堂相结合、虚拟课堂与现实课堂相结合，打造多维立体化思政课教学模式，是近年来思政课教学理论研究和实践探索的热点。

脱贫攻坚精神融入"概论"课教学，在第一课堂理论教学中，教师把课程内容和伟大脱贫攻坚工作相结合，通过忠实于教材和权威文献，科学把握脱贫攻坚精神的发展性视角，说理与陈情相结合，设置不同单元教学模块，精准把握融入切入点和融入内容，使学生深刻理解中国共产党为实现人民群众对美好

---

① 彭巧胤，谢相勋.再论第二课堂与第一课堂的关系［J］.学校党建与思想教育，2011（14）：45–46.

生活的向往而矢志不移的奋斗史，脱贫攻坚精神是中国共产党人精神谱系上的闪亮坐标，脱贫攻坚战的胜利是中国特色反贫困理论、道路、制度和文化的胜利，充分感悟"中国特色社会主义为什么好"，增强对马克思主义反贫困理论的认同，增强对中国特色社会主义扶贫理论的自信等。在第二课堂中，教师通过情景剧教学设计，确定教学方案，指导学生确定情景剧拍摄主题，讲解拍摄注意事项，然后学生自由结组，开展脱贫攻坚情景剧拍摄。实践表明，第一课堂理论教学与第二课堂实践教学的充分融合，能够使脱贫攻坚精神更加润物细无声地进教材、进课堂、进学生头脑，提升思想政治教育亲和力和针对性。

（二）坚持教师主导与学生主体相结合的原则

经师易求，人师难得。教师承载着传播知识、传播思想、传播真理，塑造灵魂、塑造生命、塑造新人的时代重任。[①]《新时代高校思想政治理论课教学工作基本要求》中强调：课堂教学方法创新要坚持以学生为主体，以教师为主导，加强师生互动，注重调动学生积极性主动性。[②] 何为教师主导作用呢？叶圣陶说："所谓教师之主导作用，盖在善于引导启迪，俾学生自奋其力，自致其知，非谓教师滔滔讲说，学生默默聆听。"[③] 叶圣陶认为，教师当然须教，而尤宜致力于"导"，导者，多方设法，使学生能逐渐自求得之。脱贫攻坚精神融入"概论"课，运用情景剧教学，要坚持教师主导性与学生主体性相统一的原则。

运用情景剧教学法，把脱贫攻坚精神融入"概论"课教学，教师主导作用的体现：一是教师要认真研读脱贫攻坚精神的科学内涵，深耕教材内容，找出脱贫攻坚精神融入教学内容的切入点；二是教师要根据授课班级学生的专业特点，在坚持正确的政治方向的前提下，促进专业知识教育与思想政治教育相结合，即注重从学生专业出发激发学生的参与兴趣，结合学生专业设置特色专题。譬如，在党史、旅游专业，设置红色文化专题、文化+专题，在设施农业、农学专业设置智力扶贫专题等。在情景剧教学过程中，虽然是学生自编、自导、自演、自拍，但教师要全程发挥主导作用，在活动中引导学生主动学习、积极思考、勇于实践、敢于创新。正如习近平总书记指出："教师要做好画龙点睛工作，加强引导和总结提炼。"[④]

尊重学生的主体性地位，是一种教学理念，更是一种教学实践。体现学生

① 习近平.思政课是落实立德树人根本任务的关键课程［J］.求是，2020（17）：4-16.
② 教育部关于印发《新时代高校思想政治理论课教学工作基本要求》的通知［J］.中华人民共和国教育部公报，2018（5）：15-18.
③ 中央教育科学研究所.叶圣陶语文教育论集［M］.北京：教育科学出版社，2015：725.
④ 习近平.思政课是落实立德树人根本任务的关键课程［J］.求是，2020（17）：4-16.

的主体地位，必须采用有效的方法释放学生的主观能动性，激发其研究和解决问题的积极性，留足一定的课堂时间让其能够充分展示他们的创新性成果。教师有效地引导和启迪，学生及时获得肯定评价，可形成思政课受欢迎的良性循环。擅长的往往也是专业的，越擅长也更愿意去做，在情景剧教学中，教师要尊重学生的兴趣爱好，有意识地引导学生基于自身专业视角诠释脱贫攻坚伟大精神，拍摄相关主题的情景剧。为保证情景剧效果，学生需要提前查阅大量资料，了解情景剧制作的基本流程和关键环节，学习视频剪辑技能，对情景剧的主题是否符合课程要求、内容是否妥当、人物形象是否生动，故事情节能否让观众动情、能否更好地诠释脱贫攻坚精神进行充分论证。需要注意的是，尊重学生的主体性地位，不是教师放任不管，一方面要督促学生转变学习观念，自觉把"要我学"变为"我要学"；另一方面，教师要参与学生的创新过程，宏观上把握好方向，微观上精心指导，在教师主导与学生主体的自然结合中，提升学生对思政课的学习兴趣，增强思政课教学的实效性，提高思政课教师的成就感。

（三）坚持真实性与创造性相结合的原则

脱贫攻坚精神源自脱贫攻坚伟大实践，中国八年脱贫攻坚战是客观存在的，在脱贫攻坚战中涌现的无数可歌可泣的英雄故事也是有血有肉真实存在的。作为马克思主义中国化时代化集中体现的"概论"课，情景剧教学法应该是真实的、严肃的。实施情景剧教学的目的是让学生演绎脱贫攻坚伟大实践，展现脱贫攻坚人物形象，深刻体悟并最终弘扬践行脱贫攻坚精神。因此，在情景剧的创作过程中，教师和学生都要尊重事实，人物形象要有原型，选用的素材是真实发生过的事件，而不能随意杜撰人物，编造故事情节，这是创作脱贫攻坚精神情景剧应坚持的首要原则。

同时，情景剧是充满创造力与想象力的艺术，需要创作。艺术来源于生活，又高于生活。情景剧剧本需要创作者将故事和情节转化为文字，使演员和导演能够轻松地理解剧本的含义，表达剧本的真实意图。而剧本创作的艺术性体现在创作者对人物形象、情节发展等方面的创造力。在"概论"课创作脱贫攻坚精神情景剧中，为使作品能够产生共鸣，除了故事的基本框架外，还包括角色的塑造，如何使平凡的脱贫攻坚人物变成生动感染的角色，如何使故事情节引人入胜，生动感染，这些都离不开创造。

因此，教师要提醒学生在创作脱贫攻坚情景剧时，要坚持真实性和创造性相结合，这样的作品才更有感染力和吸引力。

### 三、脱贫攻坚精神融入"概论"课情景剧教学法的实施步骤

脱贫攻坚情景剧教学坚持以学生为中心，把学生主体性作用的发挥贯穿到情景剧拍摄展演的各个流程中。情景剧教学离不开教师的指导，教师从学生的定题、剧本创作、编排表演、成果提炼、成绩评定、作品推介等方面全程服务学生，对情景剧的实施过程做周到细致的部署与安排。具体来说，脱贫攻坚精神融入"概论"课，运用情景剧教学有以下几个步骤：

（一）前期充分准备

1. 结合课程融入点，制订实施方案

情景剧作为脱贫攻坚精神融入"概论"课的教学方法，既可以穿插在理论教学中使用，也可以单独的实践教学方式呈现，教师可根据学生实际灵活运用。因考虑到学生参与的广度，若在课堂教学展示会占用较多的教学时间，因此，多采用实践教学形式进行。在实施之前，"概论"课教学团队或教研室需要认真梳理脱贫攻坚精神融入"概论"课的融入点，集体商讨拟定脱贫攻坚情景剧的实施方案。譬如，结合"概论"课教学内容，以红色文化为切入点，确定"弘扬红色文化，传承脱贫攻坚精神"为实践总主题的实施方案。指导教师根据本班学生专业特点，在大主题的前提下，制订细化适合本班学生实际的活动主题和实施方案。实施方案要包括分组情况、小组情景剧主题、进度安排、拍摄标准、成绩评定、奖励方式等。同时，要启发学生选择与自身专业相近的脱贫攻坚项目或者自己感兴趣的人物形象，要明示学生可以情景剧为基础拓展设计成微电影、纪录片等多样化形式。

2. 组织动员，布置任务

理论是实践的先导，思想是行动的先导。思想自觉是根基，行动自觉是归宿。思想自觉与行动自觉的内在统一不是自动实现的，需要做出必要的思想动员，进一步提高认识，把思想自觉转化为行动自觉，并在行动自觉中不断深化思想自觉。情景剧教学具有鲜明的学生主体性特征，学生高度重视、积极参与是情景剧教学法能够行之有效的必要条件，为此，教师要围绕中心任务对情景剧、情景剧教学法做出详细介绍，对学生进行必要的前期动员。在前期动员中，首先，指导教师要和学生讲清楚，用情景剧展现中国脱贫攻坚故事，不是为展现故事而去制作情景剧，而是通过演绎脱贫攻坚人物事迹传递中国精神、感受中国脱贫攻坚奇迹，使学生通过沉浸式体验深刻领会"中国共产党为什么能，中国特色社会主义为什么好，归根到底是因为中国化时代化的马克思主义行"

的道理，让学生了解实施情景剧教学的必要性和重要性，使学生自觉自愿地参与到情景剧活动中。其次，给学生讲解实施方案，布置任务，包括成绩构成与评定等，使学生在思想上和行为上引起重视。再次，展示往届优秀的情景剧案例，启迪学生。由于一些学生之前很少甚至没有接触过视频剪辑和情景剧制作，相关技能比较欠缺，指导教师可以推荐一些网站或者软件给学生，以增强学生对情景剧拍摄的信心。最后，要向学生说明优秀的情景剧将被收集整理刻录成光盘留存，推荐到学校网站供学弟学妹们学习参考，还可能遴选推荐参加更高层次的大学生讲思政课比赛等，从而调动和激发学生参与挑战的热情。

3. 组建团队，研讨方案

情景剧拍摄制作，除了需要有一个合理的分工，让擅长的人做擅长的事，还需要团队成员之间密切合作，为了一个共同目标或适应某种规范或达到某种效应，做出调适性改变，这个过程也可以增强学生团结协作能力和人际交往能力。教师根据班级人数进行适当分组（6 至 8 人一组），组建剧组团队，确定一名负责人负责本组的统筹协调工作。贵州是全国脱贫攻坚战的主战场，在脱贫攻坚战场上，涌现出一大批有情怀、有担当，信念坚定、攻坚克难的先进典型。剧组团队确定后，应首先查阅资料，收集典型脱贫攻坚故事，引导学生实地调研一批脱贫攻坚先进典型，为方案制作提供素材。剧组团队应集体商讨情景剧创作拍摄方案，包括确定题目、故事情节、角色分配、视频拍摄剪辑、时间安排等具体方案，团队所有成员积极建言献策，并根据自己的兴趣和专长承接相应任务，形成本团队的情景剧拍摄方案，提交教师审阅通过后进行。

（二）中期精心指导

1. 教师审阅方案，指导撰写剧本

各小组根据教师下发的具体方案确定好本团队的创作方案给教师审核把关。创作方案包括情景剧题目、剧本、角色分工等。各剧组所选定的主题必须是展现脱贫攻坚故事，弘扬脱贫攻坚精神，故事结构完整，时间在 8 至 15 分钟左右。实施方案中包括学生撰写的情景剧剧本，一个好的情景剧很大程度上取决于剧本内容。在确定主题之后，教师要及时跟进指导学生对剧本的撰写，督促团队及时完成剧本内容撰写，要求撰写的脚本必须是具体细化的，要细到每一个场景、每一句台词甚至每一个动作。教师要认真审阅上交的剧本脚本，重点对剧本的主题和台词进行指导和把关，针对不合适的内容进行反馈和指导，直至最终完成剧本定稿，确保各剧组活动沿着正确的方向顺利推进，保障情景剧的教学目标不偏离方向。

2. 反复排练，拍摄制作

各个团队的剧本创作完成后，就要利用课余时间积极演练。首先是熟记台词，精雕语言。脱贫攻坚战的主体主要是贫困地区特别是贫困山区的人民群众，因此语言一定要朴素，避免书面化，语气要符合角色定位，具有感染力。其次是反复进行动作演练修改，动作要美、要富有感染力和表现力，观众能从肢体语言中获得视觉与心灵的震撼，实现"眼睛"到"心灵"的再升华。最后是服装道具准备。课程情景剧的服装道具由学生依据角色定位和个人条件自行准备，课程老师提供必要的协助。经过多次演练后，团队进行视频拍摄剪辑。微视频拍摄完成后，由剪辑同学负责利用相关专业软件进行后期制作，形成完整的情景剧作品。教师及时观看作品并反馈改进建议，帮助学生继续提高作品质量，最终成果除了用于课程成绩认定，可择优推荐参加各层级的"大学生讲思政课""我心中的思政课"作品展示活动或参加"大学生思想政治理论课微视频"比赛活动。

（三）后期总结提炼

1. 展示交流，总结点评

作品展演是情景剧实践教学中不可缺少的一环。心理学家认为，"给予"往往比"接收"更让人快乐，"施"比"受"更让人感觉幸福。情景剧作品体现了学生对思政课的理解、对课程内容的理解，凝结了小组成员的智慧和付出，成果的展演会给他们带来获得感、快乐感和幸福感，会进一步提高他们学习思政课的兴趣，而且展演作品的互鉴也有利于他们取长补短，在交流中不断增长智慧与能力。更重要的是，通过各组的展示，学生们集中观看脱贫攻坚情景剧，通过欣赏多个感天动地的脱贫攻坚故事，感受脱贫攻坚英模身上的精神品质，潜移默化地体悟到了中国共产党"能"、中国特色社会主义"好"和马克思主义"行"的道理，从而达到了实践教学的目的。在展示前，班委应组建脱贫攻坚情景剧评委小组，根据情景剧作品的立意主旨、剧本创意、演员表现、后期效果、配乐音效等方面进行评分（情景剧评分标准可参考本书附录二：《毛泽东思想和中国特色社会主义理论体系概论》情景剧教学法评价参考标准），评选出优秀作品进行推介展示。最后，教师进行总结点评，客观指出活动的亮点和不足，全方位分析原因，提出优化建议，以进一步深化学生对中国特色反贫困理论和脱贫攻坚精神的理解，培养情感，磨炼意志，养成行为。

2. 心得体会，教学反思

情景剧拍摄展示后，指导教师要提醒各个团队对本次活动进行认真总结，反思活动过程和活动成果，撰写心得体会（主要从活动主题"传承脱贫攻坚精神"方面来感悟），总结经验和不足（主要从实地调研、团队合作、技巧提升、综合素养等活动过程来总结），真正将情景剧教学的育人效果发挥出来。同时，教师团队或教研室成员应该互相沟通交流，检视本次情景剧教学开展情况，及时凝练成果。活动结束后，教师要及时组织学生进行访谈，了解学生对本次活动的评价和建议，做好教学反思，总结经验，调整方案，持续改进。

3. 搭建平台，宣传推广

对于评选出的优秀作品，教师应积极利用校内平台，寻找校际合作平台，或购买专业媒体平台服务，进行情景剧的宣传推广。班级层面的优秀情景剧上传超星学习通、对分易、慕课班级课程模块做经验分享；学校层面的优秀情景剧，可在学校微信公众号、易班工作站挂网展播，也可利用学生生活活动中心、教学活动中心、校园标志性建筑的大屏幕进行集中播放。校级优胜者进一步参加省级和全国大学生思政课微视频大赛，扩大脱贫攻坚精神思政课程、课程思政优秀作品的影响力，充分展现新时代大学生的精神风貌，实现"以点带面"的育人效果。

## 第五节　脱贫攻坚精神融入"习近平新时代中国特色社会主义思想概论"课教学实践

党的十八大以来的伟大成就，是党和人民历史奋斗的延续，是党领导人民现时实践的伟大创造，是未来接续奋斗的基础。精准扶贫脱贫攻坚时期，党中央把教育扶贫作为阻断贫困代际传递的治本之策，坚持教育强民、技能富民、就业安民，确保"不让一个孩子因贫困失学"，为贫困群众文化素质、就业创业能力的提高打下了扎实基础。全面建设社会主义现代化国家，教育是根本，科技是关键，人才是基础。党的二十大报告强调，要坚持守正创新，办好人民满意的教育，增强脱贫地区和脱贫群众内生发展动力，不断塑造发展新动能新优势。贵州曾是全国脱贫攻坚主战场，迄今还有很多大学生仍继续受益于精准扶贫教育帮扶政策，他们了解并部分参与了贵州脱贫攻坚历程，对制约贵州城乡发展的教育科技瓶颈有较深的体会。所以，本节结合"习近平新时代中国特色社会主义思想概论"课第七章"坚持教育优先发展、科技自立自强、人才引领驱动"内容，对脱贫攻坚精神做了深度讲解，依据贵州实际布置了"弘扬脱贫攻坚精神、助力贵州现代化"的实践作业。

一、理论教学实践：从智力扶贫到人才振兴

理论教学部分，进行文献综述、梳理党和国家领导人相关讲话的目的：一是让学生全面了解问题产生、问题解决的过去、现在和未来，以增加理论深度、历史厚度和现实敏感度，对智力扶贫的重要地位、党中央开展教育科技扶贫的历程和效果，对全面推进乡村振兴时期加快推进乡村人才振兴的急迫性，大学生自觉肩负历史重任、积极投身乡村振兴一线的重要性有更加明确的认识。二是针对性满足学生学业发展需求，一体推进教学计划，有效执行学生培养方案的内在要求。大学三年级，专业基础课已经修完，学生需要紧张学习专业核心课程和专业前沿课程，还需要有意识地发现下学期的毕业论文选题方向，积累开题报告的撰写经验，以免处处被动，叠加大四阶段的就业或升学压力。因此，在讲授"习近平新时代中国特色社会主义思想概论"课程时，有意识地采用了从文献梳理到问题分析再到问题解决的教学设计。三段式教学设计是学术论文撰写的基本格式，虽然传统但比较符合认识规律，是学生比较熟悉也容易接受的教学方式，也是促进教师教研相长的有效手段。

（一）理论梳理

本部分主要采用教师课前推荐文献，学生课后自主阅读，学生课堂分享读书心得，教师课堂归纳的教学方法。需要推荐和介绍有代表性的西方经典理论、马克思主义经典理论、中国传统文化中的代表性观点、中国共产党的领导人尤其是习近平总书记的重要讲话精神。如诺贝尔经济学奖获得者、瑞典经济学家冈纳·缪尔达尔的"循环积累因果关系"理论，诺贝尔经济学奖获得者、美国经济学家西奥多·W. 舒尔茨的"人力资本理论"，诺贝尔经济学奖获得者、印度经济学家阿玛蒂亚·森的"可行能力理论"。马克思、恩格斯的"小农经济""人的全面发展"理论，中国古代思想家普遍主张的"自为心""尽人事"，把"尽心、知性、知天"结合起来，"富""教"相成的观点。中国共产党成立以来，创造条件发展根据地教育事业，建设根据地学校，领导组织农民一边发展生产一边进行革命运动。中华人民共和国成立后，党领导开展大规模扫盲运动，利用农闲季节办识字班、农民夜校，极大改善了文盲半文盲占农村人口绝大多数的状况，提高了农业生产效率。改革开放以后，尤其是党的十八大以来，党中央坚持扶贫必扶智，大力实施教育和科技扶贫，极大改善了贫困地区内生发展动力不足的状况。

通过文献梳理和理论讲解，学生能够充分理解：改变穷人福利的决定性因素不是空间、能源和耕地,而是人口质量和知识的进步;① 人力资本投资是高回报率的生产性投资,人力资本的收益高于物质资本,经济增长取决于人类的努力,是否愿意努力以及努力的程度;任何人的职责、使命、任务就是全面地发展自己的一切能力,其中也包括思维的能力;② 唯有教育能够指导农民、组织农民、训练农民,进而实现理想中"野无旷土,村无游民,人无不学,事无不举"的乡村;③ 扶贫必扶智,治贫先治愚,实施乡村振兴战略,必须打造一支强大的乡村振兴人才队伍,以一定质量、足够数量的多元化人才作支撑。通过直接相关文献的梳理,学生会对问题形成和发展的历史脉络产生比较完整的认识,并对解决问题的方法论产生信任,学生也在参与中提高了文献的检索和归纳能力。

(二) 现状分析

本部分主要采用课前布置话题、课中话题分享、教师当堂总结的方法开展教学。享受精准扶贫政策帮扶的学生,可以结合个人和家庭谈致贫原因,介绍结对帮扶联系单位和联系人、帮扶手段、帮扶成效、当前返贫风险、巩固拓展脱贫攻坚成果的期望以及推进本村乡村振兴的整体思路。农村非贫困学生尤其来自贫困村的非贫困学生,可结合本村情况谈乡村人才现状、归纳乡村人才振兴障碍因素。来自城市的学生,可从城市市民视角、从城乡一体化发展的角度畅谈乡村人才现状、分析人才流失原因。学生分享结束后,任课教师要坚持正向价值引领,做好归纳、升华和引导,以统一思想、弘扬斗志,坚定学生投身乡村振兴的理想信念。

从课堂教学效果看,师生比较一致地认为:打赢脱贫攻坚战、全面建成小康社会后,贫困地区要进一步巩固拓展脱贫攻坚成果,并做好脱贫攻坚与乡村振兴的有效衔接工作,而条件具备地区则进入全面推进乡村振兴时期;巩固拓展脱贫攻坚成果,根本在产业、关键在人,乡村振兴,人才是支撑,实施乡村振兴战略,必须打造一支强大的包括新型职业农民、乡村干部、科技人才、乡土人才、管理人才在内的多种类型多种层次的乡村振兴人才队伍。经过教育科技扶贫攻坚,贫困地区的教育、医疗、农技服务等公共服务基础设施和"三农"人才总量严重不足、有效供给严重不足的情况得到较大程度的缓解。目前存在的主要问题:一是人才总量仍然不足,本土人才还处于净流失状况;二是人才

---

① 舒尔茨. 论人力资本投资 [M]. 吴珠华,等译. 北京:北京经济学院出版社,1990:63-64.

② 中共中央马克思恩格斯列宁斯大林著作编译局. 马克思恩格斯全集:第3卷 [M]. 北京:人民出版社,1960:330.

③ 王文岭. 黄质夫乡村教育文集 [M]. 南京:东南大学出版社,2017:10.

结构不优，高层次、技术型人才偏少。主要原因有四：一是贫困乡村公共服务和基础设施建设滞后，尤其教育医疗生活不便利，对人才缺乏必要的吸引力；二是政策支持力度不够，优惠政策落地不实；三是贫困地区产业体量小、层次低，难以形成区位研发和应用效应，作为"理性人"的"优质人才"必然会选择新的发展空间、寻找新的获利机会；四是本土乡村人才的培养速度和质量满足不了乡村振兴对人才的需求。

通过话题分享，学生普遍对科技和教育扶贫政策、历程、成效、经验、精神，以及对乡村人才短缺现状、制约原因、乡村对人才的迫切需求、国家政策导向有了较清晰的认识。

（三）对策建议

本部分主要采用头脑风暴教学法。预设问题已经提前布置，课堂中学生围绕问题随意畅谈、自由发表意见，每一位同学的设想或方案都有可能对另外的同学产生联想，他们之间相互启发，短时间内产生解决某一问题的许许多多的方法，学生想法越多，最后得到有价值见解的可能性也越大。风暴环节结束之前，处于课堂主导地位的教师可以做适当引导，但不对学生发言的正确性或标准性做任何点评。

通过头脑风暴和教师终结点评，能够形成以下共识，达成脱贫攻坚精神入心入脑的目的：一是结合本土资源特点、近期迫切需要和中长期规划需求，针对性引进人才，防止数量较大但结构不优造成人才闲置和浪费。二是延续好脱贫攻坚期间各项人才智力支持政策，建立健全引导各类人才服务乡村振兴长效机制，口惠而实不至的人才政策最终会形成连锁反应，对政商环境、营商环境、人才培养环境造成长期的负面影响。财政较困难的偏远地区，要打好"乡情牌"，吸引外出务工优秀人员返乡创业。三是加强本土人才培养。深入实施现代农民培育计划，突出抓好家庭农场经营者、农民合作社带头人培育，培育农村创业创新带头人，加强农村电商人才培育，打造"田秀才""土专家"创业空间，挖掘培养乡村手工业者、传统艺人，设立名师工作室、大师传习所，传承发展传统技艺。

**二、实践教学环节：脱贫攻坚精神"入耳入脑入心"再"入行"**

生活即教育，社会即学校。教育家杜威说过，最好的一种教学，是牢记学校教材与现实生活二者相互联系的必要性，使学生养成一种态度，习惯于寻找这两方面的接触点和相互关联。人民教育家陶行知创办的晓庄师范的校训"教学做合一"的实质是，要求教师结合生活实际去教，帮助学生获得生活实践所需要的生活力和创造力。实践知识是理论知识的应用和延伸，同时，实践知识也是激发新理论知识的手段和土壤，是理论知识的增长点和触发点。素养导向、问题导向、实践导向一体化教学设计的目的是知行合一、学以致用、学用相长，旨在通过实践知识弥补学校知识结构的缺陷，提高学生利用理论知识改造自然和社会的能力。因此，实践教学的关键是确定一个具有实践可行性、一定创新性且具有明显"多路径实现特点"的主题，预期学生能够通过发挥积极的发散性思维和创新性思维找到符合专业要求、兴趣特点、效率较高、成本最低的较优路径。

（一）明确实践主题

制订课程专题实践方案（可参考本书附录三：《习近平新时代中国特色社会主义思想概论》课程"脱贫攻坚精神"专题实践教学实施方案）。课程专题实践方案由课程教研室制订、学院审批、教务处备案，突出"弘扬脱贫攻坚精神"主题词。同时，要求指导教师结合授课班级学情制订各专业班级的具体实施方案，指导学生细化总主题为子主题系列，如弘扬脱贫攻坚精神，加大科技、教育、医疗帮扶力度，助力贵州提高新型工业化、信息化、城镇化、农业现代化和旅游产业化水平等。子主题的特点是目标任务更加明确，多样化的手段和目标体现为不同的"目标—手段"组合矩阵，学生能够比较容易设计出符合自己专业特点和家乡实际的活动方案，也有较大兴趣进行多路径选择，找到适合自己的实践方法。

（二）明确实践要求

中国人民是具有伟大团结精神的人民，脱贫攻坚战中，全党全国全社会上下同心、齐心协力、团结奋斗向"贫中之贫、困中之困"开战，展现了令人震撼的行动能力和精神气，数百万扶贫干部倾力奉献、苦干实干，同贫困群众想在一起、过在一起、干在一起，用实际行动诠释了脱贫攻坚精神。进行集体主义教育、培养学生的合作意识，让学生在实践中学会沟通、提高合作能力，是落实立德树人教育根本任务的重要途径。依据经济学和管理学理论，合作会随着合作人数的增加出现效率先增长后递减的现象，也就是说合作人数有边界，合作会提高效率和质量，但团队人数达到阈值后，因环节冗余、管理成本增加会导致合作效率递减甚至发生合作无效率问题。因此，实践教学要求以小组形式合作完成，同时明确小组人数界限，规定线下实践调研、线上研讨的频次以及指导老师指导、参与学生实践的具体内容和形式。如任课教师要负责选题和内容指导、思想引导把关，及时解答学生实践中遇到的问题，及时组织成果汇报展示和成果评阅等。学生按照方案要求，执行调研计划，完成调研提纲规定项目，提交实践报告为主体内容的实践手册，做好过程记录，留存过程支撑材料。

（三）实践成绩评定

成绩评定包含过程性评价和结果性评价两部分，对应实践过程成绩和实践报告成绩。具体而言，考核学生是否真实参加了调研，是否做了深入调研，调研结论是否客观，提出的建议对策是否有针对性和可行性。例如，科技扶贫给家乡带来的变化、农户收入增长情况，当前农村农民对科技帮扶的共性新期盼和共性新问题，提出引进先进成熟适用技术，建立农业科技园区，成立科技特派员协会，开展科普宣传，以项目落实带动先进实用技术转化和应用推广等的具体建议。再如，以教育、医疗帮扶为切入点，发现家乡公共服务新变化和短板问题，进而提出提高乡村公共服务供给质量，促进人才振兴的对策建议等。再如，文化、艺术、旅游、职业教育、经济管理、党史党建相关专业，设施农业、农学、环境保护相关专业同学，围绕特色产业规划、农业基础设施建设、农民职业培训、农村集体经济合作组织运营、线上线下营销技能、农村文化广场设计、农村基层党组织建设，调研现状、发现问题、提出建议等。要求言之有物、言之有理、问题实事求是、建议合情合理。过程性材料要形成对调研结论的有效支撑。

（四）实践总结

实践是架设知识到能力的桥梁，带着问题去实践，能促进理论深化，是培养大学生社会责任感、创新精神和实践能力的重要方式。"习近平新时代中国特色社会主义思想概论"课具有很强的政治性、学理性、价值性、知识性、理论性和实践性。学好用好习近平新时代中国特色社会主义思想的关键是要把自己的思想、学习、生活融进去，密切联系思想实际、学习实际、生活实际、社会实际、家乡实际、未来发展需要，做到学以致用、学用结合、有的放矢。相比较而言，该课程的实践主题容易发现，方案也容易设计，但学生要提出合情合理的建议和对策比较有难度。需要深耕教材内容，认真学习党的十八大以来党和国家领导人的重要讲话精神，尽可能地收集与调研主题相关的中央省市文件，还需要有问题意识、有感情、有担当、甘吃苦地深入基层乡村和农户一线获取一手资料。这对指导教师的专业能力、乡村情怀、敬业精神提出了较高要求，也对学生的"三农"情怀、吃苦意志、合作能力、专业知识提出了较高要求。通过实践，学生普遍对调研地区农业农村农民现代化的基础、路线图、重点任务、发展机遇和个体责任有了比较清晰的认识，掌握了基本的调研方法，锻炼了合作能力，深化了对脱贫攻坚精神的理解。教师也通过指导，参与了学生的直接实践，获取了间接知识，提高了科研和教学能力。当然，也存在一些不足之处，如对精准扶贫似懂非懂，对脱贫攻坚一知半解，乡村振兴调研浮于表面，对策建议较笼统等，需要进一步加强脱贫攻坚精神的解读，提高脱贫攻坚精神"入耳入脑入心入行"的实效性，吸引更多优秀大学生愿意来到乡村、留在乡村、建设乡村，夯实乡村人才振兴基础，提高组织振兴、产业振兴、文化振兴、生态振兴质量。

第七章

# 脱贫攻坚精神融入高校思政课教学研究反思

在教育理论领域，美国学者波斯纳提出了一个教师成长公式：教师的成长=经验+反思。华东师范大学叶澜教授曾说，一个教师写一辈子教案难以成为名师，但写三年反思则有可能成为名师。教学反思，是教师自觉地把自己的教学实践作为认识对象进行全面而深入的冷静思考和总结，从而提高其教学能力的活动。教学反思作为教学实践环节的重要部分，是对教学实践活动全面、冷静地思考与总结，是批判性的修正与改进。教学反思的目的是指导控制教学实践，经常性的教学反思可使教师从经验型教学走向研究型教学。本章在对脱贫攻坚精神融入思政课教学理论研究和实践教学的基础上，进行教学研究反思。

## 第一节　高校思政课教学研究反思概述

教学反思的理论最初兴起于西方教育界。20 世纪 30 年代，美国实用主义教育家杜威尝试把反思与教育教学活动结合起来，并做出了一系列研究探讨，由此拉开了教学反思研究的序幕。20 世纪 90 年代中期起，随着西方"反思"思潮的引入和世界性的教师专业化运动的兴起，我国学界从理论与实践层面对教学反思展开了广泛研究，最初研究成果主要集中于基础教育领域，继而扩展到高等教育领域。教学反思对于各个学科、各个学段的教育教学工作开展和教师个人能力的提高都具有普遍的作用和意义。就高校思政课而言，教学反思是高校思政课学科发展的内在需要，也是促进思政课教师提升教育教学能力，促进思政课教学质量提升的重要途径。

### 一、教学反思概述
（一）教学反思的内涵
内涵是理解术语的逻辑起点，内涵的界定直接影响着人们对术语的理解，更影响着人们对相关领域的研究。当前，学者们从不同的理论视角对教学反思的内涵进行了界定。伯莱克指出："教学反思是立足于自我之外的批判地考察自己的行动及情境的能力。"① 张立昌把教学反思界定为"一种批判思维活动，一种教师在教学实践中，批判地考察自我的主体行为表现以及学校教育、教学行为背后的更广泛的社会、历史、伦理、道德意义上的思考、审视和分析的过程。"② 辛涛认为，教学反思"是一种教师选择的行为，是教师对于教什么和如何教的问题进行理性的和具有伦理性的选择，并对其选择负责任"③。曾英、杨明均认为，教学反思"是教师思考教育问题的一种方式，是教师自觉地对自己的教育实践活动，尤其是课堂教学实践活动以及由此所产生的结果所做的审视和分析"④。赵明仁等人认为，"教学反思是教师的一种反复、长期、审慎的认识活动，认识对象是一定情境下的教学行为的动因及结果，通过反思来找寻教学实践中每种行为的目标和价值，从而改进教学实践中的方案和过程"⑤。鲁兴树认为，教学反思主要指教师对自己过去的教学行为和行为背后的思想观念的合理性批判地、持续地进行分析的过程。⑥ 刘祥认为，教学反思的本质是重新梳理、审视与探究已经成为事实的教学行为，从中寻找有价值的经验和无价值的过失。⑦

从以上研究可以看出，学者们分别从哲学思维、教学过程、教学内容、教学活动、教学效果等方面对教学反思进行了多维度界定。概念界定的不唯一，说明不同的教学工作者会进行不同角度的反思，而反思的内容又会随着工作环境和发展时期的变化而不断产生改变。本书认为，无论何种界定，教学反思都是教师立足于教学实践，以提高教学质量为目的，对教育环节及其背后理论进行主动性连续性思考，在反省中重新建构知识体系，不断完善提高教学技能的过程。

（二）教学反思的类型

为加深和细化教学反思的研究，学者们依据不同的标准对教学反思进行了

① 熊川武．反思性教学 [M]．上海：华东师范大学出版社，1999：1.
② 张立昌．自我实践反思是教师成长的重要途径 [J]．教育实践与研究，2001 (7)：2-5.
③ 辛涛．教师反思研究述评 [J]．清华大学教育研究，1998，19 (3)：99-102.
④ 曾英，杨明均．试论大学教师自我反思的意义 [J]．西华大学学报（哲学社会科学版），2007 (6)：89-91.
⑤ 赵明仁，黄显华，袁晓峰．场域—习性理论视角下影响教师教学反思的因素分析 [J]．课程．教材．教法，2009，29 (6)：81-86，96.
⑥ 鲁兴树．教学反思若干关系辨 [J]．江苏教育，2020 (86)：33-37.
⑦ 刘祥．教学反思的思维路径与写作技巧 [J]．中学语文，2023 (16)：76-79.

分类。一些学者依据反思的具体内容对教学反思进行了划分，如布鲁巴赫等人把教学反思分为对行动的反思、在行动中反思和为了行动的反思，或分为课前反思、课中反思与课后反思；卡尔、凯密斯、麦伦等人把教学反思分为三个层次，即技术性反思、实践性反思和批判性反思。① 于泽元、李颜希在教学学术视角下把教学反思水平划分为非学术性教学反思、学术性教学反思和教学学术反思三个维度。② 上述只是分类角度不同，实质上相互包含，任何反思的过程都是批判性思维的展开过程，任何反思都有其理论和实践依据。

非学术性教学反思偏重于日常教学经验总结，是对教学方法、课堂氛围、学生活跃度、课程目标达成度的常规性回顾，通常比较零散，且主观性较强、个体差异性较大，可以理解为主要是技术性教学反思。因而，非学术性教学通常位于教学反思的最低层级，仅仅是教学方法和技巧的经验总结式反思，其目的在于教学目标的良好达成。从学段来讲，处于基础教育阶段的教学反思较多是非学术性教学反思。非学术性教学反思是基础教育学段教师优化教学策略、开展创新教学、提升教学质量的重要途径。

学术性教学反思，偏重从现有理论出发，以规律性、规则性、普遍性的范式去审视课堂教学内容、教学行为和学生表现，以检验教学效果、提炼经验、形成模式，然后以新模式指导新的教学实践，如此循环往复，形式不断推陈出新，原理不断得到验证，最终形成个人的学术研究成果，形成自己的教学风格，并把新的理论发现在课堂中分享给学生。可见，学术性教学反思需要教师具备强烈的问题意识和责任意识，需要具备较扎实的理论基础、较强的批判思维能力和前沿问题意识，只有这样才能摆脱经验主义的束缚，在教学反思上实现理论与实践的内在统一。因此，处于高等教育的教师更应该培养学术性教学反思，其对于教师专业性发展和学生学科素养的培育都具有重要意义。

教学学术将教学作为学术来对待，以学者治学的态度和方法来对待教学。教学学术理念有助于增强大学教师尤其科研为主高校教师对"教育者"职业身份的情感认同，也使教学经验交流具有了学术交流的高度。教学学术理念下的教学具有鲜明的探究导向，不但教师要研究，学生也要参与研究，研究中的不确定性给教学带来了较大挑战，但质疑与猜想也更能激发出新的创造性火花。在这一过程中，"教""学""研"实现了贯通，师生也成了真正的教学共同体。

---

① 韩雪军，寇平平.教学反思研究述评与展望 [J].呼伦贝尔学院学报，2011，19（6）：56-62.

② 于泽元，李颜希.教学学术视角下高校公共课教师教学反思研究 [J].教师教育学报，2020，7（2）：20-25.

教学学术反思，顾名思义，就是教师有意识地对科研融入教学、教学启发科研的效果进行经常性的评价，从评价主体看，主要有学生评价、自我评价、同行评价、教育管理者评价、社会评价五种基本类型，教师需要综合提高学科知识、教法知识和教学行动能力，才能收获正向评价、获得成就感。与学术性教学反思相比较，教学学术反思更侧重于教学研究反思，既包括教学理论的研究创新，也包括教学实践的运用和提炼，是教学成果凝练不可或缺的重要环节。

（三）教学反思的意义

教学反思的作用和意义是多重的。从理论意义讲，对教学反思内涵、类型、关键步骤、实践机制、评价体系的研究，有助于拓展非学术性教学、技术性教学、学术性教学、教学学术理念的内涵和外延，为以建构主义理论为源头，"教师为主导、学生为主体"现代教育理念的理解和实施提供了必要的理论支撑，对关联的教师专业化理论、教育批判理论、循环学习理论、学习动机理论、学习迁移理论、合作教学理论等理论的拓展和深化也有着不可忽视的推动价值。

从实践意义看，教学反思是提高课堂教学质量、推动课程改革有效执行、实现教学研究成果有效转化、推进教师专业化进程的必要手段，是学科本身发展的内在需要，也是适应教育现代化目标要求，建设教育强国的重要途径。当教学反思成为一种习惯，教学经验交流被营造成一种必然和必须，教学学术分享被视为一种极高的荣誉时，教学反思就会爆发出惊人的力量，持续推动教研相长、师生共进，不断开创育人新格局。

从教师角度来讲，学术性反思可以督促教师主动拓展专业知识、教学法知识的宽度和广度，为教学实践的有效开展提供理论厚度。教学实践的反思，可以强化老师对教学方法和理念的正确认识。习惯性的教学实践反思，有助于教师积累形成丰富的教学经验，缩短教学技能成熟的周期，以尽快成长为受学生欢迎的好老师。

从学生角度讲，作为教学活动的主要参与者，其个性特征、理解程度、学习能力、课堂反应、学习效果等是教学反思的重要组成部分。教学反思对学生的成长与发展起着积极作用，教学反思可以提升教师的教学艺术，使教学内容、教学方法、教学过程和教学效果更加合理优化，提升学生的听课效果和教学实效性。

## 二、高校思政课教学研究反思

（一）高校思政课教学研究反思的含义

教学研究反思是以学科领域的方法论和教育学的研究范式为手段，进行教学经验总结、教学规律提炼、课程建设优化、形成研究成果，循环实现教研相长的过程。教学研究反思促使教师从单纯的教学技巧、教学经验总结向教学学术研究发展，把研究教学目标、课程内容、教学方法、教学对象、自身专业视为有机整体，苦经师之路、参人师之道、争做教书育人的大先生，努力成为学生成长的引路人。从上节对教学反思的界定和分类看，教学研究反思可涵盖学术性教学反思和教学学术反思的内容，是更深层面和更广领域的反思。

习近平总书记在学校思想政治理论课教师座谈会上提出了思政课建设亟待解决的系列问题，其中就包括"课堂教学效果还需要提升，教学研究力度需要加大、思路需要拓展"①。本书认为，高校思政课教学研究反思指高校思政课教师在进行教学研究过程中，主动运用理论知识对教学进行深入反思和批判，在教学实践的过程中注重理论和实践的持续互动和改进提升，重新建构和探究更具有普适价值的教学理论的过程。教学研究把教学作为学术问题来研究，在这一过程中，要对日常教学中产生的问题、课堂教学亮点进行研究性反思，并根据反思结果调整教学内容、优化教学策略、选择适合的教学模式，以此改善教学中的薄弱环节，循环累积教学理论，为进一步提升教学效果提供理论支撑，在以教促研、以研促教中，实现教研的良性互动与融合发展。

（二）高校思政课教学研究反思的价值

高校思政课教学研究反思，既是理论问题，也是实践问题；既是原则问题，也是方法问题。因此，强化教学研究反思具有重要的意义。

1. 彰显思政课学科的特殊使命

思政课的政治性、思想性、学术性、专业性是紧密联系在一起的，其学术深度广度和学术含金量不亚于任何一门哲学社会科学。② 讲好思政课不仅有"术"，也有"学"，更有"道"。思政课教学是一项非常有创造性的工作，需要在第一时间学习领会党和国家领导人最新讲话精神，领先学习研究经济社会民生领域重要政策文件，结合教材内容及时转化融入课程，因此，思政课老师要善于抓关键、抓重点，能够及时发现创新点、找准课堂融合点，摆历史、讲现实、阐明规律，给学生深刻的学习体验。骐骥千里，非一日之功。高校思政课教师结合教学实践，开展教学研究并养成定期反思的习惯，能够把握理论前沿和社会热点，自觉用习近平新时代中国特色社会主义思想武装头脑，在大是大

---

① 习近平. 思政课是落实立德树人根本任务的关键课程 [J]. 求是，2020（17）：4-16.

② 习近平主持召开学校思想政治理论课教师座谈会强调：用新时代中国特色社会主义思想铸魂育人　贯彻党的教育方针落实立德树人根本任务 [N]. 人民日报，2019-03-19（1）.

非面前保持政治清醒，善于从政治上看问题，做学习和实践马克思主义的典范，在思政课堂上才能讲得有底气，讲深讲透，才能有效引导学生真学、真懂、真信、真用。

2. 推动落实课程改革的要求

中共中央办公厅、国务院办公厅印发的《关于深化新时代学校思想政治理论课改革创新的若干意见》指出，坚持守正和创新相统一，善用社会大课堂鲜活案例丰富思政小课堂教学内容，发挥各类课程同思政课建设的协同效应，创新思政课课程体系，大力推进思政课教学方法改革，推动人工智能等现代信息技术在思政课教学中应用，为马克思主义理论重点学科建设提供多角度学术支持，建设一批国家级虚拟仿真思政课体验教学中心、高校思政课教学创新中心，设立一批思政课教学质量监测基地，推动思政课建设内涵式发展，全面提高思政课质量和水平，全面提升学生思想政治理论素养，实现知、情、意、行相统一。[①] 思政课改革"不偏向""不走样"是前提，走深走实有成效是根本，新时代思政课建设要坚持向改革要动力、向创新要活力。教学研究理念下，思政课教师需要经常研究反思教学目标能否体现育人为本的教育思想、教学资料是否新颖、关联理论是否正确前沿、教学"实招"是否真管用等问题，教育管理和服务部门需要经常性研究和反思"大思政课"育人新格局的构建情况，思政课育人大环境的塑造情况，课程思政、思政课程以及二者同向同行的建设质量等问题，以推动思政课课程改革举措落实落地。

3. 教师综合素养提升的需要

在学校思想政治理论课教师座谈会上的讲话中，习近平总书记对思政课教师提出了"政治要强、情怀要深、思维要新、视野要广、自律要严、人格要正"六要求，并指出，讲好思政课不容易，因为这个课要求高。思政课老师政治立场强，才能当好党的路线、方针、政策的"宣传员"；思政课老师学养深厚，才能以彻底的理论说服学生，用真理的强大力量引导学生；只有善于联系实际、贴近学生生活，思政课老师的课堂才有吸引力和感染力；高校思政课老师只有教得好、写得好，才能教研相长，出更多成果、出更多好成果。因此，要想上好思政课，教师除了必须具有良好的政治素养、理论素养外，还必须具有比较高的学术素养。而教学研究可以提高思政课教师的思想理论素养和学术素养，因为相对严谨的教学研究是以课题的方式进行的，不仅有科学研究的规范要求，

---

① 中共中央办公厅 国务院办公厅印发《关于深化新时代学校思想政治理论课改革创新的若干意见》[J]. 中华人民共和国教育部公报，2019（9）：2-7.

220

需要进行持续的思考、探索、论证，而且需要进行多轮次的教学实践、提炼总结等。"教学研究过程其实就是教师的自我反思过程。"① 在教学研究中，思政课教师会不断学习党的最新理论，积极探索如何用党的最新理论成果赋能课堂，提升自己的综合素养，主动反思理论研究和教学实践中的经验和不足，在不知不觉中逐步实现专业成长的"化茧成蝶"和教学综合能力的提升。

## 第二节 脱贫攻坚精神融入高校思政课教学研究反思

### 一、研究取得的成绩

#### （一）理论方面

一是对脱贫攻坚精神的生成机理进行深入系统研究，包括脱贫攻坚精神生成背景、生成条件、生成逻辑和生成过程。脱贫攻坚精神生成于伟大民族精神的丰厚土壤，锻造于中国共产党领导人民进行的扶贫开发事业，根植于马克思主义中国化时代化反贫困理论，是对中华优秀传统文化的创造性转化与创新性发展，是历史逻辑、理论逻辑、实践逻辑的有机统一。只有把对脱贫攻坚精神的解读置于党史、新中国史、改革开放史、社会主义发展史、中华民族发展史的宏大时空背景下，才能在波澜壮阔的历史中感受到它特殊的历史贡献。脱贫攻坚精神是个人勇毅前行追梦、中华民族勠力同心逐梦中华民族伟大复兴的精神力量之魂，过去是、现在是、将来仍然是我们党和中华民族的宝贵精神财富，永远不会过时。伟大事业孕育伟大精神，伟大精神引领伟大事业。要持续运用好脱贫攻坚经验，结合新的时代条件发扬光大，不断从脱贫攻坚精神中汲取力量，同心同德、和衷共济、勇敢战胜前进道路上的一切困难和风险。精神的承载和传播，既需要有形载体发挥作用，也需要无形载体发挥作用，精准扶贫脱贫攻坚期间兴修的水利、改造的农田、新通的公路、新建的校舍、新修的小区、新建的厂房，乡土化、特色化、产业化的农产品、家门口的加工厂，村文化广场上健身跳舞的群众，口口相传的帮扶善举、好人好事都是脱贫攻坚精神的物质载体。物质能变精神，精神也能变物质，利用好脱贫攻坚期间形成的物质载体传承弘扬好脱贫攻坚精神，有助于最大化发挥物质载体价值，延伸和强化脱贫攻坚精神的物质力量，形成攻坚克难再出发的精气神。

---

① 余文森. 论教师教学研究的价值意义 [J]. 新课程评论, 2021 (6): 11-14.

二是研究了脱贫攻坚精神的内涵、特质与价值。波澜壮阔八年攻坚的付出，深刻凝练在脱贫攻坚精神的内涵之中。脱贫攻坚精神的内涵，在力量上体现为"上下同心、尽锐出战"，在方法上体现为"精准务实、开拓创新"，在方向上体现为"攻坚克难、不负人民"。脱贫攻坚事业为了人民，打赢脱贫攻坚战必须依靠人民。脱贫攻坚期间，全社会动员，选派精兵强将深入扶贫一线，大力实施科技扶贫、教育扶贫，构建精准扶贫政策群，打出了脱贫攻坚组合拳，以超常规的速度，经得起历史检验的质量，打赢了脱贫攻坚战，创造了人类减贫史上的奇迹。奇迹的创造，除了因为有制度优势，帮扶人员满腔热情、吃苦耐劳以外，还因为具备了科学有效的方法，才真正解决了帮扶谁、谁来帮、怎么帮、帮扶效果、怎么退等问题，兑现了"在扶贫路上，不能落下一个贫困家庭，丢下一个贫困群众"的庄严承诺。

三是研究了脱贫攻坚精神融入高校思政课的价值意蕴。脱贫攻坚案例比较直观，因年龄贴近、生活贴近、思维相近，更容易引起青年大学生的思想共鸣。充分利用好这些鲜活案例，有助于实现对思想政治教育价值的最大化。从个体维度讲，脱贫攻坚精神的思想政治教育价值在于有利于筑牢爱国爱党政治立场，有利于坚定中国特色社会主义的理想信念，有利于培养实干精神、锻造攻坚克难的意志品质，自觉将报国行、强国志融于社会主义现代化建设中，勇于面对实际生活中的各种挫折考验，从容应对各种风险挑战，创造实实在在的业绩。就社会维度而言，脱贫攻坚精神有利于建设具有强大凝聚力和引领力的社会主义意识形态，有利于弘扬社会主义核心价值观，培育良好的社会道德风尚，不断巩固全党全国各族人民团结奋斗的共同思想基础，凝聚社会共识，形成奋斗合力。脱贫攻坚精神对大学生的思想政治教育价值还在于，有助于培养大学生的奋斗精神、团结精神和创造精神，铸就大爱品格，永葆人民情怀，形成创新自觉，落地落实立德树人教育根本任务。

四是研究了脱贫攻坚精神融入高校思政课的基本理路。本书按照习近平在学校思想政治理论课教师座谈会上提出的思想政治理论课改革创新要坚持"八个相统一"的要求，论证了脱贫攻坚精神融入高校思政课的根本遵循，进而提出了脱贫攻坚精神融入高校思政课应把握的原则，即合目性原则、适度性原则与客观性原则。对高校思政课教学目标及其属性、确立依据和目标分类进行了多维阐释，构建了脱贫攻坚精神融入高校思政课教学的目标体系。脱贫攻坚精神融入高校思政课的教学设计，必须符合思政课教学任务的要求，满足思政课教学目标需要，根据思政课课程建设标准、分课程目标和教材体系，恰当地把脱贫攻坚精神教学内容分解到与之相关的各章内容中。融入过程中，教师应根据教学目标和教学内容，预先筛选脱贫攻坚精神相关内容，做好课前融入、课中融入抑或课尾融入的教学设计，融入的时间节点要恰当，引用脱贫攻坚相关资料要客观适量，避免抠得过细、弄得很碎、喧宾夺主，导致偏离课程教学目标，更不能单纯为了引起学生共鸣、激发学生兴趣夸大事实甚至杜撰脱贫攻坚故事。要在把握高校思政课的教学目标的前提下确立脱贫攻坚精神融入高校思政课的教学目标，做好学情分析，制订融入原则，构建包括总体目标、课程目标、单元目标、课时目标在内的教学目标体系。

（二）实践方面

第一，收集整理了大量的脱贫攻坚典型人物和案例。"上下同心""尽锐出战""精准务实""开拓创新""攻坚克难""不负人民"，脱贫攻坚精神的每一个词汇，都有着深刻的时代内涵，每一方面都是无数具体案例的集中概括和高度凝练。收集相关案例时，坚持网上收集为主、线下收集为辅；教师收集为主、学生收集为辅；国家乡村振兴局、农业农村部等权威网站检索为主，省市县乡村振兴局网站为辅；本地故事为主，域外故事为辅；尽量覆盖产业扶贫、教育科技医疗扶贫、道路交通水电基础设施建设、易地搬迁各领域；既收集中央领导人的讲话和国家重要会议内容，也收集脱贫攻坚模范代表人物、各行各业帮扶干部、普通志愿者和宁愿苦干不愿苦熬贫困人口脱贫致富的典型故事。来源权威、领域多元、群体多样的脱贫攻坚典型人物和案例，为脱贫攻坚精神"入耳入心入脑入行"提供了前提。

第二，制订了脱贫攻坚精神融入高校思政课教学实施方案。对高校思政课五门主干课教学内容进行梳理，明确了脱贫攻坚精神融入各门课程的教学目标和侧重点，找准具体课程的切入点和融入点，把脱贫攻坚精神融入思政课教学全过程，贯穿于课堂授课、教学研讨、实践教学、作业等各环节。对脱贫攻坚精神融入高校思政课五门主干课程从整体和单元上进行教学设计，并以教学案例、课例或典型教学法等形式在具体课程中进行了展现。其中，在"思想道德与法治"课中，阐述了脱贫攻坚精神融入中国精神专题议题研学式教学设计的具体步骤。在"马克思主义基本原理"课中，讲解了从教学主题设定、问题链设置到小组研讨、教师点评诸环节的脱贫攻坚精神课程融入的问题链教学实践。依据课程定位、教材体系、学生需求、服务乡村振兴现实需要，介绍了专题式教学模式的优点和难点，分享了在"中国近现代史纲要"中开展中国扶贫脱贫史专题教学，从作业布置、教师讲解、师生互动、教师点评到师生收获与反思的具体过程。情景剧普遍运用新媒体新技术，内容简洁、形式新颖、易于创新，小组情景剧还可以增强人与人之间的合作意识、提高人际交往能力、锻炼表达能力。运用情景剧教学法，实现脱贫攻坚精神融入"毛泽东思想和中国特色社会主义理论体系概论"课的关键环节是选择融入点、制订实施方案，任务落实到组到人、指导脚本撰写、情景剧成果展示、总结点评、推广交流。贵州曾是全国脱贫攻坚主战场，迄今还有很多大学生仍继续受益于精准扶贫帮扶政策，他们了解并部分参与了脱贫攻坚历程，对制约贫困地区城乡发展的教育科技瓶颈有较深的感悟。所以"习近平新时代中国特色社会主义思想概论"课中，以第七章"坚持教育优先发展、科技自立自强、人才引领驱动"内容为依托，结合大三学情，有意识地采用了从文献梳理到问题分析再到问题解决的教学设计，对脱贫攻坚精神做了深度讲解，依据贵州实际布置了"弘扬脱贫攻坚精神、助力贵州现代化"的实践作业。

第三，形成了系列理论教学与实践教学成果。以研促教、以教促学、教研相长，在相互学习中反思改进、共同进步，是解决教学工作中的实际问题，提升教育教学质量的有效途径。脱贫攻坚精神融入高校思政课教学实践，注重发挥教师和学生"两个积极性"，在"两个结合"（线上线下相结合、理论与实践相结合）基础上，根据课程定位与学情特点探索了问题链教学、专题式教学、情景剧教学等教学法的应用，形成了系列教研成果。针对不同课程、不同专业和不同年级的大学生，布置完成不同特色的作业，学生收集整理了脱贫攻坚典型案例集锦，学生自导自拍自演了脱贫攻坚精神微视频，开展了翻转课堂，参与"三下乡"服务乡村振兴实践活动等，这些成果是持续推进脱贫攻坚精神深度融入高校思政课教学的基础，同时也为中国精神、中国共产党人精神谱系中其他精神的高校思政课融入积累了经验。

第四，推动了"思政小课堂+社会大课堂"的深度融合与同频共振，提高了思政课育人效果。提高思想政治理论课的亲和力和针对性，让思政课真正"活"起来的关键，一是教师要把理论讲深讲透。理论只有彻底、才能说服人，理论一经掌握群众就会变成物质的力量。让学生发自内心认同，思政课教师须在"讲"上下功夫，发挥理论本身的魅力。二是善用社会大课堂，以实践教学解答现实"大问题"，推动思政小课堂与社会大课堂的有机融合，使学、思、践、悟成为完整体系。脱贫攻坚精神融入高校思想政治理论课，在理论上讲深讲透马克思主义反贫困理论尤其是习近平精准扶贫思想的主要内容，深化了大学生对中国化时代化马克思主义扶贫治理理论的认知。丰富的脱贫攻坚典型案例、身边的脱贫攻坚示范村、耳熟能详的脱贫攻坚楷模故事，极大地丰富了思政教学资源，思政课教师能够比较容易地发现和利用校内外实践教学场所，开发多种多样的实践教学形式，从而把课堂理论教学进一步延伸到了校园和社会，学生普遍反映"接地气""能参与""有收获"。

### 二、教学研究存在的不足

#### （一）顶层设计不够

任何研究都要有顶层设计。所谓研究中的顶层设计，就是从历史和现实相结合的角度，对所研究问题的内容、范围、范畴等，建立一套可行性强、能解决问题的体系，探索可行的方法。① 当前大学生思想政治教育实效性不高的原因，一是思想政治教育工作有偏离大学生思想实际的现象；二是思想政治教育教学内容拓展性和引领性不够，校内与校外互动不足；三是组织管理体系之间缺乏联动性；四是思政课教师"手拉手"备课机制、跨学段跨学科交流研修机制、相邻学段思政课教师教学交流研讨机制、思政课教师与其他学科专业教师交流机制仍处于探索构建之中。

脱贫攻坚精神背后是社会现实，是历史的延续和现实的反映，凝练自无数扶贫人的故事，是社会前进的精神动力，许多大学生本身就是脱贫攻坚的亲历者和受益者。脱贫攻坚精神为高校思想政治教育提供了丰富、生动、鲜活的素材，是对大学生进行思想政治教育的重要载体和有力抓手。高校应充分发挥脱贫攻坚精神的育人价值，加强脱贫攻坚精神教育教学的顶层设计，制订脱贫攻坚精神融入课程思政实施方案，二级学院要制订激励措施，进行强有力推进，以发挥课程思政与思政课程协同育人功能。否则，单凭马克思主义学院基层教学组织的力量，难免陷入思政课程单打独斗的"孤岛效应"，影响脱贫攻坚精神的育人效果。

#### （二）教学团队力量不足

脱贫攻坚精神融入高校思政课，无论是实践教学还是理论教学，对教师的要求都比较高。一方面，思政课教师要比较熟悉中国的扶贫历程、重要扶贫规划和扶贫政策，阶段性扶贫成就、返贫现象与成因，尤其是党的十八大面临的贫困人口规模、贫困程度与贫困人口的区域分布，对连片贫困地区连片贫困的历史原因、区位原因、文化原因、经济原因有整体的把握。另一方面，思政课教师要有扎实的理论基础，对扶贫相关基础理论有基本了解，如贫困恶性循环理论、能力与权利贫困理论、贫困救助和社会保障理论、扶贫产业理论、可持续生计理论等。理论不彻底很难有说服力，这对思政课教师是一个很大的挑战。

---

① 师吉金. 加大高校思政课教学研究力度：意义、问题与对策［J］. 吉林师范大学学报（人文社会科学版），2023，51（3）：102-108.

第三方面，思政课教师要有丰富的教学经验，最好有多轮次的高校思政课全课程的教学经历，熟悉各门课程的课程目标和教学内容，了解不同年级的大学生的心理状况和学业发展需求，在现实中，因思政课教师教学任务重，授课班级多，一名思政课教师一学年一般讲授二至三门思政课，很少有老师系统讲授过五门主干思政课。

五门主干思政课在教学内容上具有侧重性和承接性特点，但也存在部分内容在不同课程教材上重复性出现的问题，需要思政课教师全面把握思政课课程体系的内在逻辑，精准把握每一门思政课程的教学目标，否则，脱贫攻坚精神融入思政教学也很难避免简单融入、重复融入现象。而且，教师授课班级每一学期在不断变化，若在课前没有对学生进行全面的学情分析，必然也会出现重复融入现象。另外，思政课教师的专业普遍比较单一，科研"专"与"深"的要求又在不断强化这种单一性，思政课教师的专业知识往往满足不了"不断开创新时代思政教育新局面"的要求，近年来，虽然组建了多层次的教研团队，加强集体备课着力提高整体教研水平，但仍然存在师资力量少、教学任务重、质量参差不齐、协调统筹难度大、理论研究不深、教材体系研究不透、研究学生不够、教学内容与教学对象"两张皮"现象仍然大量存在等问题。

（三）"大思政课"背景下协同育人不够

善用"大思政课"，指的是要把思政课与其他课程、思想政治教育工作结合起来，推动课程思政与思政课程同向同行，形成协同效应，实现全员育人、全程育人、全方位育人，促进学生全面发展。高校思政课是对大学生进行思想政治教育的主渠道，但对于学生成长成才来说，思政课不是唯一的课程，其他课程和思想政治教育工作也在铸魂育人、立德树人中发挥着重要作用，需要各方面有机结合，突出协同性。

目前存在的主要问题，一是辅导员与思政课教师作为高校思想教育两大育人主体，因分属不同的管理部门，平时往往"单打独斗""各自为政"，难以形成协同育人效应。二是思政课与课程思政协同育人不够。一方面，因专业差异兼顾不周，人才培养目标契合度不高，思政课程满足不了学生的切实需求。另一方面，专业课老师对专业课程内含的思想政治教育元素不够敏感，缺乏课程思政的意识也缺乏实施课程思政的动力和能力。三是思政课实践教学与校团委、学生工作部、二级学院等其他学生管理部门组织的社会实践协同育人不够，表现在各个职能部门各司其职、难以协调，无法形成育人合力。脱贫攻坚精神在高校思想政治教育中育人作用的发挥同样面临上述窘境，比较多见的是脱贫攻坚与乡村振兴政策展板，偶尔邀请脱贫攻坚贡献较大的企业家或先进个人做报告会。学校无整体推进方案，思政课老师与其他课程教师也缺乏有效沟通，课程思政基本处于自发自觉状态，脱贫攻坚精神的育人价值发挥有限。

（四）融入质量监测指标有待进一步具体化

因评价目的、评价对象、评价条件不一样，思政课很难构建既能满足管理者需求又能满足师生发展需要，放之四海而皆准的教学效果评价模式。较普遍的观点认为，高校思政课教学评价在教学目标上要体现客观性、发展性，评价主客体要体现多元性，评价指标要体现多维性，评价方法要体现多样性，评价关系要体现民主性。①

在脱贫攻坚精神融入高校思政课教学研究中，研究团队借鉴了以上有益元素，把专家同行、教师、学生、社会评价作为重要的效果监测依据，尽可能地反映融入效果。一是在寒暑假实践教学环节布置脱贫攻坚相关调研主题，设置调研单位（乡村、社区、企业等）填写盖章的"社会实践调查（活动）总结评价表"。二是每学期至少安排一次脱贫攻坚精神相关示范课，教育行政部门老师、教学督导老师、思政课老师围绕教学设计做开放性评价，提出改进建议。三是课堂理论教学中，布置脱贫攻坚精神相关作业，学生组队方式选择微视频拍摄、情景剧演出、翻转课堂等形式进行汇报展演，任课教师点评、有扶贫经历教师点评、学生互评相结合，三类评价取平均分作为小组成员作业成绩。

整体来看，因师生比较了解脱贫攻坚事业，对此话题不陌生也比较有兴趣，融入效果比较满意。但因评价指标很难量化，脱贫攻坚精神的融入效果依然以主观评价为主，需要进一步加强相关效果评价指标体系的构建研究，提高评价的全面性和客观性，以更标准化的指标体系提高中国共产党人精神谱系融入高校思政课教学的效果。

## 第三节　增强脱贫攻坚精神融入高校思政课教学实效性的着力点

2024年5月，习近平总书记对学校思政课建设作出重要指示：新时代新征程上，思政课建设面临新形势新任务，必须有新气象新作为。要坚持思政课建设与党的创新理论武装同步推进，要始终坚持马克思主义指导地位，以中国特色社会主义取得的举世瞩目成就为内容支撑，以中华优秀传统文化、革命文化

---

① 张耀灿．高校思想政治理论课教育教学质量监测体系研究［M］．北京：经济科学出版社，2014：70．

和社会主义先进文化为力量根基，把道理讲深讲透讲活，守正创新推动思政课建设内涵式发展，不断提高思政课的针对性和吸引力。① 新时代学校思政课建设推进会进一步明确：要加强思政课教师队伍建设，丰富思政课教学内容，拓展全面育人新格局，推动思政课改革创新，不断开创新时代思政教育新局面。要立足新时代伟大实践，讲好新时代故事，推动学生更好地了解国情民情，引导学生感悟党的创新理论的实践伟力，以坚定学生理想信念，确保党的事业和社会主义现代化强国建设后继有人。② 新时代学校思政课建设推进会和习近平总书记对学校思政课建设作出的重要指示精神，是新时代学校思政课建设的工作指南，为包括脱贫攻坚精神在内的共产党人精神谱系的思政课融入提供了思想指导、学理支撑和方法指引。

**一、构建长效融入机制**

脱贫攻坚精神是中国精神的传承与新时代发展，是中国共产党人精神谱系的最新内容。作为意识形态，脱贫攻坚精神也必然随着实践的发展成为过去时代的产物，但成为历史不代表丧失存在的价值，否则就会割裂历史引致历史虚无主义。纵观中华民族发展史，我们会发现，每一个特定阶段，都会产生某些催人奋进、促进中华民族繁荣前行的精神力量，并涌现出一大批代表性人物。反观人类历史，但凡经济停滞、社会混乱时期，尤其在外无民族独立、内无人民民主时期，整个国家必然是处于意识形态混乱、精神懈怠、民不聊生的状态。重视精神的作用，注重发挥精神的力量，古今中外概莫能外。

中华民族是具有伟大创造精神、伟大奋斗精神、伟大团结精神和伟大梦想精神的民族。上下同心、舍生忘死、艰苦奋斗、独立自主、实事求是、敢为人先、忠诚为民……是以爱国主义为核心的民族精神和以改革创新为核心的时代精神的生动体现，这些宝贵的精神财富跨越时空、历久弥新，锻造形成了中华民族特有的精神品格，是中华民族赖以生存和发展的精神纽带、支撑和动力，是新时代鼓舞党团结带领全国各族人民风雨无阻全面建设社会主义现代化国家，全面推进中华民族伟大复兴的强大精神动力。脱贫攻坚精神与长征精神、红旗

---

① 习近平对学校思政课建设作出重要指示强调：不断开创新时代思政教育新局面 努力培养更多让党放心爱国奉献担当民族复兴重任的时代新人［N］. 人民日报，2024-05-12（1）.

② 习近平对学校思政课建设作出重要指示强调：不断开创新时代思政教育新局面 努力培养更多让党放心爱国奉献担当民族复兴重任的时代新人［N］. 人民日报，2024-05-12（1）.

渠精神、塞罕坝精神、女排精神等其他中国精神一样，只有常讲常新、入脑入心、走深走实、见行见效，方能彰显"精神"之思想政治教育功能。

高校思想政治教育不仅是覆盖思政课教学目的、过程、内容、手段、评价等各要素的思政课程的显性教育，也是辐射整个社会、学校、家庭在内的包括师资队伍、学科体系、教学体系、教材体系、管理体系等各环节的课程思政的隐性教育。唯有切实做到显性教育和隐性教育的有机融合、相向而行、同向发力，才能形成全员全过程全方位的协同育人格局，使思想政治教育在潜移默化中达到价值引领的良好效果。

作为对大学生进行思想政治教育的宝贵资源，高校应加强顶层设计，构建脱贫攻坚精神长效融入教育教学机制，发挥"大思政课"协同育人功能，为脱贫攻坚精神全面、系统有机融入思政课教学营造良好氛围。

一是制订脱贫攻坚精神教育教学实施方案，明确学生管理部门和教学管理部门职责，激发各类课程教师的积极性、主动性和创造性，增强多元思想政治教育主体对脱贫攻坚精神思想政治教育价值的理念认同和情感认同，增强协同育人意识，构建协同育人平台，拓宽协同育人路径，提升协调育人合力。二级学院基层教学单位要组织教师全面梳理各类课程的教学内容，结合不同课程特点、思维方法和价值理念，制订脱贫攻坚精神有机融入的教学总体方案。学校教务部门要通过说课比赛、教学竞赛、召开会议沙龙等形式组织优秀教师分享脱贫攻坚精神课程融入的好经验，提高课程思政老师的信心和底气，健全突出教学优先的评价体系，推动形成"大思政课"建设的强大合力。

二是加强思政课教师、辅导员、校团委和学工部的沟通交流，建好用好各类实践教学基地。把课堂搬到脱贫攻坚展览馆、乡村振兴示范村、田间地头、农家小院等更多现实场景中，有组织地引导学生走出校门、深入社会、参与实践，用眼睛观察中国打赢脱贫攻坚战带来的乡村巨变，用耳朵倾听脱贫攻坚战中的一个个平凡又感人的故事，用内心体悟脱贫攻坚精神的内涵价值，提高大学生投身乡村振兴一线，为"三农"现代化贡献智慧和力量的信心。

三是营造弘扬脱贫攻坚精神的良好社会环境。社会环境对大学生思想政治教育有重要的影响，要营造全社会大力弘扬脱贫攻坚精神的浓厚氛围，讲好脱贫攻坚故事，尊重脱贫攻坚英模，提高全社会团结一心、英勇奋斗的精气神，把传承弘扬脱贫攻坚精神作为实现中国式现代化和中华民族伟大复兴的精神动力，为大学生思想政治教育提供良好的社会环境。

## 二、处理好"变"与"不变"的关系

西汉思想家、政治家、教育家董仲舒在《举贤良对策》曰："道之大原出于天，天不变，道亦不变。"意思是天是永恒不变的，因而按天意建立的社会之"道"，也是永恒不变的。按照辩证唯物主义基本原理，物质世界是绝对运动与相对静止的统一，事物发展有量变和质变的两种状态。"变"代表物质的绝对运动状态，"不变"是相对的静止状态。"变"是永恒，所有一切都在变化，唯有"变化"不变。统筹"变"与"不变"，一是要做到守正创新。守正创新的"守正"指的就是遵守事物的本质和规律，"创新"就是敢于突破陈规，积极识变、应变、求变，勇于实践、发现新机、形成新知、找到新路。二是对待马克思主义，既要坚持马克思主义基本原理不动摇，又不能教条式地对待马克思主义，而是坚持在"两个结合"中不断推动马克思主义中国化时代化。三是对待中华民族传统文化要旗帜鲜明地拒斥文化虚无主义、文化复古主义、文化保守主义，守正不守旧、尊古不复古，坚持古为今用、批判继承、推陈出新、综合创新，推动中国特色社会主义文化大发展大繁荣。因此，从方法论来看，"变"与"不变"是辩证统一关系，"万变不离其宗"，"不变"的是本质和规律；"一切皆流，无物常住"，"变"的是现象和实践。以不变应万变，才能砥砺前行；以变传承不变，才能够接续辉煌。

回望党的百年扶贫史，既有天翻地覆奇迹般的"变化"，亦有持之以恒的初心的"不变"。脱贫攻坚战是向全面建成小康社会目标征程中的"娄山关""腊子口"。"不变"的是"俯首甘为孺子牛"的无私奉献精神，信念如铁、笃定不移、矢志不渝、一脉相承的"小康社会"信念和艰苦奋斗精神，以及脚踏实地的工作作风，密切联系群众、理论联系实际、批评与自我批评党的优良作风。"变"的是扶贫对象、人民需要和帮扶手段，贫困人口有物质脱贫的需要也有精神脱贫的需要，有生存层面的需求也有发展层面的需求。脱贫攻坚战中，党中央创新扶贫手段、实施志智双扶，让农村贫困人口不愁吃、不愁穿，还要保障其义务教育、基本医疗和住房安全，提出了"五个坚持"的要求，出台了"六个精准"的帮扶办法，实施了脱贫攻坚"五个一批"工程，推动了马克思主义扶贫理论中国化时代化的新发展。脱贫攻坚精神以新的内容与形式丰富和发展了中国精神和中国共产党人精神谱系。

"胜非其难也，持之者其难也。"① "贫中之贫、困中之困"脱贫难度大，保

---

① 刘安.淮南子［M］.哈尔滨：北方文艺出版社，2018：244.

住脱贫攻坚成果、巩固拓展脱贫攻坚成果更难。党中央要求过渡期要保持连续奋斗精神，保持帮扶政策连续，保持帮扶手段稳定，防止出现大规模返贫。事业发展永无止境，奋斗之路未有穷期。脱贫摘帽不是终点，而是新生活的起点。乡村振兴之难度不亚于脱贫攻坚，实现农业、农村、农民的现代化也绝非一日之功能够实现，而是贯穿于中国式现代化两个十五年奋斗过程的重要任务之一。从国际横向比较来看，发达国家农业现代化时间较久，制度、政策、法律、市场相对比较完善。中国地域辽阔，地区之间发展差距大，各地的农情、乡情、民情的差异也大，在工业化、信息化、城镇化、农业现代化"四化同步"中统筹推进现代化难度更大，因此，需要接续发扬好上下同心、尽锐出战、精准务实、开拓创新、攻坚克难、不负人民的脱贫攻坚精神，不断研究时代发展提出的新课题，回应面临的新挑战，创新发展思路和发展手段。

一切伟大的成就都是奋斗的结果，一切伟大的事业都需要在奋斗中推进。求变的时代，不变的是奋斗精神。一代人有一代人的使命，一代人有一代人的担当。脱贫攻坚精神在高校思政课的融入，要在党史、新中国史、改革开放史、社会主义发展史、中华民族发展史与党的第二个百年奋斗目标、中华民族伟大复兴中国梦的宏大事业中给大学生讲清楚：全面建成小康社会成就来之不易，前行之路从无坦途，总要越过一岭又一峰，闯过一关又一坎；以爱国主义为核心的民族精神和以改革创新为核心的时代精神，以伟大建党精神为源头形成的中国共产党人的系列精神，是中国共产党带领中国人民取得历史性贡献的精神支柱，也必将是中国特色社会主义事业行稳致远的强力精神支撑；脱贫攻坚的历史虽然翻篇，但精神是永恒的。时代在变、问题在变、任务也在变，社会发展有稳定性、确定性和一致性的一面，也有随着时代发展而变化的变迁性、不确定性和斗争性的另一面。新时代呼唤新理念，新征程需要新动力，思政课教师要常讲脱贫攻坚的传统故事，善于发现蕴含脱贫攻坚精神的新案例，赋予脱贫攻坚精神新的诠释，保持脱贫攻坚精神常新，以其丰富的内涵和鲜明的时代特色引领和鼓舞青年大学生坚定"心有大我、至诚报国"的理想信念，永葆一颗"红心永向党"的真心，争做中国式现代化国家新征程上的重要参与者和积极建设者。

### 三、加强教材、教学、师生的综合研究

教学有法，但无定法，贵在得法。选择恰当教学方法做到因材施教、保持常讲又常新的基础和前提是研究教材、研究学生、研究环境（条件）、提升自己。

（一）加强教材研究

教材是教学内容的主要载体，是教学的重要依据。教师熟读教材、深耕教材体系、明确教材逻辑结构，对课程重难点做到心中有数的过程就叫作教材研究。《高等学校思想政治理论课建设标准》（教社科〔2015〕3 号）实施以来，高校思想政治理论课统一使用教育部指定重点教材、思政理论课最新版本统编教材。近年来，为了能够充分反映最新研究成果、学科发展趋势和教育理念，更全面展现党的十八大以来党和国家事业取得的历史性成就和发生的历史性变革，更好地学习宣传贯彻好党的十九大和二十大精神特别是习近平新时代中国特色社会主义思想，以更有效地满足学生的学习需求，中共中央宣传部、教育部组织专家对本科生思想政治理论课教材进行了多次全面修改，形成了 2018 年版、2021 年版和 2023 年版新教材。

新教材贯穿了新思想，融入了新理念，增加了新内容，也提出了新要求。思政课进头脑是目的，进课堂是核心，进教材是基础。思政课教材是学理化阐释、学科化呈现、体系化传授党的创新理论成果的主要载体。首先，要深耕教科书，对教材内容和逻辑框架有一个高屋建瓴的把握，保持对教材的合理认知。其次，比较新旧教材内容增减变化之处，结合党中央和国家领导人的重要讲话精神，重大规划决策文件、中央政府工作报告等，分析增减的原因，打"有准备之仗"。这就要求思政课教师必须反复研读教材、充分消化吸收新增内容，把握精神实质，以此为指导，有的放矢地开展教学。此外，还要善于开动脑筋，发挥主观能动性，创造性地使用社会来源的教学材料，把思政小课堂同社会大课堂结合起来，教育引导学生立鸿鹄志、做奋斗者。就脱贫攻坚精神的思政课融入而言，就是认真研读思政课教材，组织所有思政课课程骨干教师集体备课，明确脱贫攻坚精神重点融入的章节目知识点，提出建议的教学方式和考核办法。理论研修与教学实施中，可以统筹中国共产党人精神谱系中其他精神的课程融入，以形成精神价值融入思政课的特色教学模式。

（二）将教学内容的研究与教学方法的研究结合起来

教学内容的研究是教学研究的核心，教学方法是教学成效得以显现的条件之一，所以，对教学方法的研究也是教学研究的重要内容。对教学方法进行探讨，保持用最优方法进行教学，是教学研究的应有举措。[1] 在思政课教学中，思政课教师按照习近平总书记"以'理'服人、以'理'育人""讲道理要接地

---

[1] 师吉金. 加大高校思政课教学研究力度：意义、问题与对策［J］. 吉林师范大学学报（人文社会科学版），2023，51（3）：102-108.

气""天边不如身边，道理不如故事"的指示精神，带领学生直面现实问题、投身社会实践，积极探索启发式、互动式、案例式、专题式、探究式、体验式等多种教学方法，总结有益经验，形成比较稳定成熟的教学模式。因此，在脱贫攻坚精神融入思政课的教学研究中，要把对教材内容、教学内容、教学方法、教学对象的研究统筹起来，厘清融的内容，选择恰当的融入方法。

教学无常法，党的二十大报告首次将教育、科技、人才进行"三位一体"系统集成、一体部署，深刻揭示了三者之间循环互动、相互促进的内在逻辑和辩证关系，也为思政课与现代信息技术深度融合指明了方向。近年来，直播、短视频、H5、VR等新媒体技术在思政课中得到广泛运用，令学生耳目一新。可以借助多媒体辅助技术，全方位展示贫困村、贫困户脱贫前后在道路基础设施、村容村貌、吃穿用、文化消费方面的变化。可以在讲解人才、组织、产业、社会治理、生态相关主题时，旗帜鲜明又潜移默化地讲脱贫攻坚故事，明确弘扬脱贫攻坚精神对实现农业农村现代化的重要意义。此外，可探索现实实践与虚拟实践相结合的教学方式，统筹好、规划好校内外的脱贫攻坚与乡村振兴共育实践，搭建虚实结合的"三农"社会锻炼空间和平台，拓展思政课与现实的结合度，更好地为思政课教学服务。深化思政课教学资源建设，精心打造并定期更新脱贫攻坚与乡村振兴衔接推进方面的教学案例库，建设脱贫攻坚精神融入具体思政课程教学重难点问题库，不断完善教学素材库，加快建设中国精神谱系融入思政课在线示范课程库等，统筹用好各类线上教育平台，提升脱贫攻坚精神融入思政课教学实效。

（三）思政课教师要把研究学生与研究自己结合起来

研究自己，是为了"知己"；研究学生，是为了"知彼"。思政课教师把研究学生与研究自己结合起来，就是研究自己的特长，反思自己的不足，研究学生的专业特点、心理特点、发展需要，重点研究学生学习思政课的规律，发挥自身的比较优势，在知己知彼中提高思政课教学效果。

思政课教学内容具有很强的政治性、理论性与时代性，党中央要求新时代的思想政治理论课要讲好政治、讲好学术、讲好精神、讲好教学，体现新时代的"精""气""神"。教师是立教之本、兴教之源。亲其师，才能信其道。思政课教师只有在理论上先学一步，才能在"用中国特色社会主义最新理论成果武装大学生头脑"方面先行一步。思政课教师有马克思主义基本原理的底气和自信，了解世情国情省情、社情乡情民情，熟悉中国共产党百年扶贫史尤其脱贫攻坚历史，甚至直接参与脱贫攻坚与乡村振兴过程，对"三农"工作有真感情，对脱贫攻坚精神有真体悟，才能引导学生在实践中提高本领、锻炼能力、服务社会。

　　总之，思政课教师有"持续讲好脱贫攻坚精神"的意识，有"与时俱进创新讲解脱贫攻坚精神"的能力，有扎实的马克思主义理论功底和极高的教师综合素养，有深厚的"三农"情怀，才能真正把脱贫攻坚精神内化为学生的情感认同和实践指引，形成可见的教学影响力。

# 《思想道德与法治》课程
# "脱贫攻坚精神"
# 研学手册

（ _____ 学年 第　学期）

学　　院：_____

年　　级：_____

专　　业：_____

指导教师：_____

组　　长：_____

组　　员：_____

# 填写说明

1. 本手册每组一本，各组自行用 A4 纸打印（单双面均可），并按电子排版顺序左侧装订；

2. 本手册中凡需要填写的内容均须用蓝黑、黑色钢笔或中性笔手写，不得打印；

3. 本手册填写应努力做到字迹清晰、整洁大方，尽量避免涂改；

4. 本手册填写内容应真实，不得相互抄袭；

5. 本手册相片粘贴表中粘贴的活动相片每组不少于三张，相片冲洗或黑白打印均可；

6. 本手册填写内容将作为小组最终成绩评定的重要依据；

7. 本手册在填写过程中如遇到不清楚之处，请及时咨询课程指导教师。

# 目　录

**《思想道德与法治》课程"脱贫攻坚精神"主题研学记录表**

| |
|---|
| 研学题目（例）：脱贫攻坚精神如何彰显了"四个伟大"中国精神？作为新时代的大学生，如何弘扬脱贫攻坚精神？ |
| 研学时间： |
| 研学地点： |
| 记　录　人： |
| 研　学　记　录 |
| 一、脱贫攻坚典型案例分享 |
| |
| |
| |
| 二、案例研讨发言 |
| |
| |
| |
| 三、核心观点 |
| |
| |
| |
| （本部分可根据内容自行调整表格） |

《**思想道德与法治**》课程"**脱贫攻坚精神**"主题研学照片

| |
|---|
| 图片 1 粘贴处 |
| |
| 图片 1 内容说明： |
| 图片 2 粘贴处 |
| |
| 图片 2 内容说明： |
| 图片 3 粘贴处 |
| |
| 图片 3 内容说明： |

### 《思想道德与法治》课程"脱贫攻坚精神"主题研学报告

| |
|---|
| 研学报告撰写说明：1. 本报告由小组成员根据小组讨论结果撰写；2. 本报告必须包括小组成员分工及完成情况、小组研学基本情况、小组研学结论等三部分；3. 本报告要紧扣讨论主题，归纳概括小组成员讨论的观点，形成小组的共识性思考和结论；4. 本报告要求字迹工整、层次分明；5. 报告中如有引用的内容应标明出处；6. 本报告不少于1000字。 |

| 小组学习报告 |
|---|
| |
| |
| |
| |
| |
| |
| |
| |
| |
| |
| |
| （本部分可根据内容自行调整表格） |

## 《思想道德与法治》课程"脱贫攻坚精神"主题研学成绩评定表

| 评分说明 |
| --- |
| 研学成绩采取教师评分与学生自评相结合的方式进行，教师评分占此部分成绩的70%，学生自评占此部分成绩的30%。请各组对本组研学过程及成果进行客观评价，打分取整数 |

| 评分细则 |
| --- |
| 研学报告总分100分；具体评分细则如下：<br>1. 报告结构完整，包含"小组成员分工情况""小组学习研讨基本情况""小组学习研讨结论"等三部分内容（每个部分10分，共30分）；2. 所选脱贫攻坚案例典型能充分反映脱贫攻坚精神（20分）；3. 小组成员发言积极，研讨紧扣"脱贫攻坚精神"主题，并结合大学生实际（20分）；4. 归纳概括的结论能够基本涵盖小组成员研讨的内容（20分）；5. 语言流畅、层次分明、排版整齐（首行缩进2字符，宋体，5号）（10分） |

| 小组自评 | |
| --- | --- |
| 评语： | 得分： |

| 教师评价 | |
| --- | --- |
| 评语： | 得分： |

| 最终得分：（学生自评30%+教师评分70%） |
| --- |
| 教师签名：<br>　　年　　月　　日 |

241

附录二：

### 《毛泽东思想和中国特色社会主义理论体系概论》课程
### "脱贫攻坚精神"情景剧评价参考标准

| 评 价 指 标 | | 分值 | 得分 |
|---|---|---|---|
| 项目 | 优等评价标准 | | |
| 剧情呈现 | 情景剧中脱贫攻坚案例选择典型、恰当 | 10 | |
| | 人物形象鲜明，事迹典型，生动体现脱贫攻坚精神内涵 | 10 | |
| 剧情制作 | 能运用收集到的资料，对脱贫攻坚精神进行准确把握 | 10 | |
| | 能充分结合剧情内容，准确阐释脱贫攻坚精神 | 10 | |
| | 视频色彩搭配合理，文字、图片、动画结合，应用切题，播放流畅，比例协调 | 10 | |
| | 能充分利用官网媒体中的脱贫攻坚视频资料为剧情服务 | 5 | |
| 剧情表现 | 各角色熟悉剧情内容，语言表达流畅，能根据内容的起伏节奏及时调整音调、音速，感情丰富，富有感染力，展示时间不少于8分钟 | 10 | |
| | 角色肢体表演自然，娴熟自如，体态大方得体，符合角色定位 | 10 | |
| | 表演效果佳，有引起观众共鸣，有配合剧情需要的服装和道具 | 10 | |
| | 剧情情节完整，人物表现生动，充分彰显脱贫攻坚中人物角色形象 | 5 | |
| 总体效果 | 剧情典型生动；制作完整，有校标和小组成员分工；解说清晰，实效性强。 | 10 | |
| 总评分数 | | | |
| 评分说明：小组自评（20%）+小组互评（40%）+教师评分（40%），评分采用百分制。 | | | |

附录三：

## 《习近平新时代中国特色社会主义思想概论》课程<br>"脱贫攻坚精神" 专题实践教学实施方案

### 一、实践教学的目的和基本要求

实践教学是调动大学生学习积极性和提高综合素质的重要手段与渠道，是增强高校思想政治教育实效性和理论联系实际的重要举措与途径。2021 年 2 月 25 日，习近平总书记在全国脱贫攻坚总结表彰大会上第一次对脱贫攻坚伟大事业孕育出的脱贫攻坚精神进行了高度凝练和全面阐释。习近平指出：脱贫攻坚伟大斗争，锻造形成了"上下同心、尽锐出战、精准务实、开拓创新、攻坚克难、不负人民"的脱贫攻坚精神。八年脱贫攻坚史是党史、新中国史、改革开放史、社会主义发展史的缩影，是中华民族发展史中的灿烂一页。脱贫攻坚精神是中国共产党性质宗旨、中国人民意志品质、中华民族精神的生动写照，是爱国主义、集体主义、社会主义思想的集中体现，是中国精神、中国价值、中国力量的充分彰显，赓续传承了伟大民族精神和时代精神。为推进脱贫攻坚精神有机融入课程教学，认真学习和弘扬践行脱贫攻坚精神，结合世情、国情、党情，特制订本实施方案。

### 二、实践教学的原则

（一）实施"一体化"原则

实践教学的"一体化"原则，就是实践教学作为课程整个教学过程的重要组成部分，是与理论教学密切联系的有机统一体。实践教学从内容到形式、从组织到考核都要体现与理论教学的相互衔接，都要注重培养学生独立思考和解决问题的能力。使"知、思、行"三者有机统一和共同作用于学生思想政治教育的全过程，完成培养"懂知识、善思考、会实践"的德智体美劳全面发展，担当民族复兴大任的时代新人的任务。

（二）坚持"两个突出"原则

一是实践教学效果要突出课程实践教学目标，使新时代中国特色社会主义思想能够"入耳入脑入心入行"；二是突出本校育人特色，培养创新型人才和应用型人才目标。

（三）坚持"三个结合"原则

实践教学"三个结合"原则，指实践教学的内容、方式等要与所学课程内容相结合，与学生专业特点相结合，与世情、国情、党情和地方经济社会发展状况相结合。

1. 与课程内容相结合

《习近平新时代中国特色社会主义思想概论》课程实践教学的重点在于：深入推动习近平新时代中国特色社会主义思想入心入脑，不断增强思政课的实践性、亲和性和针对性；引导、帮助和鼓励大学生积极探索新的学习方式，不断提高学习能力；深入社会生活，广泛调查和了解社会实际，亲身体悟中国特色社会主义进入新时代以来党、国家、社会、人民和中华民族发生的翻天覆地的变化，用课堂理论指导实践，同时在实践中验证课堂所学理论知识，加深对习近平新时代中国特色社会主义思想的理解与认知，深化对课堂知识的理解力，提高贯彻落实习近平新时代中国特色社会主义思想的自觉性，并能积极投入到中国式现代化建设当中。

2. 与学生专业特点相结合

《习近平新时代中国特色社会主义思想概论》课程实践教学，教师要根据不同专业学生的自身特点，充分发挥教师和学生双主体作用，发挥课程思政与思政课程协同育人功能，对实践教学做出具体部署，制订本专业特色方案，选择特色实践形式。

3. 与世情、国情、党情和地方经济社会发展相结合

培养能够适应新时代要求和地方经济社会发展需要的创新型、应用型人才是地方本科高校的重要任务，各班要紧密结合地方经济社会发展情况设计实践方案，开展实践教学。

### 三、实践教学方案主要内容

（一）实践教学总主题

新时代中国青年处在中华民族发展的最好时期，既面临着难得的建功立业的人生际遇，也面临着"天将降大任于斯人"的时代使命。在全国脱贫攻坚总结表彰大会上，习近平总书记号召全党全国全社会都要大力弘扬脱贫攻坚精神。本学期《习近平新时代中国特色社会主义思想概论》课程实践教学以"弘扬脱贫攻坚精神，助力中国式现代化"为总主题。教师根据所授班级实际，制订所授课班级专业实践活动方案，指导学生开展实践教学活动。

（二）选题与内容要求

选题要求围绕总主题，认真收集、学习领悟习近平总书记关于脱贫攻坚和中国式现代化的相关论述，结合课程教学内容和专业发展方向，以小见大，体现理论与实践的有机统一。可从下列参考选题方向中选题，也可根据实践方式，自拟题目报指导教师批准。内容观点要求积极向上，把握正确的政治方向和政治立场，富有思想性和创新性，弘扬正能量。

参考选题方向

（1）弘扬脱贫攻坚精神，巩固脱贫攻坚成果衔接推进乡村振兴（选择乡村振兴五大方面中的任一方面，开展调研，注重发挥精神的力量）。

（2）新时代青年如何弘扬脱贫攻坚精神，为乡村振兴贡献力量。

（3）收集当地脱贫攻坚典型案例，体悟"中国共产党为什么能，中国特色社会主义为什么好，归根到底是马克思主义行，是中国化时代化的马克思主义行"。

（4）弘扬脱贫攻坚精神，以中国式现代化全面推进中华民族伟大复兴（从中国式现代化五大特征之一，结合当地实际探索如何推进中华民族伟大复兴）。

（5）实施科教兴国战略，强化现代化建设人才支撑（结合本专业，调研本专业社会人才需求现状、困境、着力点）。

（6）弘扬脱贫攻坚精神，推进文化自信自强，铸就社会主义文化新辉煌（从当地特色文化、文化保护与传承等方面进行调研）。

（7）增进民生福祉，提高人民生活品质（选择民生任一方面，譬如教育、就业、医疗、社会保障等，针对某一人群进行调研）。

（8）弘扬脱贫攻坚精神，把牢青春航向，在中国式现代化建设中展现青春作为、激扬青春风貌。

（三）过程安排及任务分配

学生在教师指导下，以小组为单位（每组4至6人），先行查阅文献、搜集整理资料，随后开展校外考察调研。任课教师负责小组具体选题认定，实践方案可行性分析，内容指导、思想引导与意识形态安全性审核，组织成果展示汇报和成绩评定等。组长负责组织小组讨论并与任课教师沟通研究选定题目，分配小组成员的实践任务，组织实践过程等。各组组员要切实参与实践过程，认真完成组长分配的实践任务，通力合作完成调研报告的撰写和《大学生思想政治理论课实践教学手册》的填写。

（四）成果形式及提交要求

实践成果分为以下两种方式，二者任选一种。

1. 微电影作品

提交成果：

①剧本文本（A4 纸打印一式一份）；

②10 分钟左右微电影（刻光盘，mp4 格式）

2. 实践调查报告

提交成果：调查报告（A4 纸打印一式一份，调查问卷或访谈记录附在文后，刻光盘装袋）。

3. 提交要求

提交的实践成果是判定《习近平新时代中国特色社会主义思想概论》课程实践成绩的重要依据。成果严禁抄袭，务必原创。微电影视频画面清晰流畅，有校标、片头片尾，有字幕，有画面转换，剧情完整。调查报告有理有据，结构完整，符合调查报告写作要求。任课教师就各组提交的实践成果的思想性、创新性以及汇报效果综合考评。实践成绩占总成绩的 30%。

（五）实践过程

1. 指导教师（任课老师）要求

实践教学开始前，做好实践方案和活动方案的讲解；实践教学进行中，与各小组或全班各种线上方式进行交流，及时解答学生实践中遇到的问题，假期指导记录不少于 2 次，做好活动过程资料的收集与留存。

2. 学生要求

实践活动开始前，组长要在规定时间组织组员共同拟定实践选题、方案和提纲；实践选题、方案和提纲等经指导教师审核后通过后方可实施。实践活动中，组长每两周组织组员通过线上方式开展实践活动推进会，了解实践活动开展情况，督促组员按照计划推进；组长要及时将实践活动开展情况向指导教师汇报，听取教师的意见和建议，并及时将教师的意见和建议反馈给每个组员。实践活动结束后，各组员将实践活动资料整理交组长汇总，通过整合、分析和提炼，完成小组活动作品；组长进行实践活动报告撰写分工，并将资料按照分工发给组员，组员在规定时间内完成自己承担部分的撰写，最后由组长将组员撰写的各部分内容综合为完整的实践活动报告。

**四、社会实践活动教学时间安排**

1. 实践教学学时：6 学时。

2. 本学期第十五周开始，指导教师对教学班学生发放实践教学实施方案和实践手册，根据实施方案和实践手册相关要求（表格）对学生进行社会实践调查（活动）方法、选题、方案、提纲撰写以及实践手册相关表格填写要求等方面的辅导。每个任课教师必须在教学班宣读实践教学安全告知书，对社会调查做安全要求，并让每个学生在安全告知书上亲笔签字。

3. 本学期第十六周，收集小组或个人提交的社会实践调查（活动）选题、方案及提纲，指导教师进行审阅。

4. 本学期第十七周前，指导教师对小组或个人提交的社会实践调查（活动）选题、方案及提纲进行指导和反馈（指导教师要留存批有修改意见或建议的实践方案及提纲的电子版），修改通过后，指导学生按要求填写在实践手册上。

5. 下学期开学前，各班将小组社会实践调查（活动）成果电子版发送至指导教师电子邮箱，指导教师将审定后的社会实践调查（活动）报告发回给学生。请指导教师将与学生往来邮件自行截图保存，以备查阅。

6. 学生在接到指导教师审定发回的调研报告初稿后，根据指导教师要求进行修改，并填写实践手册。新学期第二教学周周一前，以班为单位，由各班班长或学习委员将实践手册交实践指导教师。

7. 新学期第二、三教学周内，指导教师按实践要求，完成全班实践手册评阅，每份手册的教师评语不少于50字，各部分评语要严格按要求填写，内容全面，并能全面客观地评价实践活动过程及成效。

8. 新学期第四教学周周一，各位指导教师按班级为单位，将评阅完成的全班实践手册交马克思主义学院实践管理科存档。同时将各班《马克思主义学院实践教学情况学生评价汇总表》及原始支撑材料一并提交。（原始材料请学生统一用大小一样的信笺纸匿名填写，附在《实践教学情况学生评价汇总表》后面）。每班评价学生不少于全班总人数的50%。学生的原始材料中要有以下内容：①实践教学的优点；②实践教学的不足；③对实践教学的意见或建议；④对实践教学满意度的评价，即在满意、基本满意、不满意之间做出选择。

9. 每组提交完整的实践手册（见附录三）。以小组为单位打印实践手册。手册封面注明组长和组员班级、姓名学号等基本信息。手册内的相关表格必须填写完整，不能出现空白，包括社会实践调查（活动）方案、日志、报告、社会实践调查（活动）单位的意见和盖章（手册上可以只盖组长调研所在地单位的章）。粘贴区包括实践调查问卷或访谈记录提纲样卷、实践图片，图片要尽可能全面展现实践活动过程。

**五、实践手册要求**

（一）总体要求

指导教师在实践开始前对实践手册进行总体指导，在实践过程中通过各种线上形式进行具体指导，各组要认真填写手册（每组仅填写一份），手册要填写完整。

（二）实践教学成果的格式及要求（均以小组形式完成）

1. 调查（活动）报告的写作格式

①题目（标题或正副标题）

基本格式为"××关于××××的调查（活动）报告""关于××××的调查（活动）报告"等。

②列出社会实践调查（活动）的主要内容

调查（活动）时间、地点、方法、调查（活动）人员分工等。

③社会实践调查（活动）报告正文

正文一般分为前言、主体、结尾三部分。

前言。写明社会实践调查（活动）的起因或目的，小组成员活动时间和地点、对象或范围、经过与方法。

主体。这是社会实践调查（活动）报告最主要的部分。依据小组成员的社会实践调查（活动）结果，归纳主要成绩、基本经验和共性问题，进而提出解决问题的对策。

结尾。进一步提炼主要观点、展望前景，发出鼓舞和号召。

2. 心得体会写作格式（针对微电影、情景剧创作）

①题目（标题或正副标题）

基本格式为"关于××××的心得体会""××××的感悟"等。

②前言

列出视频创作的主要内容：意义、时间、地点、对象、方法等。

③正文

对视频创作过程、内容进行比较详细的描述。

④结尾

对实践教学活动进行总结，并提炼收获和感悟。

3. 实践教学成果报告的要求

①独立完成，不得抄袭。

②成果正文字数不少于 3000 字。

## 六、成绩评定及计入学分

1. 成绩评定：分实践过程、报告内容和形式三项八个二级指标进行量化考核评定。量化考评如下表：

| 考 评 项 目 和 指 标 | | 考评等级和分数 | | | |
|---|---|---|---|---|---|
| | | 优秀 | 良好 | 合格 | 差 |
| 实践过程 | 实践过程中的表现 | 20–18 | 17–15 | 14–12 | 11–0 |
| | 实践计划、资料等 | 20–18 | 17–15 | 14–12 | 11–0 |
| 报告内容 | 依据资料整理、分析、加工 | 10–9 | 8–7 | 6 | 5–0 |
| | 紧扣课题 | 10–9 | 8–7 | 6 | 5–0 |
| | 条理清楚 | 10–9 | 8–7 | 6 | 5–0 |
| | 形式新颖，有所创新 | 10–9 | 8–7 | 6 | 5–0 |
| 成果形式 | 内容丰富，翔实可靠 | 10–9 | 8–7 | 6 | 5–0 |
| | 格式规范 | 10–9 | 8–7 | 6 | 5–0 |

2. 指导老师根据组长表现，给予 1 至 10 分的加分奖励。

3. 教师评语：指导教师对学生调查（活动）的提纲、过程和成果作出综合评定打分，评语原则上不能少于 50 字。

4. 实践教学环节学分认定 2 分。成绩低于 60 分，实践成绩不合格，则本课程总评成绩不合格。

附件 1：社会实践教学安全告知书（略）

附件 2：马克思主义学院实践教学情况学生评价汇总表（略）

附件 3：大学生思想政治理论课实践教学手册（略）

马克思主义学院

年　月　日

# 参考文献

**一、著作**

[1] 中共中央马克思恩格斯列宁斯大林著作编译局. 马克思恩格斯文集：第 1 卷 [M]. 北京：人民出版社，2009.

[2] 毛泽东选集：第一卷 [M]. 北京：人民出版社，1991.

[3] 习近平谈治国理政：第一卷 [M]. 北京：外文出版社，2014.

[4] 习近平谈治国理政：第二卷 [M]. 北京：外文出版社，2017.

[5] 习近平谈治国理政：第三卷 [M]. 北京：外文出版社，2020.

[6] 习近平谈治国理政：第四卷 [M]. 北京：外文出版社，2022.

[7] 习近平. 之江新语 [M]. 杭州：浙江人民出版社，2007.

[8] 党的二十大报告辅导读本 [M]. 北京：人民出版社，2022.

[9] 习近平总书记教育重要论述讲义 [M]. 北京：高等教育出版社，2020.

[10] 中华人民共和国学校思想政治理论课重要文献选编（上下册）[M]. 北京：人民出版社，2022.

[11] 中共中央党史和文献研究院. 习近平扶贫重要论述摘编 [M]. 北京：中央文献出版社，2018.

[12] 中共中央党史和文献研究院，中央学习贯彻习近平新时代中国特色社会主义思想主题教育领导小组办公室. 习近平新时代中国特色社会主义思想专题摘编 [M]. 北京：中央文献出版社，2023.

[13] 习近平. 做焦裕禄式的县委书记 [M]. 北京：中央文献出版社，2015.

[14] 习近平. 在庆祝中国共产党成立 100 周年大会上的讲话 [M]. 北京：人民出版社，2021.

[15] 中共中央 国务院关于实现巩固拓展脱贫攻坚成果同乡村振兴有效衔接的意见 [M]. 北京：人民出版社，2021.

[16] 中国扶贫发展中心，全国扶贫宣传教育中心．脱贫攻坚与乡村振兴衔接研究丛书［M］．北京：人民出版社，2020．

[17] 森．贫困与饥荒：论权利与剥夺［M］．王宇，王文玉，译．北京：商务印书馆，2001．

[18] 缪尔达尔．亚洲的戏剧［M］．方福前，译．北京：首都经济贸易大学出版社，2001．

[19] 海德格尔．面向思的事情［M］．北京：商务印书馆，2014．

[20] 中央党校（国家行政学院）访谈组．脱贫攻坚访谈录：上册［M］．北京：中共中央党校出版社，2021．

[21] 张耀灿．高校思想政治理论课教育教学质量监测体系研究［M］．北京：经济科学出版社，2014．

[22] 季羡林．传统文化之美［M］．北京：大有书局，2021．

[23] 殷雄．中国传统文化中的治理智慧［M］．北京：人民日报出版社，2023．

[24] 项久雨．思想政治教育价值论［M］．北京：中国社会科学出版社．2003．

[25] 杨威．思想政治教育的社会学研究［M］．北京：中国社会科学出版社，2014．

[26] 冯刚，张晓平，苏洁．中国共产党高校思想政治教育发展史［M］．北京：人民出版社，2021．

[27] 单春晓．高校思想政治教育工作新视界［M］．北京：人民出版社，2011．

[28] 孙海英，侯婷婷．沂蒙精神融入高校思想政治理论课教学研究［M］．徐州：中国矿业大学出版社，2021．

[29] 武力，王爱云．中国脱贫攻坚精神［M］．武汉：华中科技大学出版社，2021．

[30] 本书编写组．村第一书记的扶贫故事［M］．北京：中共中央党校出版社，2021．

[31] 孙密宏，钮旭，杨晓清．脱贫大决战：我们的故事［M］．北京：中国广播影视出版社，2022．

[32] 杜丹．脱贫攻坚口述史：贵州卷［M］．北京：中共党史出版社，2023．

[33] 李德芳，杨素稳，李辽宁．中国共产党思想政治教育史料选辑（上下

册）［M］. 武汉：武汉大学出版社，2019.

［34］中国共产党人的精神谱系［M］. 北京：人民出版社，2022.

［35］学而时习工作室. 精神的力量：46 种精神引领百年大党之路［M］. 北京：中国文联出版社，2023.

［36］鲁力，徐荧松. 中国精神的理论阐释［M］. 北京：社会科学文献出版社，2022.

［37］骆郁廷. 精神动力论［M］. 武汉：武汉大学出版社，2003.

［38］李秀芳，王鑫. 高校思想政治教育主体协同论［M］. 北京：社会科学文献出版社，2023.

［39］刘淑娟. 高校思想政治理论课混合式教学研究［M］. 北京：九州出版社，2022.

［40］丁立磊，李紫烨，刘一尘. 高校思想政治理论课教学模式研究：基于专题任务驱动［M］. 北京：九州出版社，2023.

［41］胡自爱. 大学生思想政治理论课教学案例集："时代楷模"的故事与启发［M］. 北京：光明日报出版社，2022.

## 二、期刊

［1］《求是》杂志发表习近平总书记重要文章：思政课是落实立德树人根本任务的关键课程［J］. 思想政治工作研究，2020（9）.

［2］中央宣传部　教育部关于印发《普通高校思想政治理论课建设体系创新计划》的通知［J］. 中华人民共和国教育部公报，2015（9）.

［3］教育部关于印发《新时代高校思想政治理论课教学工作基本要求》的通知［J］. 中华人民共和国教育部公报，2018（5）.

［4］中共中央办公厅　国务院办公厅印发《关于深化新时代学校思想政治理论课改革创新的若干意见》［J］. 中华人民共和国教育部公报，2019（9）.

［5］教育部关于一流本科课程建设的实施意见［J］. 中华人民共和国国务院公报，2020（5）.

［6］燕连福，郭世平，樊志远. 论脱贫攻坚精神的形成基础、核心内涵和弘扬路径［J］. 思想教育研究，2021（3）.

［7］王克冬，刘冠丽，武佩佩. 脱贫攻坚精神融入高校思想政治教育探析［J］. 学校党建与思想教育，2023（21）.

［8］王管. 伟大建党精神融入大学生思想政治教育的理论审思和实践路向［J］. 国家教育行政学院学报，2021（11）.

[9] 邓娟, 张月. 脱贫攻坚精神的理论价值、实践价值与育人功能探析 [J]. 沂蒙干部学院学报, 2023 (2).

[10] 孙兰英. 新时代精神丰碑的内在逻辑及传承 [J]. 人民论坛, 2021 (15).

[11] 王均伟. 脱贫攻坚实践创造了伟大的脱贫攻坚精神 [J]. 党的文献, 2020 (5).

[12] 弘扬脱贫攻坚精神, 全面推进乡村振兴 [J]. 党建, 2021 (11).

[13] 李春晖. 中国共产党百年思想政治教育工作成就和基本经验: "2021年全国思想政治教育学术研讨会" 综述 [J]. 马克思主义研究, 2021 (12).

[14] 汤建军, 刘解龙, 王爱娥. 伟大脱贫精神研究 [J]. 湘潭大学学报 (哲学社会科学版), 2020, 44 (6).

[15] 李晓青, 唐剑. 逻辑、内涵及价值: 脱贫攻坚精神解析 [J]. 理论视野, 2020 (11).

[16] 郑宝华, 梅长青. 中国精准扶贫积累的宝贵经验 [J]. 云南社会科学, 2022 (2).

[17] 何得桂, 徐榕. 新时代脱贫攻坚精神的基本内涵与时代价值 [J]. 广西大学学报 (哲学社会科学版), 2020, 42 (6).

[18] 黄敬秀, 朱喜坤. 弘扬伟大脱贫攻坚精神, 续写彪炳史册人间奇迹 [J]. 人民教育, 2021 (22).

[19] 杨葵. 思想政治理论课讲好脱贫攻坚故事的着力点 [J]. 思想理论教育导刊, 2021 (10).

[20] 金银姬. 在活动参与中领悟红色精神的时代价值: "脱贫攻坚" 精神教学案例 [J]. 人民教育, 2021 (22).

[21] 王易. 中国共产党人精神谱系的百年流变、精髓要义及赓续发展 [J]. 马克思主义研究, 2021 (5).

[22] 黄蓉生, 徐佳辉. 新时代红岩精神的爱国主义教育价值论 [J]. 西南大学学报 (社会科学版), 2021, 47 (5).

[23] 李尚宸, 李心记. 脱贫攻坚精神之于大学生思想政治教育的价值 [J]. 学校党建与思想教育, 2022 (4).

[24] 张锦程, 何亚琼, 林媚珍. 脱贫攻坚精神与地理教学的融合研究: 以 "生态脆弱区的综合治理" 为例 [J]. 中学地理教学参考, 2022 (2).

[25] 陈晨子. 建党百年背景下脱贫攻坚精神的价值意涵与弘扬路径 [J]. 中学政治教学参考, 2021 (43).

［26］韩广富，张宁宁．中国特色反贫困理论的中华优秀传统文化底蕴［J］.理论探讨，2023（4）．

［27］卢蔡，程世利，杨波．红色文化资源融入高校思政育人体系研究［J］.学校党建与思想教育，2022（22）．

［28］李佳威．将伟大脱贫攻坚精神融入思想政治教育［J］.中国高等教育，2022（1）．

［29］刘爱章．将脱贫攻坚伟大斗争融入"中国近现代史纲要"课教学的内容分析［J］.思想理论教育导刊，2021（3）．

［30］刘姝．中国共产党人精神谱系融入高校"立德树人"全过程的逻辑与实践：以上海电力大学为例［J］.成才之路，2023（30）．

［31］张瑞琪，张珍贤．脱贫攻坚精神融入高校《概论》课的价值意蕴及实现路径［J］.产业与科技论坛，2023，22（20）．

［32］杨华，任娟，宋茜茜．脱贫攻坚精神融入"思想道德与法治"课刍议［J］.长沙航空职业技术学院学报，2023，23（3）．

［33］潘一坡，项久雨．思想政治教育时空论［J］.思想理论教育，2020（11）．

［34］庄卫军．议题式教学的"议""题"融合之道［J］.江苏教育研究，2019（32）．

［35］田亚男，王凤双．新时代思想政治课教师运用议题式教学法的思考［J］.经济师，2021（9）．

［36］邓艳君．红色基因融入课程思政建设的三重路向［J］.思想教育研究，2021（2）．

［37］朱岚．延安红色文化在高校思政育人中的功能探析［J］.文化创新比较研究，2019，3（36）．

［38］张新昌，黎正芳．脱贫攻坚精神融入高校思想政治理论课的价值与路径选择［J］.领导科学论坛，2023（12）．

［39］鲁新民．用历史凝结的红色精神照耀未来："抗洪精神"课程开发案例［J］.人民教育，2021（19）．

［40］李文峰．脱贫攻坚精神融入高校思政课教学的价值意蕴与实践路径：以"马克思主义基本原理"课为例［J］.中共太原市委党校学报，2023（6）．

［41］郑晓娜，张龄丹．脱贫攻坚精神在高校思想政治教育中的价值探析［J］.牡丹江大学学报，2023，32（11）．

［42］肖宇．问题链教学法在《毛泽东思想和中国特色社会主义理论体系概

论》课中的运用研究 [J]. 和田师范专科学校学报，2019，38（4）.

[43] 王静. 运用问题链教学法讲深、讲透、讲活思政课道理的思考 [J]. 高校马克思主义理论教育研究，2022（5）.

[44] 张洪洋，彭蕾. 重温伟大建党精神：中华优秀传统文化的贡献与转化 [J]. 实事求是，2023（5）.

[45] 樊志辉，马文惠. "两创"与"两个结合"的理论意蕴及实践连接：融贯马克思主义与中华优秀传统文化的两个向度 [J]. 理论探讨，2023（5）.

[46] 马晓燕. 实践思维方式对高校思想政治教育的方法论启示 [J]. 齐齐哈尔大学学报（哲学社会科学版），2019（10）.

[47] 刘红旗. 五四精神对新时代大学生思想政治教育创新路径的实践指向 [J]. 吉林工程技术师范学院学报，2020，36（12）.

[48] 孙巍. 新时代高校思政课专题式教学的基本遵循及实施策略 [J]. 学校党建与思想教育，2022（10）.

[49] 郝玉晶. 推进高校思想政治理论课专题式教学高质量发展 [J]. 思想教育研究，2023（10）.

[50] 沈阳航空航天大学"思政课情景剧教学法"简介 [J]. 思想教育研究，2020（5）.

[51] 张坤. 微电影教学与"中国近现代史纲要"课教学质量提升 [J]. 思想政治课研究，2019（3）.

[52] 熊霖，李悟初. 论教学载体多元化在大学思政课教学改革中的关键性作用：以2021版《思想道德与法治》教材为视角 [J]. 湖北师范大学学报（哲学社会科学版），2023，43（1）.

[53] 姜维佳，户振亚. 用抗疫精神观照大学生思想政治教育的五个维度 [J]. 太原城市职业技术学院学报，2021（3）.

[54] 初蕾，奈子达. 脱贫攻坚精神融入大学生思想政治教育的价值与路径研究 [J]. 江西电力职业技术学院学报，2023，36（4）.

[55] 杜玥. 论伟大建党精神的历史文化渊源 [J]. 北京航空航天大学学报（社会科学版），2023，36（4）.

[56] 郭庆松. 伟大建党精神的方法论意蕴 [J]. 毛泽东邓小平理论研究，2022（1）.

[57] 曹苗. 中华优秀传统文化的创造性转化创新性发展研究：兼论中华优秀传统文化的基本精神 [J]. 理论探讨，2021（6）.

[58] 燕连福，周祎. 中国共产党建党精神的形成基础、核心要义与鲜明特

征 [J]. 陕西师范大学学报（哲学社会科学版），2021，50（5）.

[59] 刘伟，陈锡喜. 高校思想政治理论课教学体系建设论析 [J]. 思想教育研究，2018（2）.

[60] 苏芳荔，王金霞. 我国脱贫攻坚档案数字叙事现状及优化策略研究：以省级综合档案馆网站为例 [J]. 档案管理，2023（3）.

[61] 沈海华. 脱贫攻坚精神融入议题式教学的实践 [J]. 中学政治教学参考，2023（17）.

[62] 范竹发，邓婵. 思想政治课议题式教学的逻辑进路 [J]. 中学政治教学参考，2023（45）.

[63] 孟炳忠，尹海云. 议题式教学中的"问题"优化 [J]. 中学政治教学参考，2019（16）.

[64] 李亚静，冯雪艳. 脱贫攻坚精神的逻辑体系与课程融入 [J]. 中学政治教学参考，2023（16）.

[65] 张晓平，周烨. 脱贫攻坚精神融入大学生思想政治教育的实现路径 [J]. 学校党建与思想教育，2023（7）.

[66] 刘三宝，谢成宇. 高校思想政治理论课培养时代新人的逻辑理路与实现路径 [J]. 学校党建与思想教育，2021（5）.

[67] 李祺. 高校思想政治教育生活叙事的扎根理论及其认知解析 [J/OL]. 中国人民大学教育学刊：1-18 [2024-02-24].

[68] 杜伟，杨继敏. 全景式、史诗感与真实性：脱贫攻坚题材电视剧叙事的新突破：评电视剧《山河锦绣》 [J]. 当代电视，2023（3）.

[69] 唐青叶，李小华. 纪录片《中国脱贫攻坚》的叙事话语与对外传播探究 [J]. 当代电视，2023（2）.

[70] 牛慧清，丁韬文. 论中国脱贫攻坚纪录片国际传播的叙事逻辑 [J]. 现代传播（中国传媒大学学报），2022，44（3）.

[71] 王馨誉，邢云文. 以脱贫攻坚精神助力乡村振兴 [J]. 人民论坛，2023（4）.

[72] 杨红荃，陈燕妮. 从脱贫攻坚到乡村振兴：中等职业教育育人功能的纵向延伸 [J]. 职业技术教育，2022，43（34）.

[73] 陶开蓉. 脱贫攻坚精神视角下实现乡村振兴的路径研究 [J]. 农村实用技术，2023（9）.

[74] 沈俊杰，鲍淼铃，张淑琴. 新时代思想政治理论课讲好脱贫攻坚故事的价值意蕴与实现路径 [J]. 大学，2023（24）.

[75] 刘艳梅，饶素良．脱贫攻坚精神融入高校思政课的实现路径研究 [J]．教育教学论坛，2023 (33)．

[76] 李小尉，刘茜茜．生产自救：新中国成立初期党的城市扶贫探索与精神传承 [J]．江西社会科学，2022，42 (11)．

[77] 赵继颖，李响．脱贫攻坚故事融入高校思政课的价值与路径 [J]．中学政治教学参考，2022 (40)．

[78] 周苏娅．"四史"教育融入高校思想政治理论课的三重维度 [J]．思想教育研究，2021 (4)．

[79] 胡白云．高校思想政治理论课教师讲好中国故事的基本要求 [J]．思想理论教育导刊，2021 (4)．

[80] 张德玉，姚洪越．思想政治理论课讲好中国共产党故事探析 [J]．思想教育研究，2020 (6)．

[81] 林建辉．讲好中国故事：新时代高校思想政治理论课的重要使命 [J]．思想理论教育导刊，2019 (5)．

[82] 周良书．讲好中国共产党的历史故事 [J]．中国高校社会科学，2018 (4)．

[83] 刘明洋，李薇薇．论脱贫攻坚剧对新时代英雄观的阐释 [J]．东岳论丛，2022，43 (9)．

[84] 杨旦修，张灵颖．我国扶贫剧"第一书记"乡村叙事与价值导向 [J]．电影文学，2022 (18)．

[85] 司长强，刘长伟．用温暖与奋进书写"时代楷模"：电视剧《大山的女儿》叙事特色 [J]．电视研究，2022 (9)．

[86] 张懿．新时代全面实现精神脱贫的内在意蕴与路径探索 [J]．中学政治教学参考，2022 (32)．

[87] 陈芳，张利民．论脱贫攻坚精神的基本内涵与弘扬路径 [J]．西南科技大学学报（哲学社会科学版），2023，40 (3)．

[88] 滕翠华．脱贫攻坚精神融入高校思政课教学略探 [J]．学校党建与思想教育，2022 (16)．

[89] 刘同舫．高校思想政治理论课的功能及其实现 [J]．思想理论教育导刊，2021 (12)．

[90] 邱静文．科学家精神融入高校思政课教学的实践路径 [J]．学校党建与思想教育，2021 (22)．

[91] 田鹏颖，刘康．"劳模精神"融入高校思想政治教育的路径 [J]．学

校党建与思想教育, 2020 (8).

　[92] 马平均, 胡新保. 社会主义核心价值观融入大学校园文化建设的几点思考 [J]. 思想教育研究, 2017 (1).

　[93] 丁建安. 简论劳模精神与大学生思想政治教育 [J]. 中国劳动关系学院学报, 2014, 28 (1).

　[94] 卞彩巍, 李影. 社会主义核心价值观融入 "青马工程" 实践路径研究: 以长春师范大学为个案 [J]. 长春师范大学学报, 2020, 39 (7).

　[95] 卞成林. 红色文化创造性地融入高校思想政治教育的实践路径 [J]. 社会科学家, 2020 (5).

　[96] 陈孝柱, 杨旭东. 立德树人视域下大学生思想政治教育的意义、限度与实践路径 [J]. 湖北经济学院学报 (人文社会科学版), 2020, 17 (4).

　[97] 潘诗扬. 新时代脱贫攻坚精神融入思政课教学的思考 [J]. 教育理论与实践, 2022, 42 (15).

　[98] 陈锡喜. 决战决胜脱贫攻坚蕴含的制度优势及人类共同价值 [J]. 思想理论教育导刊, 2021 (1).

　[99] 苏贵斌. "集中力量办大事" 制度优势的历史唯物主义逻辑: 从恩格斯的 "历史合力论" 谈起 [J]. 石河子大学学报 (哲学社会科学版), 2020, 34 (3).

　[100] 蔡景庆. 中国共产党领导下社会主义制度优势的全面展现: 庆祝中国共产党成立100周年 [J]. 河南社会科学, 2021, 29 (6).

　[101] 龚云. 讲好脱贫攻坚的中国故事 [J]. 红旗文稿, 2020 (21).

　[102] 王晓英. "讲好中国故事" 的三重逻辑 [J]. 山东干部函授大学学报 (理论学习), 2019 (3).

　[103] 胡剑峰. 讲好中国故事, 千万不要丢了 "根" 和 "魂" [J]. 中国共青团, 2017 (2).

　[104] 艾斐. 永葆人民情怀, 讲好中国故事 [J]. 支部建设, 2019 (4).

　[105] 董山峰. 为讲好中国故事提供更好理论支撑 [J]. 理论导报, 2019 (1).

　[106] 李俭. 讲好中国故事, 了解故事中国 [J]. 思想政治工作研究, 2019 (11).

　[107] 胡清国, 王馨. 深刻把握讲好中国故事的态度与原则: 学习习近平总书记讲好中国故事的有关论述 [J]. 东华大学学报 (社会科学版), 2019, 19 (4).

[108] 董金明，陈梦庭．新时代立德树人视角下高校思政课教学的难题与对策 [J]．中国高等教育，2019 (6)．

[109] 王玉婷．全面建成小康社会融入思政课教学的实现路径：以西安音乐学院思政课为例 [J]．科技资讯，2021，19 (12)．

[110] 张明进．脱贫攻坚精神的思政教育价值及实践逻辑 [J]．中学政治教学参考，2021 (47)．

[111] 林炜．红色基因有效融入高校思政课教学的理与路 [J]．实事求是，2023 (3)．

[112] 李彭．伟大抗疫精神融入高校思政课教学的三个向度 [J]．渤海大学学报（哲学社会科学版），2022，44 (4)．

[113] 魏银霞．党的二十大精神融入高校思政课教学探论 [J]．江苏工程职业技术学院学报，2023，23 (3)．

[114] 杨玉春．中国共产党人精神谱系融入思政课逻辑论析 [J]．中学政治教学参考，2022 (16)．

[115] 刘学武，陈雅妮，王仲梅．脱贫攻坚精神的闽宁实践 [J]．调研世界，2022 (3)．

[116] 赓续脱贫攻坚精神 接续推动千万易地搬迁群众逐步迈向共同富裕 [J]．宏观经济管理，2021 (9)．

[117] 艾兵有，谭劲松．思想政治理论课教学要重视红船精神的教育与宣传 [J]．思想理论教育导刊，2020 (2)．

[118] 彭蓉．习近平关于革命精神教育的重要命题 [J]．思想教育研究，2019 (4)．

[119] 朱景林．红色文化物质载体教育的实践性及其运用 [J]．思想教育研究，2017 (7)．

[120] 李羊城．论"忆苦思甜"在高校思想政治教育中的创新性运用 [J]．教育与职业，2011 (6)．

[121] 周露平．马克思的反贫困思想及其新时代启示 [J]．当代世界与社会主义，2021 (4)．

[122] 李依伦．《2020我们的脱贫故事》：呈现脱贫攻坚传播新样态 [J]．中国广播电视学刊，2021 (8)．

[123] 许建华，邓淏文．脱贫攻坚剧：中国农村山乡巨变的创新表达 [J]．电影评介，2021 (14)．

[124] 胡恒钊．中国共产党百年精神谱系融入大学生思想政治教育研究

[J]. 中国职业技术教育，2022（8）.

[125] 钟雨，吴超. 伟大建党精神融入大学生思想政治教育探析 [J]. 领导科学论坛，2024（1）.

[126] 刘爱玲，袁峰龙. 中国共产党思想政治教育话语主题的发展历程、经验及启示 [J]. 思想理论教育导刊，2023（12）.

[127] 吴笑韬，刘梓仪. "两个结合"视域下思想政治教育资源开发的策略 [J]. 高教探索，2023（6）.

[128] 李辽宁. 中国式现代化的思想政治教育意蕴 [J]. 学校党建与思想教育，2023（21）.

[129] 谢治菊，罗浩奇. 脱贫攻坚精神的时代内涵、生成机理与治理价值：基于60个扶贫干部口述故事的文本分析 [J]. 公共治理研究，2021（5）.

[130] 李军刚，林秀艳. 论新时代脱贫攻坚精神及其时代价值 [J]. 中共成都市委党校学报，2021（5）.

[131] 张娇阳. 脱贫攻坚精神融入高校思想政治教育的重要价值与路径选择 [J]. 中北大学学报（社会科学版），2022（5）.

[132] 和谐恬，王冬冬. 脱贫攻坚精神对大学生思想政治教育的价值探析 [J]. 沈阳农业大学学报（社会科学版），2021（3）.

[133] 汤敏，漆昌彬. 脱贫攻坚精神融入高校思想政治教育探究 [J]. 衡水学院学报，2022（1）.

[134] 庞红丽，李庆亮，李秋林. 脱贫攻坚精神融入高校思想政治教育路径的探索 [J]. 安徽农业科学，2022，50（2）.

[135] 严猛，李奋生. 脱贫攻坚精神融入大学生思想政治理论课教学的价值蕴涵及实施路径 [J]. 成都理工大学学报（社会科学版），2023，31（2）.

[136] 徐笑良. 脱贫攻坚精神融入大学生思想政治理论课探索：以"原理"课为例 [J]. 成才，2022（21）.

[137] 王琳. 脱贫攻坚精神融入高校思想政治理论课教学的思考 [J]. 北京教育（德育），2022（6）.

[138] 任宝龙，陈广亮. 高校思想政治理论课讲好脱贫攻坚精神的三个维度：以"毛泽东思想和中国特色社会主义理论体系概论"课程为例 [J]. 河南工业大学学报（社会科学版），2021，37（6）.

[139] 王卫兵. 脱贫攻坚精神融入高校思想政治理论课教学研究 [J]. 河南教育（高等教育），2021（9）.

[140] 孟伟宇，王飞霞. 脱贫攻坚精神融入高校思想政治教育的路径研究

[J]. 林区教学，2023（12）.

[141] 王聪，刘文祥. 逻辑、价值与路径：脱贫攻坚精神融入高校思想政治教育 [J]. 辽宁农业职业技术学院学报，2022，24（3）.

[142] 殷福龙. 脱贫攻坚精神融入高校思想政治工作的价值意蕴 [J]. 高校辅导员，2022（2）.

[143] 房红丽，李庆亮，李秋林. 脱贫攻坚精神融入高校思想政治教育的路径探索 [J]. 安徽农业科学，2022，50（2）.

[144] 李彦垒. 脱贫攻坚与乡村振兴事业是学生思想政治教育的宝贵素材 [J]. 乡村振兴，2022（2）.

[145] 师海娟，刘伟杰. 脱贫攻坚精神赋能高校思政课的三重逻辑 [J]. 河南科技学院学报，2021，41（12）.

[146] 张建. 以脱贫攻坚伟大成就增强大学生"四个自信" [J]. 甘肃教育研究，2021（2）.

[147] 卢黎歌，隋牧蓉. "八个相统一"：推动思想政治理论课改革创新的遵循原则 [J]. 学校党建与思想教育，2019（5）.

[148] 余文森. 论教师教学研究的价值意义 [J]. 新课程评论，2021（6）.

### 三、报纸

[1] 习近平对学校思政课建设作出重要指示强调：不断开创新时代思政教育新局面 努力培养更多让党放心爱国奉献担当民族复兴重任的时代新人 [N]. 人民日报，2024-05-12（1）.

[2] 习近平. 高举中国特色社会主义伟大旗帜 为全面建设社会主义现代化国家而团结奋斗 [N]. 人民日报，2022-10-26（1）

[3] 习近平. 在全国脱贫攻坚总结表彰大会上的讲话 [N]. 人民日报，2021-02-26（2）.

[4] 习近平. 在统筹推进新冠肺炎疫情防控和经济社会发展工作部署会议上的讲话 [N]. 人民日报，2020-02-24（2）.

[5] 中国共产党人精神谱系第一批伟大精神正式发布 [N]. 人民日报，2021-09-30（1）

[6] 习近平. 在科学家座谈会上的讲话 [N]. 人民日报，2020-09-12（2）.

[7] 国家主席习近平发表二〇二一年新年贺词 [N]. 人民日报，2021-01-

01 (1) .

[8] 习近平 . 在文艺工作座谈会上的讲话 [N]. 人民日报, 2015-10-15 (2) .

[9] 习近平 . 在学校思想政治理论课教师座谈会上的讲话 [N]. 人民日报, 2019-03-19 (1) .

[10] 习近平在全国高校思想政治工作会议上强调: 把思想政治工作贯穿教育教学全过程 开创我国高等教育事业发展新局面 [N]. 人民日报, 2016-12-09 (1) .

[11] 中共中央、国务院印发新时代公民道德建设实施纲要 [N]. 人民日报, 2019-10-28 (1) .

[12] 本报评论员 . 全党全国全社会都要大力弘扬脱贫攻坚精神 [N]. 人民日报, 2021-10-18 (1) .

[13] 孙竞, 张文 . 中国古代扶贫实践及其当代价值 [N]. 人民日报, 2016-02-25 (7) .

[14] 黄俊毅 . 弘扬脱贫攻坚精神, 创造美好生活 [N]. 经济日报, 2021-10-09 (9) .

[15] 常钦 . 用好脱贫攻坚精神财富 [N]. 人民日报, 2021-02-02 (7) .

[16] 王海燕 . 脱贫攻坚不仅要做得好而且要讲得好 [N]. 学习时报, 2020-10-05 (A1) .

[17] 徐倩阳, 辛向阳 . 脱贫攻坚展现出来的伟大精神 [N]. 光明日报, 2020-12-12 (3) .

[18] 张洋 . 举旗帜聚民心育新人兴文化展形象, 更好完成新形势下宣传思想工作使命任务 [N]. 人民日报, 2018-08-23 (1) .

[19] 张烁 . 坚持中国特色社会主义教育发展道路, 培养德智体美劳全面发展的社会主义建设者和接班人 [N]. 人民日报, 2018-09-11 (1) .

[20] 柳旭 . 弘扬脱贫攻坚精神, 在乡村振兴上开新局 [N]. 中国社会报, 2022-10-21 (1) .

[21] 本报评论员 . 弥足珍贵的经验启示 [N]. 贵州日报, 2021-04-26 (1) .

[22] 张子法, 俞彬 . 丰富教学方式, 提升教育成效, 打造高质量的高校思政课 [N]. 人民日报, 2024-02-21 (9) .